上海师范大学内涵建设项目
上海市教委重点学科行政管理建设项目

Xifang Guojia
Gongmin Lianjie Jiaoyu Bijiao Yanjiu

丛书编委会

主任　茅鼎文　秦莉萍
主编　商红日
秘书　张深远
成员　（按姓氏笔划为序）
　　　王　宏　邓　杰　朱新光　李　亮　单冠初
　　　张惠康　茅鼎文　洪小夏　胡志民　秦莉萍
　　　商红日　蒋传光　蒋硕亮

公民廉洁教育丛书

西方国家
公民廉洁教育比较研究

朱新光 苏萍 著

图书在版编目(CIP)数据

西方国家公民廉洁教育比较研究/朱新光,苏萍著. —北京:北京大学出版社,2014.5
（公民廉洁教育丛书）
ISBN 978-7-301-23818-9

Ⅰ.①西… Ⅱ.①朱… ②苏… Ⅲ.①公民教育-品德教育-研究-西方国家 Ⅳ.①D750.4

中国版本图书馆 CIP 数据核字(2014)第 019553 号

书　　　　名：	西方国家公民廉洁教育比较研究
著作责任者：	朱新光　苏萍　著
责任编辑：	杨丽明　王业龙
标准书号：	ISBN 978-7-301-23818-9/G·3785
出版发行：	北京大学出版社
地　　　　址：	北京市海淀区成府路 205 号　100871
网　　　　址：	http://www.pup.cn
新浪微博：	@北京大学出版社
电子信箱：	sdyy-2005@126.com
电　　　　话：	邮购部 62752015　发行部 62750672
	编辑部 021-62071998　出版部 62754962
印　刷　者：	北京中科印刷有限公司
经　销　者：	新华书店
	965 毫米×1300 毫米　16 开本　16.5 印张　237 千字
	2014 年 5 月第 1 版　2014 年 5 月第 1 次印刷
定　　　　价：	38.00 元

未经许可，不得以任何方式复制或抄袭本书之部分或全部内容。
版权所有，侵权必究
举报电话:010-62752024　电子信箱:fd@pup.pku.edu.cn

前　言

公民廉洁教育是当代世界各国政府和民众普遍关注的热点问题。二战后，随着西方市场经济的完善，公民社会日益成熟，各国政府加大对公民廉洁教育的力度，积极探索公民廉洁教育的方法与策略，不断丰富西方国家公民廉洁教育的理论基础和实践积累。本书所指的"西方国家"是指二战后在政治体制上已实行较成熟的民主制度的国家，包括英国、美国、德国、法国、新加坡、澳大利亚等。梳理西方各国公民廉洁教育的成长过程，可以看出，西方国家的公民廉洁教育有着一条非常明晰的发展路径，即从公民社会入手，通过各国政府的推进，把公民廉洁教育引入公民教育，突出公民廉洁政治教育、廉洁文化教育、廉洁社会教育、公务员廉洁教育的整体性和系统性，逐步形成具有西方特色的公民廉洁教育体系。

本书从西方国家的民族性、地域性、时代性出发，依据不同国家公民廉洁教育经验的代表性和可借鉴性的原则，选取英国、美国、德国、法国、新加坡、澳大利亚等国家作为研究对象，详细论述公民廉洁教育的缘起和范式，具体考察各国公民的廉洁政治教育、廉洁文化教育、廉洁社会教育、公务员廉洁教育的理论基础和构成体系。

第一，以国家学说为基础，通过对西方公民社会形态和公民意识的梳理，科学界定公民教育的内涵和本质。在此基础上，提出廉洁教育的基本范式，即以廉洁为主题的教化、教导和培育、培养的活动，并围绕廉洁的知识、理念、制度及与之相对应的生活方式、行为规范进行教育，形成个体稳定的关于实践廉洁的心理基础、思想观念、行为习惯及大众文化氛围。同时，结合西方公民廉洁教育的实际，从古希腊罗马公民廉洁教育的萌起、欧洲国家公民廉洁教育的生成等方面，阐述西方国家公民廉洁教育的演绎规律。

第二，从政治制度的学理角度，对西方国家的政治制度的建构和弊端进行系统介绍，界定廉洁政治教育的基本含义，系统分析西方廉洁政治教育的政治原罪论、主权在民论、权力制约论、权力监督论、政治收买腐败论等相关理论。从公民廉洁政治教育的成长环境、形成过程、特点等方面，论述英国、美国、德国、法国、新加坡、澳大利亚等国家公民廉洁政治教育的总体目标和路径选择，揭示西方各国公民廉洁政治教育的规律性。

第三，从廉洁文化的维度，对西方廉洁文化教育的环境进行分析，提出公民廉洁文化教育体系是一个复杂的系统工程，需要全社会的共同努力。通过西方廉洁文化教育的社会监督论、道德教育论、新滥用权力论、现代化与腐败论等相关理论的阐述，探讨英国、美国、德国、法国、新加坡、澳大利亚等国廉洁文化教育的功能和法制监督体系，比较西方国家公民廉洁文化教育的异同。

第四，从社会教育的角度，系统介绍社会教育和廉洁社会教育的概念、类型、特点，梳理廉洁社会教育的需要层次论、生态系统论、群体社会化论、社会学习论、终身教育论等相关理论。论述英国、美国、德国、新加坡、澳大利亚等国公民廉洁社会教育的发展方向、政策法律保障、多元教育体系、宣传教育工作等，总结西方公民廉洁社会教育的一般规律。

第五，从公务员制度的视角，分析西方公务员廉洁教育的生成环境，阐释西方公务员廉洁教育的本质，厘定西方公务员廉洁教育的政治与行政二分法论、科学管理理论、官僚制论、公共选择论、新公共管理论等相关理论源流和主要观点。论述英国、美国、德国、法国、新加坡、澳大利亚等国公务员廉洁教育的制度体系、培训和惩处机制、社会监督等举措，找出西方公务员廉洁教育的共同点和差异性。

需要指出的是，受研究能力及时间的局限，本书还存在许多不足。尽管我们在研究过程中广泛收集资料，不断完善研究内容，但由于公民廉洁教育是一个新兴领域，其内涵的不确定性、现状的复杂性、对策的多元性等，不可避免给研究带来很大难度，书中的不当之处，敬请学界批评指正。

本书是上海师范大学085内涵建设工程的子项目,得到085内涵工程的资金支持,特此向上海师范大学毛鼎文副书记、法政学院商红日院长表示感谢。同时,本书还获得上海师范大学国际关系校重点学科建设的出版资助,在此一并表示感谢。

朱新光　苏　萍

2013年9月

目　录

第一章　公民廉洁教育要义 …………………………………………… 1
第一节　国家的发轫 …………………………………………… 1
一、国家学说 …………………………………………………… 1
二、国家的生成 ………………………………………………… 2
第二节　公民社会的形态 ……………………………………… 6
一、古典公民社会 ……………………………………………… 6
二、近代公民社会 ……………………………………………… 8
三、当代公民社会 ……………………………………………… 9
第三节　公民意识的属性 ……………………………………… 11
一、公民意识的概念 …………………………………………… 11
二、公民意识的属性 …………………………………………… 13
第四节　公民教育的本质 ……………………………………… 17
一、公民教育的概念 …………………………………………… 17
二、公民教育的本质 …………………………………………… 23
第五节　公民廉洁教育的范式 ………………………………… 25
一、廉洁的含义 ………………………………………………… 25
二、廉洁教育的范式 …………………………………………… 26
第六节　西方国家公民廉洁教育的演绎 ……………………… 28
一、古希腊罗马公民廉洁教育的萌起 ………………………… 28
二、欧洲国家公民廉洁教育的生成 …………………………… 34

第二章　西方国家公民廉洁政治教育比较 …………………………… 39
第一节　公民廉洁政治教育的含义 …………………………… 39

   　一、廉洁政治 …………………………………………… 39
   　二、廉洁政治教育 ……………………………………… 44
   　三、西方廉洁政治教育的相关理论 …………………… 44
  第二节　公民廉洁政治教育的政治制度分析 …………… 52
   　一、政治制度 …………………………………………… 52
   　二、西方国家政治制度的建构 ………………………… 54
   　三、西方国家政治制度的弊端 ………………………… 67
  第三节　英国公民廉洁政治教育 ………………………… 69
   　一、英国公民廉洁政治教育的成长环境 ……………… 69
   　二、英国公民廉洁政治教育的形成过程 ……………… 70
   　三、英国公民廉洁政治教育的特点 …………………… 73
  第四节　美国公民廉洁政治教育 ………………………… 74
   　一、美国公民廉洁政治教育的成长环境 ……………… 74
   　二、美国公民廉洁政治教育的特点 …………………… 76
  第五节　德国公民廉洁政治教育 ………………………… 78
   　一、德国公民廉洁政治教育的演绎 …………………… 78
   　二、德国公民廉洁政治教育的特点 …………………… 80
  第六节　法国公民廉洁政治教育 ………………………… 82
   　一、法国公民廉洁政治教育的变迁 …………………… 82
   　二、法国公民廉洁政治教育的特点 …………………… 84
  第七节　新加坡公民廉洁政治教育 ……………………… 86
   　一、新加坡公民廉洁政治教育的发展 ………………… 86
   　二、新加坡公民廉洁政治教育的特点 ………………… 89
  第八节　澳大利亚公民廉洁政治教育 …………………… 90
   　一、澳大利亚公民廉洁政治教育的确立 ……………… 90
   　二、澳大利亚公民廉洁政治教育的特点 ……………… 93
  第九节　西方国家公民廉洁政治教育的异同 …………… 94
   　一、西方国家公民廉洁政治教育的共同点 …………… 94
   　二、西方国家公民廉洁政治教育的差异性 …………… 95

第三章　西方国家公民廉洁文化教育比较 …… 98
第一节　西方公民廉洁文化教育的含义 …… 98
　　一、廉洁文化 …… 98
　　二、公民廉洁文化教育 …… 103
　　三、西方廉洁文化教育的相关理论 …… 105
第二节　西方公民廉洁文化教育的环境分析 …… 110
　　一、西方廉洁文化教育环境 …… 110
　　二、西方国家廉洁文化教育环境的建构 …… 116
第三节　英国公民廉洁文化教育 …… 134
　　一、健全公民廉洁文化教育的宗教和学校教育功能 …… 134
　　二、完善公民廉洁文化教育的法律制度和廉洁监督机制 …… 135
第四节　美国公民廉洁文化教育 …… 138
　　一、重视公民廉洁文化的宗教伦理观教育 …… 138
　　二、健全公民廉洁文化教育的反腐败法规和廉洁监察
　　　　机制 …… 139
第五节　德国公民廉洁文化教育 …… 143
　　一、注重公民廉洁文化的传统教育 …… 143
　　二、加强反腐倡廉的立法和廉洁文化监督机制的建设 …… 144
第六节　法国公民廉洁文化教育 …… 146
　　一、重视廉洁文化的社会性道德教育 …… 146
　　二、强化公民廉洁文化教育的法制和廉洁监督体系建设 …… 147
第七节　新加坡公民廉洁文化教育 …… 150
　　一、打造公民廉洁文化的宣传教育网络 …… 150
　　二、建立公民廉洁文化教育的法制监督体系 …… 151
第八节　澳大利亚公民廉洁文化教育 …… 154
　　一、政府主导下的公民廉洁文化教育宣传 …… 154
　　二、着力反腐败的法律法规和廉洁监察机制网络的建设 …… 155
第九节　西方国家公民廉洁文化教育的异同 …… 158
　　一、西方国家公民廉洁文化教育的共同点 …… 158

二、西方国家公民廉洁文化教育的差异性 ………………… 161
第四章　西方国家公民廉洁社会教育比较 ………………… 162
　第一节　西方公民廉洁社会教育的含义 …………………… 162
　　一、社会教育 ………………………………………………… 162
　　二、廉洁社会教育 …………………………………………… 166
　　三、廉洁社会教育的相关理论 ……………………………… 167
　第二节　英国公民廉洁社会教育 …………………………… 175
　　一、政府主导廉洁社会教育的发展方向 …………………… 175
　　二、建立以人为本的廉洁社区学习体系 …………………… 176
　　三、完善廉洁社会教育的监督机制 ………………………… 177
　第三节　美国公民廉洁社会教育 …………………………… 179
　　一、政府加强公民廉洁社会教育的政策法律保障 ………… 179
　　二、构建公民廉洁社会的多元教育体系 …………………… 180
　　三、广泛开展廉洁社会的宣传教育 ………………………… 182
　第四节　德国公民廉洁社会教育 …………………………… 183
　　一、政府重视公民廉洁社会教育的法规建设 ……………… 183
　　二、充分发挥社区成人教育中心的作用 …………………… 184
　　三、加强公民的诚实守信教育 ……………………………… 185
　第五节　新加坡公民廉洁社会教育 ………………………… 186
　　一、构建以社区文明为核心的廉洁社会教育理念 ………… 186
　　二、强化政府主导下的廉洁社区教育与管理模式 ………… 187
　　三、打造多层次的廉洁社会教育平台 ……………………… 188
　　四、健全廉洁教育的社会监督 ……………………………… 188
　第六节　澳大利亚公民廉洁社会教育 ……………………… 189
　　一、政府倡导公民廉洁社会教育的政策法规建设 ………… 189
　　二、拓展公民廉洁社会的多层次教育形式 ………………… 190
　　三、积极开展廉洁社会的宣传教育工作 …………………… 193
　第七节　西方国家公民廉洁社会教育的异同 ……………… 194
　　一、西方国家公民廉洁教育的共同点 ……………………… 194

二、西方国家公民廉洁社会教育的不同点 …………………… 195

第五章 西方国家公务员廉洁教育比较 …………………… 197

第一节 西方公务员廉洁教育的含义 …………………… 197
一、公务员廉洁教育 …………………… 197
二、西方公务员廉洁教育的相关理论 …………………… 198

第二节 西方国家公务员廉洁教育的生成环境 …………………… 203
一、西方公务员廉洁教育环境 …………………… 203
二、西方国家公务员廉洁教育环境的构建 …………………… 206

第三节 英国公务员廉洁教育 …………………… 227
一、建立公务员廉洁教育的制度体系 …………………… 227
二、加强公务员廉洁教育的培训 …………………… 228
三、注重廉洁教育与惩处腐败的结合 …………………… 229
四、突出公务员廉洁教育的大众化、公开化和规范化 …… 229

第四节 美国公务员廉洁教育 …………………… 230
一、政府拥有完备的预防职务犯罪体系 …………………… 230
二、普及公务员廉洁教育的职业培训 …………………… 232
三、加强公务员的反腐败普法教育 …………………… 233

第五节 德国公务员廉洁教育 …………………… 234
一、注重公务员廉洁的法制体系建设 …………………… 234
二、强化公务员的廉洁教育培训 …………………… 236
三、扩大对公务员廉洁教育的舆论和公众监督覆盖面 …… 237

第六节 法国公务员廉洁教育 …………………… 239
一、政府拥有完善的公务员廉洁立法措施 …………………… 239
二、注重公务员廉洁的教育培训 …………………… 241
三、公务员的廉洁教育与惩处腐败紧密联系 …………………… 242

第七节 新加坡公务员廉洁教育 …………………… 242
一、建立健全公务员廉洁教育的法律制度 …………………… 242
二、打造公务员廉洁教育培训的制度性模式 …………………… 244
三、公务员廉洁教育与惩治腐败相结合 …………………… 245

第八节　澳大利亚公务员廉洁教育 …………………… 246
　一、加强公务员廉洁教育的法规建设 ………………… 246
　二、规范公务员廉洁教育的培训制度 ………………… 248
　三、坚持公务员廉洁教育与预防腐败并举 …………… 249
第九节　西方国家公务员廉洁教育的异同 ……………… 250
　一、西方国家公务员廉洁教育的共同点 ……………… 250
　二、西方国家公务员廉洁教育的不同点 ……………… 252

第一章　公民廉洁教育要义

第一节　国家的发轫

一、国家学说

从政治学意义上说,国家是阶级矛盾不可调和的产物,是一个阶级统治另一个阶级的工具。在西方,有关国家的概念有三种具有代表性的观点:一是地理含义的国家,意指以地域为界限划分的人类社会的组织形态,不同于原始时代以血缘关系为纽带而建立起来的氏族与部落。美国学者迦纳指出:"国家是由很多人民组成的社会,并永久占一块一定的领土,不受外来的统治,有一个为人民在习惯上所服从的有组织的政府。"[①]二是民族含义的国家,民族是人们在历史上经过长期发展而形成的稳定共同体。广义的民族包括从原始的、古代的、近代的直至现代的各种民族共同体。而狭义的民族即民族国家,其本义是专指西方近代以来形成的有着共同语言、共同地域、共同经济生活以及表现于共同文化中的共同心理素质的稳定共同体。德国学者康德指出:"国家是许多人依据法律组织起来的联合体"[②]。三是政治含义的国家,即政治学研究的对象。法国学者博丹认为,"国家是家庭及其共同财产所组成的联合体,这一联合体由最高权力及理性统治着"。法国学者狄骥也认为,"国家是一种人群组织,

---

[①]〔美〕迦纳:《政治科学与政府》,美利坚书社1928年版,第52页。
[②]〔德〕康德:《法的形而上学原理——权利的科学》,沈书平译,商务印书馆1991年版,第139页。

在这一组织中,人群有治者与被治者的不同区分"①。马克思主义在肯定国家具有政治含义的同时,指出国家与旧的氏族组织的不同在于,它按地区或地域来划分国民,并设立公共权力。可见,政治国家在突出国家的政治本质的同时,也涵盖了国家的地理属性和民族属性。

二、国家的生成

在西方,对国家本质的认识源自于古希腊的城邦制时代。根据马克思主义关于国家起源学说,这是西方出现的最初国家形态。柏拉图在研究国家起源问题时,认为国家和社会是一回事,它们都起源于分工。柏拉图还把政府同个人类比,认为最完美的国家便是与个人最相似的国家。由于人们在社会生活中有诸多需求,而单个人的技能只能满足自己的那一部分需要,因此,人们只得聚集在一起,组成城邦。亚里士多德虽对国家和社会团体作了区分,但他仍然认为,"所有城邦都是某种共同体,所有共同体都是为着某种善而建立的(因为人的一切行为都是为着他们所认为的善),很显然,由于所有的共同体旨在追求某种善,因而,所有共同体中最崇高、最有权威、并且包含了一切其他共同体的共同体,所追求的一定是至善。这种共同体就是所谓的城邦或政治共同体"②,即国家。显然,古希腊的思想家虽然看到国家是社会关系发展的产物,但他们只是把国家作为满足社会公共生活需要的"求善"组织形式。

公元5世纪,西欧的基督教思想家提出教权与王权并立的学说。他们认为,教权和王权在欧洲政治社会中具有不同的功能。美国学者萨拜因指出:"由于宗教利益和永恒的得救是教会的本职,暂时的或世俗的利益以及维持和平、秩序与正义则是世俗政府的本职。"③所以,在中世纪的欧洲就出现教权与王权彼此分工的权力。受"君权神授"观念的影响,当

---

① 转引王浦劬:《政治学基础》,北京大学出版社1995年版,第237页。
② 〔古希腊〕亚里士多德:《政治学》,颜一等译,中国人民大学出版社2003年版,第1页。
③ 〔美〕乔·萨拜因:《政治学说史》(上册),盛葵阳等译,商务印书馆1986年版,第237页。

时的人们普遍认为,上帝是至高无上的,他把宗教的权力授予教会,把世俗权力授予政治统治阶级。西欧的封建领主不仅掌握了大部分土地,还兼任军事首领和政治领袖,实行世袭制。随着他们势力的不断膨胀,一些封建君主曾试图借"君权神授"的旗号,将教权与王权为一身,有权执掌教会和国家的事务。在英国早期的不列颠时代,国王经常通过封赐教会的土地等形式,笼络主教和高级教士,利用神权、强化王权,巩固其统治地位。①

公元15—17世纪的文艺复兴时期,西方资本主义生产方式开始萌生,技术进步带来经济的迅猛发展和国际范围的劳动分工,极大冲破封建领地互相割据、以邻为壑的局面。文学、艺术和建筑的发展,同当地的商业繁荣更是休戚相关。文艺复兴时期出现了要求摆脱神学束缚的思想解放运动,人文主义思想得到迅速传播。意大利政治思想家马基雅弗利主张君主应该成为国家的最高统治者,应该把各种权力集于君主一身。他同时强调,国家的目的是保障人身安全和自由地使用财产,国家是人建立的,不是上帝和神建立的,从而摆脱宗教对国家理念的羁绊。法国的法学家布丹则认为,国家是由统治者和被统治者组成的,主权是超越全体臣民的无上权力,不受法律制约,拥有主权是一国最基本的属性。布丹主张让"国王的官吏"和"法学家"在公共生活中发挥管理的职能。这个国家的行政管理,包括民法和经济法的实施,都应掌握在"国王的官吏"的手中。专制君主们凭借这种"国家主权论",有了争取至高无上权力的更好理论诠释。为此,西欧的地方社会群体联合成民族,民族逐渐成为一个整体,促进民族国家的形成。一些地区联合成为王国,建立起统一的政治制度,要求割断与罗马帝国和教廷的联系,建立摆脱神权与王权的世俗权力机构。

16—17世纪的海外贸易带来的巨额利益,促使西欧国家实行重商主义。在早期资本主义的重商主义阶段,以国家为核心的经济社会整合,成为这一时期各国政治舞台上的重头戏。商业精神的民族性、地域性和国

---

① 参见阎照祥:《英国政治制度史》,人民出版社1999年版,第11页。

家性,直接为资本主义精神准备了条件,对西欧民族国家的形成产生重大影响,西欧相继建立了许多民族国家。① 法国大革命后,拿破仑打着革命的旗号四处征讨,既残酷镇压当地民族的反抗,也传播法国革命中的民主制、共和制原则,对行政机构、法律体系和经济社会生活进行彻底改革,推翻了欧洲封建割据局面和封建特权。同时,拿破仑战争也从反面动员了当地民族的觉醒,催化一批民族国家的诞生。民族国家成为民族与国家的统一体,成为民族生存和民族同一性的载体。

  18世纪后,民族国家成为现代西方国家的主要形式。在西欧市场形成初期,市场在资源的组织、分配和产品的生产过程中存在着自发秩序,国家对经济领域进行干预和政治决定范围很小。在西方资本原始积累过程中,各种形态的重商主义国家,都直接使用有组织的暴力,大力扶持商人资本,剥夺小生产者的生产资料,使他们成为无产者,同时把生产资料和货币集中到少数占有者手中,对新社会的诞生起了很大作用。而经济发展和社会结构的变化是民族国家形成和发展的决定性要素。其中,商业、市场和国际贸易往往起到非常重要的作用。实践证明,市场经济为个人提供经济独立的保障。没有商业繁荣,也就没有国家的出现。另外,国家也以维护公共利益为名,扩大自己的权力,利用市场经济,把私人利益转化为公共利益。这种公共利益实际上是统治者的特殊利益。为此,法国的卢梭提出"人民主权论"的国家观念。他指出,国家就是"由全体个人的结合所形成的公共人格",代表着"普遍利益"和"公共意志"。如果"没有而且也不可能有任何一种根本法律是可以约束人民共同体的",如果有"任何人拒不服从公意的,全体就要迫使他服从公意"②,当然也包括统治者在内。卢梭认为,国家只能建立在自由人之间的"社会契约"之上,社会契约赋予国家以及构成国家的每个成员绝对权力。主权在民,突出人民是主权者,人民主权不受限制、不可分割、不可侵犯,具有强制性和永远公正。

---

  ① 参见朱新光:《商业精神对欧洲民族国家形成的影响》,载《江西社会科学》2008年第11期。
  ② 〔法〕卢梭:《社会契约论》,何兆武译,商务印书馆1980年版,第25、27、29页。

19—20世纪,民族国家有更大的发展变化。随着西欧经济社会的迅速发展,各国对国家的认知有了新的进展。德国的黑格尔从客观唯心主义的历史哲学出发,提出"理性国家"的观念,力图在世界历史的进程中寻找不以人的意志为转移的内在规律。在他看来,"国家是伦理理念的现实","是绝对自在自为的理性东西"。在这种情势下,人们已经不是生活在个人的统治之下,而是受一种"精神权力"的支配。"精神权力"成了不受法律制约的主权,成为法律和正义的源泉,"正义本能""正义感觉""正义意识"构成国家权力的基础,"个人本身只有成为国家成员才具有客观性、真理性和伦理性"①。而德国的马克斯·韦伯则以客观和理性的方法来阐释国家的结构和功能,他认为,现代民族国家是建立在官僚体制和合理的法律基础上的,国家拥有合法暴力的垄断权,也拥有为公共事业服务和设计未来的职能。法国的杜尔凯姆也认为国家是理性发展的产物,是劳动分工与集权化并行的结果。现代社会不是建立在契约的基础上,而是社会结构和社会集体意志的派生物。劳动分工使国家从其他社会团体中独立出来,法律的发展状况是社会劳动分工和社会分化发展的产物。现代社会的经济功能应服从一种政治的道德权力,而这种权力建立在个体的道德水平上,同时也要调整和控制社会经济生活。第一次世界大战和奥匈帝国的崩溃,第二次世界大战和雅尔塔体系的建立,冷战后的苏联解体、东欧剧变以及全球化的推进,都对民族国家的发展产生巨大影响。

马克思主义的国家观以客观事实为依据,通过对国家起源的历史考察,指明了国家的本质。恩格斯指出:"国家是社会在一定发展阶段上的产物;国家是承认:这个社会陷入了不可解决的自我矛盾,分裂为不可调和的对立面而又无力摆脱这些对立面。而为了使这些对立面,这些经济利益互相冲突的阶级,不致在无谓的斗争中把自己和社会消灭,就需要有一种表面上驾于社会之上的力量,这种力量应当缓和冲突,把冲突保持在'秩序'的范围以内;这种从社会中产生但又自居于社会之上并且日益同

---

① 〔德〕黑格尔:《法哲学原理》,范扬等译,商务印书馆1961年版,第253—254页。

社会脱离的力量,就是国家。"①列宁也指出:"国家是维护一个阶级对另一个阶级的统治的机器"②。显然,国家是经济上占有统治地位的阶级为了维护和实现自己的阶级利益,按照区域划分原则而组织起来的,以暴力为后盾的政治统治和管理组织。③

第二节 公民社会的形态

公民社会以国家权力形态为主要关切对象,孕生于西方社会。在西方不同时代,公民社会以不同的理性结构出现在西方社会思想当中,它不仅体现着时代进步中社会自组织的印迹,而且带有公民个人理性建构的倾向。从社会发展史和思想史的角度出发,有关公民社会的形态涉及以亚里士多德为代表的西方古典公民社会,以黑格尔为代表的西方近代公民社会,以及以哈贝马斯为代表的西方当代公民社会等。

一、古典公民社会

公民社会最早起源于古希腊亚里士多德的政治共同体或城邦。亚里士多德指出,在古希腊罗马时代,从私人领域到公共领域是一个演进过程,希腊罗马公民只有每天都跨越家庭这一狭隘领域而进入政治领域,才能成为真正意义上的公民。对城邦中的成员而言,家庭私人生活只是为城邦中的公民生活而存在的。城邦是一个政治领域,离开了城邦,人就不能过上政治生活,也就不能成为公民。由城邦的建立而形成的公民社会,实质上是一种政治社会,没有政治,也就没有城邦和公民社会。城邦的兴起意味着"除他自己的私人生活外,人还接受第二种生活,即政治生活。现在每一位公民都隶属于两种生活程序,在他自己的生活与共同体的生

---

① 《马克思恩格斯选集》(第4卷),人民出版社1995年版,第3页。
② 《列宁全集》(第37卷),人民出版社1986年版,第66页。
③ 参见王浦劬:《政治学基础》,北京大学出版社1995年版,第241页。

活之间存在鲜明的区分"①。

西塞罗早在公元前一世纪就明确了传统意义上的公民社会的含义。他认为,公民社会不仅指单个国家,而且也指业已发达到出现城市的文明政治共同体的生活状态。西塞罗是同时在公民社会、政治社会和文明社会三重意义上使用这一概念的,在他看来,公民社会作为一种城市的文明政治共同体,与野蛮人的社会或野蛮状态有重要区别。它有自己的都市文化、工商业生活,有自己的法律和政府,这些都是人民的共同财产,作为一个道德的集体,其目的在于实现公平和正义的原则,用道德的纽带把人们联系起来。这在一定程度上超越了亚里士多德的公民社会思想,对于保护公民权利、明确国家与社会的区别具有重要意义。

公元 11 世纪,随着欧洲的城市自治公社的发展和市民阶层的壮大,各地的城市在一定程度上摆脱了封建束缚,获得自治权,建立城市政府组织和议会,制定法律,出现同业公会和手工业者协会等。欧洲城市的发展,使得公民社会生活以城市为中心,不断向社会传播和扩散,公民社会生活日益扩展,并开始与政治国家逐步分离。由于公民社会是在封建领主的夹缝中成长起来的,其工商业活动需要打破封建领主的割据局面,这些都需要王权的保护和干预。公民社会为了维护自身经济利益,也需要统一的王权来维持社会和政治经济秩序。另外,王权还是民族统一的象征,为争夺海上霸权,社会各阶层希望借助王权来保证民族的竞争力。因此,公民社会与政治国家的分化不明显,公民社会与国家分离的社会过程未被充分认识,公民社会的内涵仍停留在西塞罗的公民社会的话语水平上,直到文艺复兴和启蒙运动之后,这种局面才有所改观。

欧洲文艺复兴和启蒙运动是近代欧洲一次重大的社会改造运动,经过这场运动的洗礼,不仅改变欧洲人的价值观和道德准则,而且第一次运用自然主义和感官享受、现实主义以及追求知识方面的实验方式,取代禁欲主义、象征主义、理想主义、传统主义和蒙昧主义。经过文艺复兴运动

---

① 〔德〕阿伦特:《公共领域和私人领域:文化与公共性》,张旭东等译,三联书店1998年版,第27页。

的启化,一些启蒙思想家(如洛克、潘恩等人)提出一整套哲学理论、政治纲领和社会改革方案,要求建立理性社会。在洛克的理论中,他把公民社会作为逻辑推演中的一个分析概念来使用。他的公民社会等同于其政治哲学中从自然状态经济订立契约而形成的政治社会,这是人类发展演进中的一个阶段,即有政治的阶段。而托马斯·潘恩则认为,当商业和制造业通过劳动分工进行扩张时,社会才变得文明。也只有在个人能够自由行使他们的天赋权利时,公民社会才能繁荣。为公民社会的形成提供机会的是市场而非国家,原因在于个人满足自然欲望的能力受到限制时,只有通过商品交换来超越。因此,他们往往把政治社会与公民社会等同起来。

二、近代公民社会

18世纪末的法国大革命推翻君主专制制度,确立代议制民主原则,为私人领域的独立存在和工商业活动的自由发展提供法律和制度保障,极大促进公民社会的发展以及公民社会和政治国家的分离过程。黑格尔是第一个真正将公民社会(市民社会)作为与政治社会相对的概念进而与国家作出学理区分的思想家,他认为公民社会是先进民族迄今所达到的人类发展状态,但它又是自私而贪婪的,且不具有原始社会所具有的温情和道德内聚力。在他的思想中,公民社会是按照自身法则运行而不受法律和政治团体的伦理影响的经济和社会秩序。他在《法哲学原理》中就明确指出,公民社会是一切人依赖于一切人的社会,这种依赖关系是形成体系的,即人们通常所称的需要的体系。需要的满足是和劳动联系在一起的,劳动生产出满足需要的物。当然,劳动不是抽象的个人能够完成的行为,它也是形成了链条和体系,每个人的劳动都和他人的劳动联系在一起,这就有别于自然经济时代自给自足的劳动。在公民社会,每个人都是自力更生的,这种劳动又是在整个社会的链条上,劳动形成体系后,就存在一个劳动分工问题。同时,他又认为,公民社会就是日常生活和经济活动,是"需要的体系",它与政治国家和统治体系相对,包括那些不能与国家混淆或不能为国家所湮灭的社会生活领域。黑格尔把公民社会看成是市场,是社会的商业部分,把私人财产所有权宣布为公民社会不可缺少的关键。一句话,公民社会成员是以特殊利益为目的,而国家则以普遍利益为目的,国家高于公民社会,公民社会从属于国家,国家是对公民社会的超越,是公民社会的最后归宿。这在一定程度上成为马克思对资本主义分析和批判的预兆,为马克思公民社会思想的形成奠定基础。

在此基础上,马克思认为,公民社会是私人利益体系的总和,它包括处在政治国家之外的社会生活的一切领域,如经济关系领域、社会关系领域、意识形态关系领域等。这里,马克思更多是在一般意义上使用公民社会的概念,即把公民社会当作不同于普遍利益或公共领域的私人利益关系、私人领域、非官方的社会组织、国家政治生活之外的社会生活。① 同时,马克思还用唯物史观科学揭示出公民社会的本质是物质生产关系的总和,认为在"需要的体系"中,个人的物质利益、物质需要居于首要地位,其他利益和需要都是以它的满足为前提。为满足这种物质利益和需要,人们必须从事一定的物质生产活动。当然,人们不是孤立从事物质生产活动的,他们必然要在生产和交换中结成一定的经济关系或交往形式,即"物质生活关系的总和"。马克思用人们的物质交换关系来说明公民社会及其中的人与人的关系,得出"决不是国家制约和决定公民社会,而是公民社会制约和决定国家"②的结论。

三、当代公民社会

进入 20 世纪以来,随着西方公民社会与国家关系的复杂化,学界开始对公民社会的具体问题进行深入思考和研究,极大地促进了公民社会的发展。葛兰西作为西方马克思主义理论家,他把社会分为政治社会和公民社会两部分,前者指国家或政府,后者指各种私人组织或民间社团。出于对马克思主义过分强调经济因素的纠正,葛兰西主张重新理解公民社会,他把公民社会重新界定为制定和传播意识形态特别是统治阶级意

---

① 参见俞可平:《马克思的市民社会理论及其历史地位》,载《中国社会科学》1993 年第 4 期。
② 《马克思恩格斯选集》(第 4 卷),人民出版社 1995 年版,第 196 页。

识形态的各种私人的民间机构,包括教会、学校、新闻舆论机关、文化学术团体、工会、政党等。他认为,"意识形态维持一个特殊阶级的统治和社会大多数人日常的习惯行为的条件,让它们相互支持和加强。公民社会可被看做是一个特定的社会集团对社会全体的文化霸权,或是一个国家统治的道德内容"①。

哈贝马斯的公民社会是指一种独立于国家的"私人自治领域",包括私人领域和公共领域。他指出,私人领域指以市场为核心的经济领域,公共领域指社会文化生活领域。公民社会由那些在不同程度上自发出现的社团、组织和运动所形成。这些社团、组织和运动关注社会问题在私人领域生活中的反响,将这些反响放大并集中和传达到公共领域之中。公民社会的关键在于形成一种社团网络,对公共领域中人们普遍感兴趣的问题形成一种解决问题的话语体制。公共领域则成为调节国家与社会、公民关系的缓冲地带。哈贝马斯的"公共领域"概念对西方学界产生了广泛影响。

阿伦特在此基础上建立其公民社会的话语体系。她认为,公共领域作为一种开放、多元与民主的政治空间,它鼓励每一个平等的社会共同体成员自由地参与和无歧视地交流。而柯亨和阿拉托则主张采取公民社会—经济—国家的三分法,将公民社会界定为介于经济与国家之间的一个社会领域,从而将经济领域排出公民社会的范畴。他们认为,公民社会是"介于经济和国家之间的社会互动领域,由私人领域(特别是家庭)、团体领域(特别是志愿结社)、社会运动及大众沟通形式组成"②。其目的是为了反对以国家为中心或以经济为中心的模式,主张回到以社会文化系统为中心的范式中,通过文化意义上的公民社会重建,实现民主、自由、平等、公正的现代社会。

总之,当代公民社会是以社会文化为对象,以经济与社会文化分离为

---

① Cf. Zygmunt Baum an Socialism, The Active Utopia, London George A Llen & Unw in Lid, 1976, pp. 65—66.

② 〔美〕柯亨、阿拉托:《市民社会和政治理论》,美国麻省理工学院1992年版,第vii页。

基础,注重社会文化在社会再生产及变革中的作用和功能,把公民社会从政治国家和经济中独立出来,这无疑是对公民社会理解的创新,使人们把视线从经济领域转向社会文化领域,对正确认识社会文化的地位和作用意义重大。

第三节 公民意识的属性

公民意识是社会意识的有机组成,社会意识是社会的精神生活过程,是人们对社会存在的反映。社会意识依赖于社会存在,社会存在是社会意识的来源。社会意识是一个复杂的系统,具有多层次结构。从意识主体看,社会意识分为个体意识和群体意识,公民意识属社会意识的个体意识,并随着社会的发展而不断变化。

一、公民意识的概念

公民意识的概念,目前学界没有统一的说法。张宜海等人在《公民学》一书中把公民意识定义为"公民对自己的身份和政治角色及其相应的权利、义务的认知和社会价值取向"①。冯军等人认为,公民意识是公民的归属意识、法治意识、平等意识、权利意识、义务意识的总称。② 程磊也认为,公民意识是一种理性的自我意识,意识到与他人、国家、社会的关系,意识到自己在这些关系中享有的权利和应尽的义务,是公民全部素质和能力的集合体。③ 唐淮等人指出:"公民意识是公民对自己在国家和社会中的身份地位的自觉意识,是对自己应当享有的权利和义务的自觉意识,是对公民主体地位的自我确证。"④石裕东指出:"公民意识是一个以主体意识为核心,由与国家相关的意识(国家意识),与社会相关的意识

---

① 张宜海等:《公民学》,郑州大学出版社 2009 年版,第 64 页。
② 参见冯军等:《从宪法视角看公民意识的内涵》,载《人民日报》2008 年 3 月 26 日。
③ 参见程磊:《公民意识教育的时代视角》,载《湖北日报》2008 年 12 月 26 日。
④ 唐淮等:《对我国公民意识教育的几点思考》,载《思想理论教育研究》2008 年第 5 期。

(道德意识)和与自然相关的意识(生态意识)构成的有机统一体。"①曲丽涛强调:"公民意识是社会成员对国家、社会和其他公民相互间关系的认识,即对其公民身份、公民权利、公民责任等理性认识。"②刘大明认为,公民意识是社会意识形态的形式之一,"指的是公民在民主政治时代所必须具备的一种自觉的社会意识,即公民对自身的政治地位和法律地位、应履行的权利和应承担的义务的自我认识"③。

综上所述,我们可以得出这样的结论,所谓公民意识,其实是指公民对自己在政治生活中地位和作用的认知,是公民以宪法和法律规定的基本权利和义务为依据,以自身作为国家政治生活、文化生活和社会生活等活动主体的一种心理感受与理性认识。公民意识要求公民具有责任感、权利义务观,秉持合理、合法、理性的基本观念,形成对待个人与国家、个人与社会、个人与他人关系的正确价值取向和道德观念,体现了公民对于社会政治系统以及各种政治问题的态度、倾向、情感和价值观等。

公民意识作为社会意识中的个体意识,是人们对一定时期社会存在的反映。其特征一方面表现为个体性。公民意识来源于人的大脑,其发展变化要通过个体思想意识的变化来体现,其改善与变化离不开个体素质的提高,培育公民意识的目的是实现个体全面发展。另一方面表现为社会性。由于公民意识的内容来源于社会,其形成与提高受到社会各种因素的影响和制约。所以,公民意识同社会发展呈正相关关系,公民意识水平越高,社会发展越快;公民意识水平越低,社会发展越慢。此外还表现为历史性。公民意识是在一定社会历史条件下意识的存在状态,它不可能摆脱其历史文化传统的影响而存在,并从公民意识的发展过程中得到验证。

---

① 石裕东:《公民意识内涵新探》,载《湖北工业大学学报》2009年第12期。
② 曲丽涛:《公民意识与制度公正》,载《兰州学刊》2009年第9期。
③ 刘大明:《民族再生的期望——法国大革命时期的公民教育》,中国科学社会出版社2005年版,第9页。

二、公民意识的属性

在公民社会,公民作为国家的主人,要有公民身份的意识,并按照法治和道德要求,积极参与社会政治生活和社会事务。在参与这些活动中,公民应享有权利、履行义务、承担责任等。

(一)公民的身份意识

公民身份意识是公民意识的核心。公民身份是指公民在法律上的角色,特指在公民社会中,个人作为参与或监督国家公共权力运行的独立主体的一种身份,公民身份观念是公民意识的基础,如果没有对自己身份的认识,就不可能认识到国家与自己之间的关系,就不可能对自己的主体地位有足够完整准确的认识,也就无法充分享受和负担政治权利和政治义务。缺乏对公民身份的认识,就不会产生相应的公民意识。在公民社会,公民身份意味着存在一套既定的关于公民权利和义务的规范体系。一方面,公民身份明确了平等性和普遍性。公民的形式身份和实质身份规定公民身份的平等性和普遍性,公民的国籍从形式上确立公民政治地位平等的基础,由宪法赋予每个公民统一的权利与义务体系则实现公民身份实质性价值。另一方面,公民身份意味着权利与义务的统一。在一个社会体系中,任何一个位置都具有与之相应的权利和义务,处于该位置的个体必须按照其他社会成员认为在这个位置上的人所应该有的行为模式来表现自己。公民身份就是公民在公共生活中展现出的主体资格,体现着权利与义务的统一关系。如果没有对个人身份的认识,就不可能认识到国家与个人之间的关系,不可能对个人的主体地位有完整的认识,也无法充分享受和承担政治权利和义务。由于缺乏对公民身份的认识,就不会产生相应的公民意识,并会模糊公民身份与其他身份,最终迷失公民意识。所以,公民身份观念是公民意识的基础。判断公民是否具有公民意识,必须考虑到他是否意识到自己的公民身份,自己是国家与公民关系模式中的权利义务主体,而不是其他角色身份。

(二)公民的权利意识

权利是以法律的形式表现出来的统治阶级的利益与意志,它与义务密不可分,享受权利必须履行相应的义务。依据权利的属性,权利包括自然权、人权和法权;依据人的需要层次,权利包含生存权、保存权、安全权、自由权、平等权、财产权、荣誉权等。历史经验告诉我们,公民个人作为权利的唯一实体,生命、自由、财产不受任何侵犯,国家政权只是为维护个人权利的目的而存在。要建立法治国家和社会,仅有完善的法律制度是不够的,还必须把权利意识植根于公民的思想观念中,才能有法治国家和社会的真正建立,事实上,也只有公民确实树立权利意识,法律知识的普及和全民法律素质的提高才更有现实意义。在现代社会,宪法和法律都规定了公民的基本权利,宪法的价值追求就在于保护公民的权利。国家权力来源于公民权利,宪法明确公民的基本权利,法律保障公民的各种权利。因此,公民的权利意识不仅意味着公民愿意接受既定法律的约束,服从法律的安排,而且也表明公民要求公权力必须在法律的轨道上运行,要求他人在法律允许的范围内行使政治权利。公民要积极主张自己的权利,并在自己和他人的权利受到侵害时通过司法途径获得救助。当然,公民在行使权利时,也不能侵犯国家的、社会的、集体的利益和其他公民的合法权利。正如有学者指出的那样:"权利是法的内核,没有对权利的要求,也产生不了对法的需求和对法律的渴望。权利意识和法治观念的形成是密切联系的。权利意识的增强导致法治观念的生长,反之,法治观念的增长,也必将推动人们权利意识的扩张。"①

(三) 公民的责任意识

公民责任是指公民履行与自己的公民身份相适应的、符合社会规范预期的职责,以及没有履行好这种职责时所应承担的谴责和制裁。责任是一种自身调节以适应自然安排的行为。责任产生于社会关系中的相互承诺,来源于公民身份、道德原则、法律规定、传统习俗、对他人的承诺、分配的任务、上级的任命、职业的要求等。对于社会与个人来说,责任主体和责任对象具有双向性。个人对社会发展有责任,而社会发展也对个人有责任。这就客观上造成责任的正向激励,给人一种使命感,一种作为的

---

① 刘佳:《中国法制化的现实基础》,载《中外法学》1999 年第 1 期。

冲动,激励人们去做自己应做的事,并通过一种行为表现出来。公民是责任的主体,公民的责任意识和责任行为是整个社会的基础,关乎社会的稳定和秩序。公民既是社会成员最基本的角色,也是法律角色。如果公民主体责任明确,责任意识明晰,责任能力很强,国家的治理就将是文明有序的。因此,公民责任是公民履行与自己的公民身份相适应的、符合社会规范预期的职责,以及没有履行好这种职责所应承担的制裁。

公民的责任意识是一种对自身利益的理性自律,偏重于一种积极意义的责任。公民在遇到国家政治和社会利益的问题时,要自觉维护公共利益,克服个别利益。公民不但有责任和义务参与公共利益有关的公共事务,承担法律和道德义务,尽量为国家和社会多做些有益的事情,并负有对公共权力机关进行监督和支持的责任,促进和完善国家权力的规范运行,使国家公共机关避免失职和越权行为,全心全意服务于公众利益。同时,公民还要对自我的选择负责,无论公民参与、公民自治,还是任何公共政策的制定和执行,都需要公民承担起对待公共事务的责任,要认识和理解自己的责任,主动履行好这些责任,不逃避由于自我的过错而承担的法律和道德的责任。当然,公民在公共权力可能失范或超越法律时,能意识到不进行制止和揭露,可能会损害公共利益。所以,强调公民应具有责任意识,对于克服现代社会公民的孤立原子状态与激进个人主义、弱势民主、政治市场化与公民的消费者倾向等弊端具有重要的价值和意义。

(四)公民的平等意识

作为一种社会和政治的理想,平等是一切人都可以享受的权利和正义。① 平等主要体现为:一是形式平等,即社会成员在权利和资格上的身份平等,包括公民享有法律赋予的平等权利、权利的平等保护等。二是机会平等,包括起点的机会平等(即所有具有平等人格和权利的人在公认的规则下对有限的机会进行竞争)和利用的机会平等(即通过资源分配,如获得同样的教育资源和良好的发展条件,使所有人拥有同等的达到目标的手段)。三是结果平等,即最直观的平等,指收益的平等分配等。四是

---

① 参见〔法〕勒鲁:《论平等》,王允道等译,商务印书馆1988年版,第273页。

人格平等,即强调平等待人,给人以人的待遇,肯定每个人的价值等。由于平等具有自我性、自利性、现实性、相对性的特性,所以,只有发展经济,创造更多的资源和机会,并完善政治制度,在全面发展中转变平等观念,才能实现真正意义上的平等。

为此,公民要具有平等意识。一方面,平等意识能够体现公民拥有独立的人格。这要求每个公民不受任何外在的精神权威和任何现实的力量集团的压力,拥有独立追求真理的判断力,在社会参与中具有独立自主的精神。这种具有独立人格的公民,既能清醒意识到自我是一个独立的个体,也能够自觉承担自己的社会责任。现代社会组织中的层级关系,是公民在自由平等的基础上的利益合作,这与等级社会中把等级作为社会基本原则有根本不同。对那些处于被支配地位的意志和无原则顺从的顺民意识,都表明公民在精神上没有自我的价值理想,也就没有自身独立的人格。另一方面,平等意味着对他人的宽容,承认他人在没有违背社会公德和法律的前提下有权利作出与自己不同的选择。对那些与自己有不同的政治主张、价值观念和生活方式的公民给予必要的理解,对弱势群体的特殊保障的理解,不把对其特殊保障视为不平等。可见,公民平等意识是公民参与国家和社会事务的基本前提。

(五)公民的民主意识

民主通俗讲就是公民当家做主,指公民参加公共事务表达意愿的权利。从不同角度看,民主有不同的内涵。从公民学角度,民主包括民生、民意、民情等基本民主和民权、民选、民决、民治等基层民主。从上层建筑角度,民主包含民主意识、民主精神、民主政治、民主制度、民主德性、民主文化等。从权利角度,民主包括民主权利、民主参与、表达意愿、民主管理等。从社会角度,民主还包括民主社会等。在政治生活中,民主原则表现为平等原则、自由原则、普遍原则、分权制衡原则、多数原则等。平等原则要求尊重公民的参与和表达的自由,公民在平等基础上进行对话、表达和参与。自由原则要求民主政治确保法律赋予公民的基本自由权,自由表达政治意志,自由选择政治行为,自由实现和维护自己的经济、政治和社会权益。普遍原则要求所有公民人人享有民主权利,公民不违反法律,任何个人或组织不依据法律程序不得侵犯和剥夺公民的民主权利。分权制衡原则要求限制权力,实现权力制衡。多数原则要求少数服从多数,公民在不能形成完全的共同意志情况下,依照多数人的意志行事。民主的本质,不仅体现为公民的政治要求和法律制度,还体现为政府的职责和社会行为。

公民民主意识作为民主的组成部分,是公民当家做主的意识,是公民依法管理国家政治事务和社会事务的愿望和自觉要求。① 民主意味着多数人的统治,民主的核心是人民当家做主,即一个民主的社会,民主国家是按照多数人的意志进行管理。作为公民整体的人民赋予的国家权力,公民按照少数服从多数的原则,形成共同意志,将公民的部分权利交给履行公共管理职能的国家。依据宪法和法律的规定,依法行使国家权力。公民的民主意识明晰公民参与国家政治和社会生活的基本原则,确立公民民主意识的基本途径,即依靠法治、克服人治,尊重和保障人权,实践民主执政,加强民主教育,让绝大多数人享受到民主政治建设的成果。在此基础上,通过加强对民主意识和公民德性的建设,最大限度地使政治道德化和道德价值政治化;通过加强民主知识和参与技能培训,提高公民对民主国家和社会中的角色认识、政府得以建立的合法性基础,以及理性表达自己的政治权益的能力与参与真实投票选举、协商在民主化过程中展示自身社会价值的政治能力;通过培养公民的民主责任,真正赋予公民民主权利,使公民的民主政治责任自觉,推动民主政治建设。

第四节 公民教育的本质

一、公民教育的概念

公民教育的概念繁多,学者们见仁见智。法国学者卢梭在《爱弥儿》一书中认为,培养公民对国家的整体道德认同是关乎共同体成败的关键,

---

① 参见张宜海等:《公民学》,郑州大学出版社2009年版,第75页

这一诉诸人类心灵的工程有赖于道德教育。他把道德教育目标定为培养自然人及道德公民两个阶段:"自然人完全是为他自己而生活的;他是数的单位,是绝对的统一体,只同他自己和他的同胞才有关系。公民只不过是一个分数的单位,是依赖于分母的,它的价值在于它同总体及同社会的关系。"①卢梭将"公意"的形成作为国家整体人格构建的前提和基础,通过赋予人民心灵以民族的形式培养公民的爱国情怀,公民宗教在一定程度上把公民对神的崇拜与对国家的崇拜相结合,起到法律无法替代的政治作用。德国教育家凯兴斯泰纳主张教育要以培养"良好公民"为目标,而"良好公民"则必须为国家利益服务。他认为国家是至高无上的,任何团体和个人都要绝对服从国家的利益,把教育看成是使国家达到理想境地的重要工具,其主旨为"性格陶冶"。即以"性格陶冶"作为公民训练内容。通过公民训练,使学生和青年工人对国家的最高价值越来越持积极态度,发展为具有"纯粹高尚"的成为国家、为"公"的道德品质,最终成为有价值的良好公民。②

英国学者柯力克指出,公民教育包括学校生活与学校经验中的个人、道德、社会、文化与精神教育等,即个人与社会教育、价值教育和"公民教育"。③ 德国学者施梅笛认为,公民教育暗示着作为某一民族国家的国民,个人必须接受关于权利和义务的某些教育,以便使他或她成为一个特殊政治实体中成熟且负责任的成员。④ 威廉·甘斯通认为,负责的公民资格要求四类型的公民品德,即勇气、守法、诚信等一般品德;独立、思想开通等社会品德;工作伦理、要有能力约束自我满足、要有能力适应经济和技术变迁等经济品德;要有能力弄清和尊重他人的权利、要有提出适度要求的意愿、要有能力评价官员的表现、要有从事公共讨论的意愿等政治品

---

① 〔法〕卢梭:《爱弥儿》(上卷),李平沤译,商务印书馆1978年版,第9页。
② 参见顾明远:《教育大辞典》(第1卷),上海教育出版社1990年版,第68页。
③ 转引自冯俊等:《东西方公民道德研究》,中国人民大学出版社2011年版,第79页。
④ 同上书,第165页。

德。① 美国的简·安夫雷认为,公民教育是民主社会发展的必然,公民教育不是只产出合格的工人,而是使人发展为有思想、有责任心的公民。美国的伯斯也认为,公民教育既要维护社会一致性如正义、平等、权威、参与和个人对公共利益的义务,又要体现多元化如自由、多样性、个人隐私、正当诉讼和国际人权。

英国学者麦克罗夫林通过研究,提出公民教育具有连续性,以分析不同国家实施公民教育的不同方式。"公民教育的连续性"框架将公民教育的各种属性按其表现的强弱和充分与否的状态,组成一个相互关联的连续体。连续体的一端表示的是正规的或传统的公民教育的各种典型特征,可将之称为对公民教育的"最小限度的解释";另一端则更注重公民教育的广泛性和包容性,是对公民教育的"最大限度的解释",更多地体现了现代公民教育的特征。对公民教育的"最小限度的解释"通常倡导的是狭义的公民教育,较为注重公民教育的正规途径,要求通过正规的教育计划向学生传授有关国家的历史、地理、政体和宪制等方面的知识,注重知识为本和以教师为中心,通常以班级授课为主要形式,强调教学的教诲性,较少关注师生间的互动和发展学生的主动精神,侧重于获得知识和形式理解。这种公民教育的成功与否常被认为较易测量,通常以书面考试的方式进行。从历史上看,"最小限度解释"的公民教育通常还与等级观念联系在一起,追求的是一种排他的或高人一等的公民教育趣旨,将公民权赋予社会中的某些团体或某些人,而不是普通大众。对公民教育的"最大限度的解释"被认为是追求对团体、个人的共同参与的趣旨,它突出公民教育正规和非正规途径的广泛整合,因而也被称作广义的公民教育。广义的公民教育不仅包含狭义公民教育所注重的内容和知识要素,而且还积极鼓励对决定和运用这些要素(包括公民的权利和义务)的各种不同方式的考察和解释;其基本目标不是形成知识,而是运用知识来帮助学生理解和提高学生的参与能力。它不仅重视教学和学习的内容,而且还重视

---

① 参见吴刚:《国际视野中的公民意识与公民教育》,载《当代中国:发展·安全·价值——第二届(2004年度)上海市社会科学界学术年会文集》(下),上海人民出版社2004年版,第182页。

过程;既有谆谆教诲,也有平等交流;既发生在课堂内,也发生在课堂外;注重为学生创造讨论和交流的机会,鼓励学生以创造的态度对待生活和学习。由于广义的公民教育涵盖的内容广泛,既包括知识和理解,也包括价值、技能和态度等,因此对其成功与否的考评就显得较为复杂和困难。①

托马斯·雅诺斯基在《公民与文明社会》中分析了各种公民权利与公民义务在宏观社会层次和公民自我层次上通过有限或总体交换达成的平衡关系,并认为公民身份是个人在一个民族国家中,在特定平等水平上,具有一定普遍权利和义务的被动及主动成员的身份。② 罗伯特·帕特南认为,公民共同体的公民身份有三个标志,即由积极参与公共事务做标志的,公民虽然不是无私的圣人,但是也不认为公共领域仅仅是追求个人利益的战场;要求所有人拥有平等的权利和承担平等的义务,公民之间作为平等的人,而不是作为庇护与附庸;他们必须具备乐于助人、相互尊重和相互信任的美德。公民共同体绝不是没有冲突的,因为公民们对公共事务有着坚定的看法,但他们对其对手的观点是宽容的。③

美国政府1991年颁布的《公民教育大纲》和1994年颁布的《公民学与政府》规定,美国政府所倡导的公民教育包括:一是政治体制的基础,包括美国的立宪思想、美国社会的独特性、美国的政治和公民文化、美国宪制民主的基本价值和原则等;二是民主在政府中的体现,包括宪法赋予政府的权力和责任、政府的运行、法律在政治体制中的作用、政治体制为公民提供的选择与参与机会、公共政策的形成和施行等;三是政府及职能,包括政府设立的意图、法律的作用、有限和无限政府的特征、宪法的本质等;四是美国与世界各国的关系,包括美国对世界政治的影响以及世界政治对美国政治和社会的反作用,公民及其权利、责任和公民对公共事务的

---

① 参见洪明等:《国际视野中公民教育的内涵与成因》,载《国外社会科学》2002年第4期。
② 参见〔美〕托马斯·雅诺斯基:《公民与文明社会》,柯雄译,辽宁教育出版社2000年版,第145页。
③ 参见〔美〕罗伯特·帕特南:《使民主运转起来》,王列译,江西人民出版社2001年版,第100—102页。

参与等。美国除帮助学生了解美国民主政体的基本原则外,还要求培养公民个体必要的道德品质如守信、自律、诚实等。①

中国学者袁开运在《简明中小学教育词典》中认为,公民教育是指使人们成为健全公民的教育。最广义的公民教育可指个人成为一个健全公民的所有教育,次广义的为旨在形成符合社会所需的品行教育,包括公民意识教育、思想教育、政治教育、道德教育、法制教育、性格教育等。狭义公民教育指公民意识教育,包括公民权利和义务教育等。②张秀雄也认为,"公民教育是指所有国家的教育体系,都是在灌输未来公民政治秩序的基本概念与价值。所以,培养未来公民养成一个国家政治价值的系统性教育,就是公民教育的意涵。在这个教育过程中,其任务就在于使未来公民能够产生维护政治秩序与社会现状的意识"③。姬振旗指出:"公民教育是指国家透过正式及非正式的教育途径,有目的、有计划地持续性对青少年及成人所实施的政治性教育,以培养在民主社会中做一个见识广、能承担责任、具有公民意识及社会参与能力的全方位公民。"④蓝维等强调,公民教育是社会通过培养使公民成为依法享有权利和履行义务的责任主体,成为在政治、经济及社会生活中有效成员的过程。公民教育具有基础教育、全民教育和终身教育的性质。⑤

中国学者王颖在探讨了中国公民教育的当代复兴后指出,中国公民教育是历史延宕的必然反弹,有其三大背景性因素和两大结构性因素。公民具有身份平等、公共生活实践品格和公共精神、权责效能三大本质特征,完整的公民教育应包括公民伦理教育和公民权责教育。公民教育的实施和开展应注重现代家庭文明建设、学校教育和类似的公民实践活动、

---

① 参见朱明光:《思想政治学科教育学》,首都师范大学出版社2000年版,第135页。
② 参见袁开运:《简明中小学教育词典》,华东师范大学出版社2000年版,第131页。
③ 张秀雄:《公民教育的理论与实践》,中国台湾地区师大书苑出版社1998年版,第92页。
④ 姬振旗:《公民教育概念辨析》,载《河北法学》2008年第1期。
⑤ 参见蓝维等:《公民教育:理论、历史与实践探索》,人民出版社2007年版,第21页。

学校后成人教育的补课,充分发挥媒介的引导教育功能。① 张斌贤探讨了公民教育与道德教育、品德教育、政治教育、思想政治教育的关系,指出公民教育与政治、公共生活有关,其内容主要涉及社会政治生活的原则、规范、价值和态度,其目的是为国家培养良好的公民。公民教育主要与政治有关,而品德教育或德育则主要与道德相关,二者涉及的领域不同。政治教育、思想政治教育的内容与世界观、人生观相联系,主要是指政治思想、基本政治理论等方面的教育,而公民教育虽然也包括上述内容,但并不仅限于这些内容。公民教育的内容结构主要包括三个部分,即政治知识、政治情感和政治价值。② 李萍等人强调,公民不能简单地与资本主义性质联系起来,把公民教育与思想道德教育对立起来,公民是与私民、臣民相对应,与国民、人民相区别的,公民教育不是传统德育名词的简单更换,而是标志着我国传统德育历史性转型的一种崭新的教育目标体系。公民本质是主体性教育,以权利与义务相统一为基本教育取向,以合法性为基本限度,而且是区别于"圣人教育"的平民教育。这三个特征明显区别于传统的德育。③

在西方,公民教育理论是在政治哲学中的自由主义、公民共和主义、社群主义、多元文化主义等思想基础上形成和发展起来的公民教育观,包括自由主义公民教育观、公民共和主义公民教育观、社群主义公民教育观、多元文化主义公民教育观等。具体而言:其一,由于自由主义强调个体的自由、平等,认为个人利益优于国家利益,因此自由主义公民教育观强调公民素质和能力的培养,并实现自由精神与民主价值的传递。其二,公民共和主义强调国家利益,公民应当爱国,并积极参加政治生活、社会生活,因此公民共和主义公民教育观强调爱国主义思想的培养,强化公民

---

① 参见王颖:《当代中国公民教育历史性复兴的现实反思》,载《教育理论与实践》2003 年第 2 期。
② 参见张斌贤:《试论公民教育的意义、动力和实施途径》,载《教育评论》1997 年第 3 期。
③ 参见李萍等:《公民教育——传统德育的历史性转型》,载《教育研究》2002 年第 10 期。

责任意识。其三,社群主义主张国家应发挥主导作用,引导公民选择与社会主流价值观相符的生活方式。社群主义公民教育观强调国家的作用,强调公民对公共事务积极主动参与的意识和能力。其四,多元文化主义的理念在于人们的价值观之间存在着巨大的差异,而差异的存在可能会导致冲突,同时存在着合理解决冲突的办法。为此,多元文化主义公民教育观强调学校的建设性作用,主张学校不仅应当传递社会共同的价值取向,还应当呈现多元的文化,培养学生健全的人格,使学生了解差异、包涵、宽容的意义,具备多元而不是一元的价值取向等。

二、公民教育的本质

公民教育的目的在于培养公民,使这一政治体制下的人能够履行其作为公民的职责。也就是说,公民教育作为一种重要的教育模式,其目的在于培养公民意识,即公民的主体意识、民主法制意识、权利意识和义务意识、公共精神和社会责任感。其中,既包含公民对国家、社会、家庭以及个人应负的责任教育,包含体现权利与义务的日常行为规范的教育,也包含世界观、人生观、价值观、道德观、法制观教育。具体表现为:

(一)公民教育明确公民教育的目标取向

公民教育的目标是使公民成为政治、经济和社会的有效成员,能全面、积极参与社会生活的各项活动,这对公民教育的综合考量提出更高的要求,它不仅要求公民在观念、认知、能力、态度等方面有所提高,而且要求公民成为一种有效成员。为此,公民教育一则要严格区分公民教育与非公民教育的差异。通过公民教育,把公民真正培养成积极、主动享有宪法和法律规定的权利、履行其规定的义务的责任主体,以体现现代精神的社会主体的普遍进步。公民教育二来要明确公民教育在教育系统中的位置。公民教育作为现代社会成员的基础性教育、全民性教育、终身性教育,必须在基础教育阶段开始实施,并将公民教育对象覆盖到全体公民,终身进行学习和接受教育。公民教育三是要界定公民教育与公民教育课程的关系。公民教育作为一门在基础教育阶段的教育课程,通过开设公民学、公民道德等课程,或是通过历史课和社会研究课来实现公民教育的目标。

(二) 公民教育培育公民的主体意识

公民教育是围绕公民而开展的教育,是代表社会一部分公民对其他公民开展的教育,其实施者和接受者都是公民,因此公民是公民教育的主体。而社会作为公民利益的代表,已成为公民教育目标的制定者、培养活动的组织者和实施者,公民教育当然离不开社会的有效参与。随着市场经济的逐步完善和公民社会的日益成熟,公民摆脱了由血缘和地缘社会连接起来的人与人之间的依赖关系,开始以一种自由、平等、独立人格的身份参与到社会活动中来,并开拓出新的发展空间,为通过公民教育培养现代人独立自主、自由、民主、平等、公正的品格创造条件。所以,加强对公民的主体意识的培养,树立主权在民的观念,使公民明确其主体身份及其内在价值,对其在国家中的政治地位和法律地位有明晰体认,以及获得人与人、人与社会和国家之间关系的正确认识,确保公民承担公民权利与义务。

(三) 公民教育培育公民的民主法制意识

在公民社会,法律是维护公民自由、民主、平等权利的基本保障。公民在法律面前人人平等,对法律权威的普遍服从,是法治社会的重要特征,也是法治社会对公民素质的基本要求。现代社会民主法制的进步和社会公共性的维护,有赖于每个公民对国家政治生活和社会生活的参与,公民不再是游离在政治生活和公共事务之外,而是通过各种渠道和方式把自己的声音传递到政府部门和决策层,影响政府的行为,最大限度获取个人利益和自由。公民参与政府治理可以极大改变政府以往的运行环境,扩大政府的信息来源,提升政府决策的质量,制约和监督政府行政权力的运行,有助于防止权力滥用,增加政府决策的透明度和责任感,提高公民对政府的公信力,更有利于政府治理政策的制定和执行。因此,加强公民民主法制意识和参与意识的培养,有助于促使政府改变自身的行为方式,由单向治理模式转向双向互动治理模式。

(四) 公民教育培养公民的公共精神和社会责任感

公共精神是社会公共生活的产物,是社会成员对公共领域利益关系的理性认识,对公共生活准则的主观认同,它以社会和他人利益为价值取向,是在维护公共利益和关爱他人的行为中表现出的精神境界。公共精神表现为对公共生活的参与,对公共利益的维护,对公共准则、规范的认同,对公共环境的保护,对公共秩序的遵守,以及对公共行为的理性自觉等。这些公共精神不是天生或自发形成的,它需要公民通过学习、接受教育、亲身体验逐步形成。这就需要通过家庭、学校、社会、个人的共同努力加以培育,以提高公民的素质。同时还要遵守社会公德,促进社会的良好风尚,克服自我中心主义倾向,倡导民主法治、公平正义、诚信友爱,以增强公民的社会责任感。

第五节 公民廉洁教育的范式

一、廉洁的含义

廉洁是指社会公共利益的一种价值观念和道德情操,以及据此所产生的道德行为和社会状态。《楚辞·招魂》中说:"朕幼清以廉洁兮,身服义而未沫。"后王逸注解"廉洁"为:"不受曰廉,不污曰洁。"《辞海》释义,"廉洁"即清廉、清白之意。作为一种道德价值、规范和操守,廉洁主要是针对有机会接近和已经拥有各种组织资源的公民,特别是掌握和行使公共权力的公务人员提出的要求。廉洁指在从事公务活动中无利用职权谋取各种个人或小集团利益的情况。

廉洁的含义主要包括:一是公利至上。行为主体要消除私欲,正确行使手中的公共权力,树立公仆意识,一心为公,克己奉公,不以权谋私,假公济私,脱离群众搞特殊化,要积极回应公众的需求,尽心尽职,避免官僚作风。二是公平正直。行为合乎公正原则,秉公执法,去偏抑私,诚信守诺,前后一致,不受利益左右区别对待。三是公开透明。行使权力履行职责的过程不遮不隐,杜绝暗箱操作,主动接受各种监督主体的监督。四是遵守法纪。自觉维护法律权威,严格按照国家法律和组织规章规范自己的行为,不做贪赃枉法的事。五是拥有政治修养。表现为具有崇高的政治理想、坚定的政治信念和可靠的政治鉴别能力,善于把握政治方向和政治立场,摆脱低级趣味,志存高远,具备较强的抗腐蚀能力。

二、廉洁教育的范式

廉洁的品质不是与生俱来的,它需要长期的教化才能够养成,因此,廉洁教育就成为培育廉洁品格的重要推手。何谓廉洁教育? 一般学者认为,廉洁教育是指以廉洁为主题的教化、教导和培育、培养的活动,并围绕廉洁的知识、理念、制度及与之相对应的生活方式、行为规范进行教育,形成个体稳定的关于实践廉洁的心理基础、思想观念、行为习惯及大众文化氛围。廉洁教育包括有关腐败、廉洁和反腐败的理论、知识,大量的腐败案例和廉洁实例,以及人们已探索出来的比较丰富的应对腐败的技巧等。廉洁教育是一种具有特定目标的教育活动。它通过课程、培训项目、教材、图书、电影、广告、电视、网络教育素材、网络游戏等,对公民进行廉洁方面的教育,从而营造廉洁奉公、诚信守法的社会氛围,以达到规范和约束个体行为的目的。具体而言,就是教育者借助教育影响,间接控制和调节受教育者的过程,使受教育者变得廉洁或更加廉洁的特殊活动。社会共同体和执政集团指派和委托特定的教育者借助一定的教育影响,间接把社会公众,特别是掌握公共权力、承担公共管理职能的公职人员,培育成具有廉洁之德的中坚力量,使他们能忠实地行使职权,积极扮演公共责任的担当者和公共利益维护者角色的活动。其目的是使受教育者趋向注重公利、讲求公正、乐意公开、自觉守法和具有政治修养等。廉洁教育包括廉洁政治教育、廉洁文化教育、廉洁社会教育、廉洁公务员教育等。

廉洁教育的特点在于:其一,教育类型的复杂性。廉洁教育既包括知识的认知教育,也包括态度和偏好的价值引导等。其二,教育的长期性。廉洁教育作为一种改变价值观或文化的反腐败战略,由于文化变迁的长期性、缓慢性,客观上决定廉洁教育必然是一种长期的战略,不可能通过一两次教育计划的推广就达到立竿见影的效果。其三,参与主体的大众性。廉洁教育面向社会公众,包括公务员、普通民众、未成年人等,目的是在全社会营造良好的廉洁氛围,以健康的廉洁文化充实社会公众的精神世界。其四,组织实施的公共性。廉洁教育是由掌握社会公共权力的管理者发起的,社会各界的公共组织有序参与组织,在其他社会各阶层展开主题活动,进行宣传教育。其五,教育目标的区别性。廉洁教育是对社会公共权力的管理者落实廉洁自律、恪守宗旨的廉政要求,要求社会公共组织处事公道、诚实守信、廉洁高效,培养其他社会各阶层人员爱岗敬业、遵纪守法、崇尚廉洁的文化心理及行为方式,涵养未成年人廉洁文化心理、道德观念、生活方式等。其六,教育内容方式的系统性。廉洁教育通过系统的廉洁教育理论,指导廉洁文化建设。以此为契机,鼓励创新,提倡内容方式的多元化,积极宣传教育,普及廉洁文化,深化对廉洁观的理解和对廉洁生活方式的认同,营造廉洁氛围,形成推进廉洁教育的社会环境,促进以廉为荣的价值取向和社会风尚的形成。其七,教育投入的成本—效益意识。廉洁教育在教育的内容、手段及载体的选择上,要有所取舍,一些成本低廉、覆盖面广的载体,如网络、电视等,应当优先被采用。相应的网络教育资源甚至网络游戏、电视片、廉洁广告等也应成为主要的教育手段。其八,教育结果的导向性。廉洁教育旨在形成良好的社会价值观,由于价值观的抽象性,容易诱发廉洁教育上的形式主义,让人只关注教育的项目、过程,而忽视教育的结果。因此应定期开展有关腐败和廉洁的价值观的测量,通过评估改进教育内容和方法,提高教育效果。

当然,作为一种道德情操,廉洁主要借助于道德认识、道德意志和道德情感的共同影响形成。行为主体要有一定的道德认知、较强的道德意志、充足的同情心,同时也要尊重他人,不伤害他人的任何利益。行为主体的这种廉洁之德是一种自律形态,可以通过廉洁教育来实现,它诉诸的是理性和感性等柔性机制。也就是说,廉洁教育只有促进受教育者形成廉洁道德的内在要素,激发其自律机制,才能发挥其应有的作用。廉洁教育目标只能在教育者借助教育影响,与受教育者构成倡导与响应、说服与接受、劝导与遵从、激励与主动等关系的过程中得以实现。这就决定了廉洁教育的效果,不但取决于教育者能否有效运用教育影响因素、与受教育者构成良性互动关系、影响和调控受教育者,而且取决于受教育者能否准确把握廉洁的内涵的影响。

针对上述情况,要适时制定廉洁教育的应对措施。一方面要系统安排和重点选择廉洁教育的内容,系统传播诸如公共利益的合理性和正当性、公共权力的实质与特点、公正原则的含义及其必要性、公共行为公开透明的必然性、组织制度的本质等,使受教育者形成有关廉洁的认识基础,一定程度上增强其廉洁意志。同时要针对公职人员、企业和社会组织成员、各类在校学生、普通公众等不同教育对象对教育内容适时筛选和调整,以获得更好的教育效果。另一方面,通过启发和培养受教育者的同情心,引导教育对象开展想象、换位思考,鼓励他们表达对利益相关者的情感态度,激发他们对廉洁和腐败的好恶,唤醒他们对自己和他人的关爱和尊重的情感。此外,通过利用思想政治教育的契机和平台,把廉洁教育与政治教育相结合,加强对公职人员的廉洁教育,利用日常政治学习的机会,帮助受教育者形成科学的世界观和方法论,正确选择政治立场,洞察政治形势等。为防止受教育者产生抗拒和抵制廉洁教育的不良情绪,应结合职业操守训练和职业精神培育开展廉洁教育,使受教育者能够理解廉洁的内在要求,自觉接受廉洁教育的内容,增强其守廉拒腐的意志。

第六节 西方国家公民廉洁教育的演绎

一、古希腊罗马公民廉洁教育的萌起

古希腊是西方文明的发源地,也是公民廉洁教育的起点。古希腊的公民廉洁教育与其城邦国家联系密切。斯巴达以军事征服著称,公民廉洁教育注重吃苦耐劳和集体主义。雅典以公民自治为主,公民廉洁教育强调思想文化和道德自律。古罗马则在继承古希腊传统基础上,其公民廉洁教育张扬务实性,突出公民的勇敢、严肃、虔诚、质朴的廉洁美德观念。

(一)斯巴达的公民廉洁教育

斯巴达在欧洲伯罗奔尼撒半岛的南部,居民以斯巴达人为主,他们是奴隶主阶级,是享有一切政治权利的全权公民。斯巴达人靠剥削奴隶劳

动生活,他们的主要职责是作战。为保持一支强大的军队,斯巴达人的孩子一生下来,就由长老检查,体弱有病的被抛弃,只有健康的才加以抚养。男孩从七岁起进入由国家开办的军事学校,集中住宿,受严格的军事训练。他们学习使用武器,参加行军,自己做饭,有时也做苦工,从而养成强壮的体质和勇猛耐劳的精神。他们二十岁开始服兵役,三十岁可以回家居住,一直到六十岁才退伍。在这一过程中,斯巴达人认识到廉洁教育与城邦军事目的相一致的重要性,并把廉洁教育与现实生活融为一体。他们从小就把军人素有的团结、服从、尚武、吃苦、牺牲精神等美德渗透到公民社会生活当中,养成了勇于吃苦耐劳、禁欲自律、服从集体的公民廉洁传统,从而确保了斯巴达城邦国家的强大。

(二)雅典的公民廉洁教育

雅典地处阿提卡半岛上,境内有平原、山区和海岸区,工商业较为发达。荷马时代,雅典就形成氏族部落。公元前8世纪末,雅典国家形成。雅典政权掌握在执政官和贵族议会手里,也有公民大会。随着雅典的梭伦改革和克利斯提尼改革,雅典确立了奴隶主民主政治,成为一个奴隶制共和国。在随后近两百年间,由于雅典海上力量的强大、贸易的发展、民主制度的建立、战争的胜利,使得雅典的奴隶主民主政治制度得到空前发展,诞生了希罗多德、修昔底德、柏拉图、亚里士多德等一大批思想家、演说家、诗人等,形成了较为宽松的公民社会氛围。同时,雅典财富和政治影响的增加,导致公民质朴的生活品质消失,奢侈风气泛滥。在这种情势下,以苏格拉底为首的雅典"智者"们创立了公民教育体系,雅典的公民廉洁教育渐起。

雅典的公民廉洁教育从政治、知识、美学等方面阐明其世俗性和个性自由发展。一是通过社会制度实现自我人格,提出学习是每个人的权利,并把公民廉洁教育与日常生活有机结合,在生活中开展廉洁教育,在廉洁教育中生活。二是在公民廉洁教育中,主张理智生活的自由。雅典公民最早为知识而求知识,敢于探索自然界和客观世界的本源。他们成功将知识变成全体公民都可能占有的财富,使普通公民具有探索真理的精神和理智判断能力。同时,鼓励人们从理智的本性出发,认识人生的意义和目标,搞清人究竟为何生活。三是在公民廉洁教育中,倡导道德责任和道德自由。雅典的城邦制和自由公民个人的发展,造就了公民的道德观。正如一些学者指出的,如果说雅典公民的伦理观、道德观得不到宗教的承认,他们的伦理观则在哲学中达到完美状态,而道德观则通过他们的城邦收到可观的效果。作为自由个体的雅典人,在行为的诸多方面及其在履行义务中对国家表现出的服从令人吃惊。另一方面,他们发表意见的自由程度、那些与个人道德相联系的行为表现也使人惊诧。① 四是在公民廉洁教育中,通过雕塑、油画、音乐、诗歌等多种途径,创造各种各样的"美"和"善"的形象,净化公民的社会环境,洗涤人们的心灵,获得美学意义上的自由。

(三) 古罗马的公民廉洁教育

古罗马发祥于意大利半岛,三面环海,交通便利,物产丰富。公元前509年,罗马建立共和国。在长期的历史进程中,罗马人不断东征西讨,建立了久负盛名的罗马帝国。在罗马帝国时代,罗马人在公民廉洁教育方面勇于实践,培育了以公民的平等和自由为核心的共和精神,并以这种精神为动力,创造了复杂的共和制度。

罗马的共和精神是把公民对政治事务的参与、精英集团对国家事务的指导、行政权力的集中与灵活高效结合,实现民主共和精神与政治权力制衡的统一。这种精神在罗马帝国得到很好发展,它培养了公民对勤政廉洁的敬仰和对专制腐败的痛恨,民主参与意识逐渐提高。例如,在罗马王政期间,罗马王政的末代王骄横腐败,无视元老院和人民大会的权力,激起公民的反抗,被逐出罗马。为防止国王专制腐败,罗马公民不再选举新国王。出于对专制腐败行为的敬畏,任何个人专制腐败都被视为重罪,都要受到死刑的惩罚。罗马帝国的官员一般都由公民选举产生,有一定任期,他们任职期间没有报酬,担任公职被视为一种荣誉,而多数高级官职不止一人,可以起到相互监督的作用。这种制约和平衡使公民在服从执政者的同时也对他们进行监督,从而大大降低腐败现象的发生。

---

① 参见夏之莲:《外国教育发展史料选萃》,北京师范大学出版社1999年版,第86页。

罗马公民的廉洁教育还表现在他们崇尚严肃、虔敬、质朴的美德教育。罗马人的严肃品格是与他们的务实精神一脉相承的,这就塑造了他们审慎周到、简朴细腻、不尚奢华的社会风气。虔敬主要表现在他们对神的意志的虔诚和对长辈的顺从,也包括对宗教教义的敬畏和对父母意志的服从。罗马人在长期农耕和征战过程中,还保持了质朴、凝重的气质,并世代相传。在罗马帝国,政府开设专门的教育机构,对未成年人进行公民廉洁教育,向他们传授道德观念和美德教育,让他们从小树立罗马人的虔敬、尊严、质朴的传统美德,以廉洁为荣,以骄奢腐败为耻。

(四)古希腊罗马公民廉洁教育的相关思想

1. 苏格拉底的廉洁道德教育

苏格拉底是古希腊的哲学家。在他的论著中,较早提出"公民"的概念,被视为公民学的奠基人。他非常重视廉洁道德的伦理研究,是古希腊最早提出用理性和思维来寻找普遍廉洁道德的人。苏格拉底把城邦界定为公共人格,界定为善的事物,又称为公共的善;强调人为城邦服务,参与处理公共事务,参与公共生活,同时要求人们为城邦作贡献。在此基础上,苏格拉底指出,公民的廉洁道德是由理性指导的,即"美德就是知识"。他认为,政治必须遵循高尚的道德,因为政治是一种最高贵的才能,一种最高贵的才艺。善出于知,恶出于无知,对理性的追求才是真正的知。只有公正的人才能掌握这种技艺,不公正的人,连做一个好公民的资格都没有。基于道德原则,他揭露和抨击了雅典民主制的败坏风气,讥讽道德堕落、滥用权力的官员,主张贤人政治和专家政治,为政应有政德,为官要有官德,任何违反道德的权力行为都是不正当的,都应受到纠正和抵制,践踏道德准则的行为必是腐败行为。他指出,正义是平等的分配,骄奢腐化是万恶之源。国家的治理是一项伟大的技艺,需要由廉洁守法、德才兼备的贤人做国家的管理者,国家才能长盛不衰。

2. 柏拉图的廉洁"正义"教育

柏拉图是古希腊著名的思想家。他在《理想国》一书中,提出理想政治社会的基本蓝图,认为公民要改善现实的制度,必须确定一个理念,即"正义"。在"正义"问题上,他倡导个人正义和社会正义的思想,即个人正义就是在理智的统辖下,灵魂的其他要素也即意志和情欲各司其事;社会正义是每个人必须在国家里面执行一种最适合于他的天性的职务。柏拉图试图调和理性和感性生活两个方面,他认为单纯的理性生活和单纯的感性生活都是不足取的,两者应该混合成和谐一致的东西。同时,理性必须占据指导地位,感性的快乐被追求,不在于其本身,而在于其是通往善的手段。在公民廉洁思想中,柏拉图把廉洁"正义"问题放在首位。他从公民个人生活开始,探讨用何种方式给人的生活带来"善"和"正义",论证了城邦生活是个人生活的放大,并探寻城邦生活中的廉洁"正义"。理想国是柏拉图心目中完美的城邦,是实现廉洁"正义"的城邦,他追求这种城邦整体的和谐、统一和强盛。当然,柏拉图承认这个理想国在现实中不能实现,因而他选择了"第二等好的理想国"。在这里,全体社会成员分为三等,即第一等是拥有土地和奴隶的公民,其职责是从事政治活动,掌握政权。第二等是军人,他们没有政治权利,是自由人。第三等是从事劳动的工匠和商人。柏拉图强调,在理想国中三种不同等级的人,应具有智慧、勇敢、节制、正义四种美德。其中,哲学家是智慧的化身,主张哲学家统治国家;维护国家安全的军人需要勇敢;做工、耕田的普通人要懂得节制。这三个等级各自安分守己就是秩序,维护秩序需要正义。

3. 亚里士多德的廉洁公民观

亚里士多德是古希腊的哲学家和思想家。他对古希腊时期的城邦公民作了深入研究,认为凡有资格参与城邦议事和审判事务的人都可以称为该城邦的公民,但并非所有人都是城邦不可分离的成员,儿童与成年男子就不是同样的公民,后者是单纯意义上的公民,而前者是有前提条件的公民,因为他们虽是公民,却未获得完全的资格。当然,城邦公民的公民身份不是固定的,它可以因某些特定原因而丧失,诸如因经济和政治原因丧失公民身份。亚里士多德对因经济原因而丧失公民身份的人深恶痛绝,这些人大多数由于过度的奢侈和挥霍从贵族沦为平民,从而丧失公民身份。他主张"正义以公共利益为依据",分配的正义在于成比例,非正义在于违反比例。非正义或者是过多,或者是过少。这表明,一个人有了过多的利益,他的行为是非正义的,拥有的利益太少,他受到了非正义的对待。因此,掌握权力的人应严格自律、谨慎用权,凡担任城邦中最高职务、执掌最高权力的人,须具备对政体有忠诚感、具有胜任本职的才能、具有适合该政体的善德和正义,执政者不可随心所欲,凡事谨慎、注意小节。同时要遵守民主平等原则,执政官员任期不宜过长,应规定明确的期限。此外,要反对特权,城邦的政治生活严格依据普遍适用的法度,任何人都不能有超越法度的特权。并依靠制度的作用,预防和制止贪污腐败。对于寡头政体,贪污腐败问题更要特别注意,因为公民对自己不能担任公职,不一定感到懊恼,但一听说公职官员侵吞公款,他们会深恶痛绝。为防止对公共财产的舞弊行为,应订立严格的财产管理制度,惩罚腐败官员,奖励以廉洁著名的官员,只有这样,才能保证公民的廉洁意识。

4. 伊壁鸠鲁的快乐至善公民观

在伊壁鸠鲁的廉洁思想中,十分重视人的身体健康和心灵安宁,认为廉洁美德是获得快乐的手段,快乐是最高的善,"只有当我们痛苦而快乐时,我们才需要快乐;当我们不痛苦时,我们就不需要快乐。因为这个缘故,我们说快乐是幸福生活的开始和目的。因为我们认为幸福生活是我们天生的最高善,我们的一切取舍都从快乐出发;我们的最终目的乃是得到快乐,而以感触为标准来判断一切的善"。他还把欲望分为自然的和非自然的,其中自然的又分为自然而必要和自然而非必要的,前者指维持生命和保持健康所必需的一些物质快乐,这些是达到真正快乐的手段。后者指亲子之爱等,无益于人获得快乐。非自然非必要的欲望,如追求财产、权力等,只能带来痛苦。同时,他又把精神上的快乐看作是最高的快乐,通过理性调节实现灵魂的安宁和无纷扰,使生活愉快的乃是清醒的理性。在正义问题上,他的贡献是把正义和个人利益相结合,如果一件事曾被宣布为正义,因为发生新情形,不再表现为与利益相符合,那么这件事曾是正义之事,只要不再有用,就不再是正义的。① 显而易见,伊壁鸠鲁的快乐至善观充分尊重个人的利益的同时,把利益与正义紧密结合,突出了公民廉洁观的重要性。

---

① 参见周辅成:《西方伦理学名著选辑》,商务印书馆1964年版,第97页。

5. 斯多葛学派的克制欲望廉洁观

斯多葛学派反对伊壁鸠鲁的快乐主义,提倡克制人的欲望,求得灵魂的解脱,最终实现幸福。该学派的创始人芝诺认为,"至善就是明显的依照自然而生活,也就是依照道德而生活,因为自然引导我们走向道德"①。这里的自然是理性抑或神所决定的,神给人以善的意向,使人能克制对内在和外在的快乐追求。斯多葛学派强调现实生活是苦难的,人要隐忍现实的苦难,摆脱肉体的束缚,顺从人的本性,寻求心灵的自由,这样才能趋于至善,实现幸福。人的本性在于神,在于理性,人要服从理性的指导,人的自由在于灵魂的自由。人生的目的就是克制欲望,快乐不是美德的追求目的等。

二、欧洲国家公民廉洁教育的生成

随着欧洲文艺复兴和宗教改革运动的勃兴,一些启蒙思想家以人道主义反抗神道主义,倡导人性至上,个性解放,关注现实的个人利益,推崇理性,并以追求感性欲望的满足对抗宗教禁欲主义,形成功利主义廉洁观。格老秀斯认为,自然法来自人的本性,具有永恒性,并赋予人永恒不变的"自然权利",诸如自由、私有产权等人权,人在关注自己利益时,不得侵害他人利益。霍布斯在继承格老秀斯的自然法基础上,认为自然法是理性所发现的一种箴言或普遍规律。自然法是用来禁止做伤害他自己生命的事情,或禁止人放弃保全生命的手段,并命令他去做他所认为最可以保全生命的事情。在自然法的作用下,人们订立契约进入社会状态,公正或正义就是遵从契约规定。沙浦慈伯利则认为社会幸福高于个人幸福,心灵快乐高于肉体快乐,强调要对追求私利加以严格限制,不能过分,否则会破坏个人的幸福。

卢梭推崇自然和良心,认为自然曾使人幸福和善良,而社会却使人堕落和痛苦,尤其是私有制的产生和发展,"一方面是竞争和倾轧,另一方面是利害冲突,人人都时时隐藏着损人利己之心。这一切灾祸都是私有财

---

① 参见周辅成:《西方伦理学名著选辑》,商务印书馆 1964 年版,第 215 页。

产的第一个后果，同时也是新产生的不平等的必然产物"①。为此，他提出社会契约论，认为只有建立在社会契约之上的社会高级阶级，人的善良天性才会得到发扬，并进入更高的道德境界。卢梭指出，人与其他动物一样是一部精巧的机器，区别并不在于人拥有理智，而在于人是"自由主动者"，人生而就是自由的。人的本性中，既有自爱心，又有怜悯心。"为了保持我们的生存，我们必须要爱自己，我们爱自己要胜过爱其他一切的东西"，"我们的种种欲念的发源，所有一切欲念的本源，唯一同人一起出生而且终身不离的根本欲念就是自爱"，"人类天生的唯一无二的欲念是自爱，也就是从广义上说的自私"②。"怜悯心实际上也不过是使我们设身处地与受苦者共鸣的一种情感"，"怜悯心是一种自然的感情，由于它调节着每一个人自爱心的活动，所以对于人类全体的相互保存起着协助作用"③。这种自爱和爱他人的怜悯心通过良心来调节，而良心又是上帝赋予人类的天性，是一切时代和民族所共有的，既非感觉，也先于理性，与外界无关。

休谟主张道德上的善恶依据是苦乐原则，"德的本质就在于产生快乐，而恶的本质就在于给人痛苦"④。他认为，道德来源于情感，而人最强烈的情感就是利己，自然的德使人利己，人为的德使人利他，而同情感使利己和利他相一致。"在自然性情方面，我们应当认为自私是其中最大的"，同时，人具有同情心，推己及人，以致仁爱，"自爱就展现于对他人的仁爱之中"⑤。可见，自私情感和同情情感是一切道德行为的主要根源，而自私情感是行为的最终原因，人们的同情心能够推己及人，始于爱己，终于爱人。"正义之所以得到赞许，确实只是为了它有促进公益的倾向；而

---

① 〔法〕卢梭：《论人类不平等的起源和基础》，何兆武译，商务印书馆1980年版，第125页。
② 〔法〕卢梭：《爱弥儿》（上卷），李平沤译，商务印书馆1978年版，第95、289页。
③ 〔法〕卢梭：《论人类不平等的起源和基础》，何兆武译，商务印书馆1980年版，第101—103页。
④ 〔英〕休谟：《人性论》，关文运译，商务印书馆1980年版，第330—331页。
⑤ 同上书，第527页。

公益若不是由于同情使我们对它发生关切,对我们也是漠不关心的"①。亚当·斯密也认为,人不仅是自私利己的,而且人的本性中还存在一种同情、怜悯他人的情感。"每个人生来首先和主要关心自己;而且因为他比任何其他人都更适合关心自己。"②同时他也认为,不论人如何自私自利,在他的本性中总明显存在关怀别人祸福的因素,即使对他毫无益处,同情抑或怜悯、仁爱便属于这一类性质的,这就是道德人的利他性或仁爱性。

在上述启蒙思想的影响下,欧洲民族国家的诞生,以及城市市民社会的日益成熟,欧洲城市市民的阶级基础、权力地位、生活规律及秩序等,都发生巨大变化。这种变化不仅为近代公民的诞生提供了经济基础以及政治制度和法律上的保障,而且也为近代公民的诞生提供良好的政治生活土壤和民主的政治生活环境,有利于国家与公民关系的健康发展。

欧洲各国在资产阶级革命胜利后,为培养具有廉洁精神的新型公民,巩固资产阶级的社会制度,先后开展了一系列具有资产阶级思想倾向的公民廉洁教育,基本形成欧洲近代的公民廉洁教育体系。该体系是欧洲民主实践的产物,与欧洲民主政治发展息息相关。民众的政治实践是公民廉洁教育的舞台,民主政治发展中形成的政治文化对公民廉洁意识的形成和发展影响深远。

法国大革命前,实行高度中央集权的封建专制统治,国家倡导军事和技术教育。随着启蒙思想的传播,资产阶级逐渐接受激进思想,新型公民廉洁教育理念开始崛起。以法国启蒙思想家狄德罗为代表的一批知识分子,为打破封建专制统治时期的集权制,铲除封建制度的腐败,高度重视廉洁教育对于公民个人和民族精神与性格的重要性,抨击封建专制教育对公民个人的毒害,强调优良廉洁的素质并非少数人的特权,平民子弟的天才和廉洁美德是普遍存在的,他们才是社会的中流砥柱。狄德罗主张,要彻底改革公民廉洁教育,把公民廉洁教育纳入整个公民教育体制当中,反对耶稣会控制和垄断教育,提出国家办教育,把学校从教士手中收回,

---

① 〔英〕休谟:《人性论》,关文运译,商务印书馆1980年版,第662页。
② 〔英〕亚当·斯密:《道德情操论》,蒋自强等译,商务印书馆1997年版,第101页。

交由国家办学。通过实施普及和免费的初等教育，使全体公民都享有接受中等和高等教育的权利，将公民廉洁教育贯穿公民教育的始终，并成为一种常态化。这不仅能为国家训练有素的管理人员、工程技术人员和军事人才，而且还能传播主流民族文化，灌输民族意识，从而为法国打造出廉洁政治文化共同体，巩固主流阶层在廉洁意识形态领域的主导地位。

《人权宣言》是法国大革命时期的纲领性文件。1789年8月由法国制宪会议制定并通过，后成为1791年法国宪法的序言。其基本原则是：人生而自由、权利平等；每个公民均有宗教、言论自由和反抗压迫的权利，有权参与国家法律的制定；在法律面前人人平等；私有财产不可侵犯，均受到法律保护等。该宣言奠定资本主义社会基本的政治原则和价值理念，在打击封建制度、限制王权和启发人民革命意识上影响巨大，同时也对19世纪欧洲的政治、经济、社会、法律、教育等产生深远影响。《人权宣言》中所蕴含的有关公民地位和权利平等的思想，为公民廉洁教育理念的确立，提供了可靠的理论依据和法律保障。

在《人权宣言》的影响下，法国民众受到极大鼓舞，民主和平等思想深入人心。受此影响，法国的公民廉洁教育对革命和政治统治的重要性日益显现，廉洁教育被视为促进民族团结、净化社会空气、培养廉洁自律和秉公行事的文职官员，促进公民认同资产阶级的意识形态的有效工具。特别是法国大革命时期的雅各宾派，积极致力于塑造新型民主和共和理念，大力提倡大众教育和公民廉洁教育，希望通过廉洁教育普及其理念，培养公民的共和精神，实现廉洁教育为国家服务的目的。由此，公民廉洁教育成为法国提高公民廉洁意识、普及公民精神的重要手段和工具。

在法国大革命的推动下，法国通过政府颁布一系列教育的法案和计划，逐步建立公民廉洁教育体系。1802年法国创立国立中学，标志着国家对中学廉洁教育的控制。1806年和1808年分别立法成立帝国大学，1816年立法规定小学接受市镇委员会的控制，到19世纪早期为止，公立学校已经占据支配地位，国家和地方各级的一体化教育管理体系初具规模，廉洁教育成为学校教育的重要内容。

德国也在中央政府的严格控制下，建立了相对完善的公民廉洁教育制度。早在1787年,德国就建立中学教育委员会,开启国家控制廉洁教育的开端,1794年以法律的形式赋予国家监督全国所有学校的权力,1810年立法规定教育世俗化,并规定三年义务教育的期限。1812年立法对预备中学进行改革,使其成为九年制公立中学,1826年的法规进一步规定义务教育年限为7—14岁,到1837年已有详细的国家级法规对预备中学作出规定,内容涉及学生的入学、所教科目、学期长度、教师分配和工作时间,并规定廉洁教育的相关内容。19世纪末,德国学校中存在许多不同的公民廉洁教育途径:政府把公民廉洁教育看作是有效统治其国民的工具,而各类与社会运动相关联的活动,其指导思想则是具有平等主义的价值观,这些社会思潮强调公民廉洁教育的民主性,而培养合格的公民在于培养公民的独立思考能力和责任感,学校务必通过培养虔诚与爱国精神来为国家与社会状况的健康态势打基础。同时,德国在中学专门开设《公民教育》课程,让学生熟悉历史上的好公民的榜样,教会他们一般的公职伦理规范、道德、合作以及责任等。

在英国,由于没有强烈的外部军事威胁和剧烈的内部社会变革,并在早期的革命中已经建立民族认同、完善的国家机构和相对稳定的统治阶级支配权,加之自由市场秩序影响着国家和社会的关系,造成其国家和公共教育形式相对薄弱,以及公民廉洁教育制度构建的迟缓。至1891年,其小学才完全免费,大众教育的主力是捐助学校,大多数学校是分别代表国教和非国教的贫民教育促进会与不列颠及海外学校协会所有和控制,直到1902年法案的出台,才出现国立中学等教育机构。当然,其教育内容,尤其是公民廉洁教育方面较欧洲大陆国家要落后很多。

从欧洲各国公民廉洁教育的演变可以看出,尽管各国公民廉洁教育在起步时间、教学性质、教学内容、课程设置等方面存在着差异,客观上导致其公民廉洁教育发展的不平衡,但是,欧洲各国通过公民廉洁教育,确保欧洲民主政治的平稳发展,推动欧洲民族国家的崛起,促进欧洲公民社会的健康成长。

第二章 西方国家公民廉洁政治教育比较

第一节 公民廉洁政治教育的含义

一、廉洁政治

(一)廉洁政治的定义

廉洁政治的本来含义是"廉正",指清廉公正的政治。早在古希腊时代,亚里士多德在其《政治学》一书中就把廉洁政治定义为"以公共利益为治"的政府形式,即君主政体、贵族政体、立宪政体。他认为,廉洁政治的目的在于完成某种"善业",求得某种"善果"。城邦是至高而广泛的社会团体,因而城邦建立是为了达到至高而广泛的"善业",谋求至高而广泛的"善果"。因此,每个人都与城邦密不可分,个人离开城邦就无法生存。这种至善国家目的和政体的划分,是其廉洁政治的基础。在他看来,立国的目的与执政的宗旨联系密切,只有立国以廉,才能执政为民,为了全邦公民的共同利益并为之图谋优良的生活。而立国以贪,必然掌权为私,为了少数统治者或独夫民贼的享乐腐化。只有立国以廉,才能选择合理的优良政治制度;也只有在合理的正义政治制度下,执政者才可能执政为民、廉洁奉公,才能做到为政清廉。当然,在一个合理的政治制度下并非一定政治清廉,关键在于执政者是否具有"善德"。他指出,只有执政者存善德,才能践善行,治理才有善政,城邦才能成为善邦。为此,亚里士多德提出执政者应具备的标准,即效忠于现行政体,足以胜任其所司职责的高度才能,适合于该政体的善德和正义。只有坚持这些标准,执政者才能德才兼备,廉于自身,廉于职守,廉于邦国。

古希腊思想家波里比阿在亚里士多德的廉洁政治定义的基础上进行拓展,综合亚里士多德的三种廉洁型政府要素,进而形成明确的廉洁政治形式。这些要素"集中了最佳宪法的所有精粹和独特处,宪法中任何一方都不会处于绝对支配地位,也不会陷入近亲繁殖的邪路;每一项权力都受到他人的监督,任何一方都不因改变力量对比或断然打破平衡而凌驾于他方之上;正是通过精确调整和严格平衡,最佳宪法作为整体,才能得以像迎风航行的船只那样,长久保持稳定状态。由于人民也在宪法中被授予适当份额的权力,人民力量的制衡作用,使得王室权力有后顾之忧,人民力量的约束可防止王室权力变得泛滥"①。

古罗马思想家西塞罗从国家政治、法律、官制等方面提出其廉洁政治主张,即分权制衡、法律监督、官员选举制、崇尚节俭等。在分权制衡上,他认为,国家是"人民的财产",人民是由一种正义的合伙关系而聚集起来的。国家是一个团体,是它的公民的共同财产,因此,国家权威来自人民的集体力量,国家权力的目的是维护人民的共同利益。而要实现这一目的,必须对国家权力进行控制,使其合理分配和运行。在此基础上,通过权力间的相互制约,实现权力之间的相互制衡。他认为,一个国家必须存在一种权利义务与职能之间的平衡,因此行政官员拥有足够的权力,显赫公民的顾问们又有足够的影响力,以及人民有足够的自由,否则,这样的政府就不可能免除革命。② 在他的设计模式中,国家权力应以元老院为中心,元老院拥有决策权,政府由元老院来管理;执政官拥有行政权与军事权;人民拥有立法权和选举官员的权力等。通过权力分配和相互制衡,在一定程度上平衡了贵族与平民的力量格局。在法律监督上,西塞罗主张,国家应实行法治,而法治的关键在于官员,为此,官员要懂法,通晓法律;要守法,以身作则;在执法过程中要主持正义,按照大自然的标准来执行。在官员选举上,西塞罗还设计一套选拔和评价官员的制度和标准,即应选

---

① 〔美〕爱德华·格莱泽等:《腐败与改革》,胡家勇等译,商务印书馆2012年版,第45页。

② 参见〔古罗马〕马库斯·西塞罗:《论国家》,徐奕春译,商务印书馆1999年版,第83页。

举出"最优者"来执掌国家政权,实行选举制,官员的任期应有限制。在崇尚节俭上,西塞罗主张在敬奉众神时应有所节制,敬奉财物应当限于合理,反对奢华等。

随着社会的发展和廉洁政治的制度、政策的日益完善,学界对廉洁政治的理性认识更加深入,比较具代表性的有三种:一是强调廉洁政治是一种清明的政治状况,即国家政务活动洁净,国家公职人员公务活动行为规范端正,不被污染的政治状况。二是强调廉洁政治是公务人员的规范性行为,即国家机关及其工作人员在公务活动中不以权谋私的一种规范行为。三是强调廉洁的政治生活,即廉洁的政府和廉洁的社会、廉洁的个人和廉洁的群体以及以廉洁为导向的观念、制度和行为方式的有机统一。对于政府而言,所有的公职人员都习惯以诚实、合法的劳动手段获得所享受的全部生活资料和事业上的成功,并且不以增加社会负担或者降低管理和服务效率为代价;对于社会而言,所有的公民、团体、法人都习惯以合法劳动、公平竞争的方式谋求自身生存和发展问题的解决,而不企图借助于公共权力的不当运用来实现目标。换句话说,在理想状态下,廉政是人们的一种生活方式,在这种生活方式之中,人们不论自己是何种身份,都愿意并且能够总是通过合法、合理的手段获取生活资料,追求成功,始终对公共权力的正确运用保持恰当的敬畏,同时完全了解和接受这样选择的意义。

总之,上述学者对廉洁政治的界定尽管存在分歧,但有一点是肯定的,就是他们普遍认为,廉洁政治是公正廉明的政局、政制、政策、政德等的良性结合与辩证统一。换言之,就是造就一个公正清明的政治局面和政治氛围,建立廉洁高效的政治制度和法律制度,制订并严格实施确保政治清明的政策措施以取信于民,严格要求各级官员树立廉洁奉公的官德与不贪不淫的私德以为民之表率等。其中,廉洁政治政策是廉洁政治实现的主要途径。

对于廉洁政治政策,学界也有不同声音。李成言认为,廉洁政治政策是法定组织为实现公共权力拥有者廉洁从政的目的,在廉洁政治建设中制定的引导和规范公共权力拥有者行为的准则。① 庄德水等人则认为，廉洁政治政策是国家和社会为实现政治正义和建设廉洁政府，根据廉洁政治建设和反腐败形势，结合公共权力的运行规律，对腐败现象和相关行为者进行综合治理的策略总和及活动过程。② 廉洁政治政策的对象是廉洁政治问题和公共权力者，其手段包括惩处、预防、制度、教育等，这就要求综合运用各种手段，标本兼治、综合治理、惩防并举、注重预防，同时加强廉洁政治的法制建设，完善监督制约机制，健全防治腐败体系。其目标是有效防治腐败并全面提高政府的廉洁政治水平。当然，从现实角度看，廉洁政治政策不可能完全消灭腐败现象，应以有效把腐败控制在国家、社会所能容忍的范围内为现实选择。只有建立和健全廉洁政治政策，才能确保廉洁政治的稳定性和持久性。

（二）廉洁政治的特征

1. 廉洁政治是覆盖所有公民

从表面上看，廉洁政治是公职人员运用权力的方式，只与公职人员的特殊身份相关，而从根本上说，政治是所有公民的事情，廉洁政治是所有公民的政治生活方式。任何公民的生存和发展状况都直接或者间接地与公共权力的运用联系在一起，当政治腐败肆意蔓延的时候，没有公民的生活是真正高尚的。而在现代政治社会，在位的身份和在野的身份、领导的身份和被领导的身份是经常可以互换的。

2. 廉洁政治强调公平正义

廉洁政治不但限制公民以公共权力谋求不法利益，而且禁止公民通过服务于公共部门或者通过影响公共部门的途径谋求超过具体社会的公平正义所能承受的合法利益。特别是在法律尚未健全之时，道德、风俗、习惯、民意乃至个人的感受，就成为廉洁政治的真正守护神。历史经验告诉我们，如果官员普遍贪赃枉法，那毫无疑问是政治腐败，而官员人人守法，不贪污、不受贿，也并不意味着政治的清廉。为此，强调公平正义就

---

① 参见李成言等：《廉政政策分析》，北京大学出版社2003年版，第32页。
② 参见庄德水：《廉政政策的理论基础：涵义、形态与功能》，载《求实》2008年第1期。

显得尤为重要。

3. 廉洁政治具有关爱和保护公民的责任

廉洁政治对公民的关爱和保护体现在:(1)廉洁政治是对弱势群体的关爱。弱势群体能够在无需付出额外成本的情况下,凭借自己的努力解决生存和发展问题。(2)廉洁政治是对强势群体的保护。在一般情况下,即使"众善常行",也并不能保证一个公民过上幸福的生活,而只要"诸恶偶作"就足以毁掉公民的一生。廉洁政治的目的在于,尽可能使贪婪的公民、一时糊涂的公民、肆意妄为的公民、在左右为难中不能作出正确选择的公民失去自我毁灭的机会,使谨小慎微的公民、一心向善的公民如愿以偿。在绝对清廉的政治中,没有任何一个公民愿意因腐败而毁灭,也没有任何一个腐败的公民奢望不受任何惩罚,同时也没有任何一个公民胁迫、诱惑或者不经意地推动他人走向腐败。(3)廉洁政治维护的是社会的公平正义。廉洁政治维护社会的长治久安局面,力图避免不同群体的激烈冲突,避免社会矛盾的累积和激化,这对所有公民都是一种关心和保护。(4)廉洁政治为每个公民追求道德完善提供良好的环境。只有在廉洁的政治环境中,"我欲仁,斯仁至矣"才成为现实,至少是没有难以逾越的障碍。

4. 廉洁政治本质上反映公民一种健康的生活态度

廉洁政治意味着公民在面对完善或者欠完善的法律、制度、道德时,在面对纯朴或者混沌的社会风气、良好或者不健康的社会习俗以及各种难以预测的困难时,总是能够作出合乎公平正义原则的正确选择。公民的正确选择是廉洁政治的根本,而错误选择则导致腐败的发生。社会中的腐败现象,绝大部分都不是由于对法律、制度、道德等的缺位而产生的,有明知故犯的,也有身不由己的,以及心存侥幸的、放松警惕的等,实际上都是选择错误的生活方式的结果。毫无疑问,完善的法律、制度、道德可以帮助公民作出正确选择,但并不能保证公民总是作出正确选择。决定公民作出何种选择的东西,永远都在公民的身上,这些东西以尚未被公民充分认识的状态存在着,既包括心理因素、生理因素,也涵盖先天的和后天的,甚至是其混合体。所以,现有的法律、制度、道德、风俗等状况,加上公民在面对这些东西的时候能够作出何种选择,势必成为廉洁政治的根本所在。

二、廉洁政治教育

廉洁政治教育,是指一个社会或阶级根据一定的社会政治要求和受教育者的廉洁政治认知水平,通过有目的、有计划、有组织的活动,对受教育者施加的身心影响,以提高对于廉洁从政的认识和将廉洁意识转化为实际行动的能力。由于廉洁政治教育的主体是人,因此,这个主体就具有集团性和社会性。而廉洁政治教育的客体则涵盖全体社会公民,涉及社区、家庭、学校、企业和农村等诸多领域。

通常情况下,实现公民廉洁政治教育,一方面需要借助他律。其方式主要有:行政组织和政策、法治的具体管理,即通过必要的奖惩、赏罚与制裁,使社会政治准则得到最低限度的贯彻;利益机制调节,即社会的利益导向是廉洁政治他律的最深刻的形式,使人们树立正确的人生观、价值观、权力观、利益观,指引人们的日常生活和行为;社会舆论和教育,即社会通过廉政教育和舆论的力量,倡导德行、褒扬善举,树立榜样形象,谴责失德行为,鞭挞丑恶现象,使整个社会形成扬善惩恶、扶正祛邪的良好道德力和政治力,随时引导、激励、督促人们做有廉洁之德的人。另一方面,廉洁政治教育的根本在于权力主体的自律。廉洁政治自律是指廉洁政治主体依靠自身意志,将廉洁政治思想内化为自己的廉洁政治品格,凭着自己的廉洁政治良心、良知,自觉地把握自己,使其言行符合廉洁政治的规范和标准。廉洁政治教育的他律性转换为自律性的最重要特征,表现为廉洁政治主体自身的行为动因由原来的外在约束转换为内在约束,由原来的外在导向转换为内在导向。并强调廉洁政治行为个体修养的自觉性和一贯性,体现意志约束的能力和魄力,是廉洁政治自律最高的价值期待和目标追求。

三、西方廉洁政治教育的相关理论

西方廉洁政治教育是在西方国家廉洁政治理论的基础上形成和发展

起来的。而西方国家廉洁政治理论,是在经历几个世纪的酝酿和轰轰烈烈的资产阶级革命后,通过建立和巩固资本主义制度,适应不同时期的客观形势需要而逐步形成的。该理论体系包括政治原罪论、主权在民论、权力制约论、权力监督论、政治收买腐败论等廉洁政治理论。它的产生与发展,为西方国家对权力监督制度的确立奠定基础,也深刻影响西方国家公民廉洁政治教育的发展方向。

(一)政治原罪论

政治原罪论认为,那些掌握和使用国家公共权力的人,天生有一种自私、邪恶和贪婪的本性。正是这种本性,造成犯罪的潜在威胁,不可避免在国家公共权力中滋生腐败现象。对于人性原罪,古希腊的柏拉图指出,人的灵魂由理性、意志、欲望三部分组成,人本性就有贪欲,一有机会和条件便会自然显现出来。奥古斯丁坦言:人类来世后,人的本性被原罪破坏了。尽管人的本质中善良的因素没有泯灭,但却变得比较脆弱,容易被邪恶的倾向挫败。从前那种爱的秩序让位于色欲、贪婪、激情和权欲等生活状况,于是,死亡之神便降临于人类,作为对其腐败的惩罚。反映人类灵魂完美、绝对善良的自然法不再可能实现。理性只得设计出可行的方法和制度来适应新情况。这种"人性恶"直接导致权力原罪。古罗马和欧洲中世纪的神学家们也一致认为,权力有作恶和滥用的自然本性。

随着资产阶级革命的胜利,权力原罪论得到进一步升华,一些西方学者甚至提出权力腐败论的观点。马克斯·韦伯指出,权力即使在面临反对的情况下,也有能实施自己愿望的能力,并能够滥用和借此贪赃。对此,罗素也表示赞同。他认为其根本原因在于人的永无止境的"对权力冲动","在人类无限的欲望中,居首位的是权力欲和荣誉欲"。即使"那些仅有些微弱权力和荣誉的人,以为再增加一点权力和荣誉就满足,但他们错了,这种欲望永无休止和满足,只有在上帝的无限境界里才能得到安息"①。孟德斯鸠也认为,一切有权力的人都很容易滥用权力,这是万古

---

① 〔英〕伯兰特·罗素:《权力论》,靳建国译,东方出版社1989年版,第2—3页。

不易的一条经验。有权力的人们使用权力一直遇到界限的地方才能休止。① 美国学者爱森斯达强调,只要政府借用官僚形式,政府官员自然就会强烈意识到,他们手中的职权赋予了自己个人特权,具体而言就是,他们必然拼命运用职权以营私。显然,如果政治权力被无限制滥用,势必导致贪赃和作恶行为,有必要对政治权力加以限制和制约。

(二) 主权在民论

主权在民论是17世纪后欧洲资产阶级夺取和巩固政权的指导思想,也是西方国家行政监督形成的重要推动力。该理论最早由格老秀斯等人提出。他们认为,国家是一群自由人为享受权利和他们的共同利益而结合起来的完全的联合。国家起源于契约,但在通常情况下,是人民把主权给了统治者。统治者在明显篡权或公然滥用权力时,人民具有反抗统治者的权利。② 后来,以洛克和孟德斯鸠为代表试图确立对政府进行权力制约的措施为标志。洛克认为,国家的立法权和行政权必须分离,这是防止政府滥用权力的有效办法,是在一切情况和条件下,对于滥用职权的强力。③ 这种强力就是法律,是人民对他们委托权的控制武器。孟德斯鸠也认为,国家主权源于人民,国家的权力是人民自然权力契约的结果。但是,一切有权力的人都容易滥用权力。因此,人民必须依靠良好的刑法,对政府的行政权力进行有效监督。同时,分权制约是对政府滥用权力进行事先预防的杜绝其根源的绝好措施。这样,既能保证权力不被滥用,又能为人民监督政府提供有效途径。卢梭的主权论又将这一学说推到了新高度。他对"人民与主权者同一"原则给予充分肯定,并认为人民主权是完全绝对的、神圣不可侵犯的,并对政府执行法律和是否有效保障公民利益的行为进行严格监督。他指出,不是在保护不可废除的个人权利中,而是在主权者和集体"公意"的至高无尚性中寻求社会生活的终极规范。国家是每个人把自身的一切权利转让给整个集体的结果。因此,人民有权

---

① 参见〔法〕孟德斯鸠:《论法的精神》(上册),张雁深译,商务印书馆1961年版,第145页。

② 参见徐大同:《西方政治思想史》,天津人民出版社2005年版,第170页。

③ 参见〔英〕洛克:《政府论》(下篇),瞿菊农等译,商务印书馆1982年版,第92页。

力制定和修改法律。人民把管理公务权委托给政府,然后通过定期集会,监督考察并决定是否保留现有的政治形式,以及是否让现任的官员继续当政,从而防止权力的滥用。

简言之,主权在民论的核心在于,国家是人民缔结契约、转让权利的结果。一切权力属于人民。国家官员只是人民权利的具体执行者,其权力是人民赋予的,必须承担维护人民权利的义务。为防止政府滥用职权,人民可以通过各种形式来监督政府的行为。在国家权力体系中,建立行之有效的监督机制,对政府的各种行为进行监督。主权在民论建构了西方国家监督的理论基础。

(三) 权力制约论

权力制约论是西方资产阶级启蒙思想家为反对专制王权的需要,在资产阶级大革命后,逐渐形成的廉洁政治理论体系。其中,以洛克的三权分立论、孟德斯鸠的分权制衡论、杰斐逊的双重分权制约论、汉密尔顿的监督制约论最具影响力。

英国政治学家洛克在分析君主专制和个人独裁的弊端的基础上,提出权力分立理论,他在《政府论》中,把国家的职权分为立法权、行政权和对外权,其中立法权由议会执掌,在国家职能权力体系中地位最高;行政权和联盟权由国王和内阁共同掌握。三权相互分立,议会居于至高无上地位,以确保资产阶级的主导地位。洛克虽主张立法权是最高权力,但不认为该权力不受限制。特别是在资产阶级革命后,新政府的权力应来自公民的委托,权力不得侵害人民的生命、自由和财产。为防止政府专制,洛克提出政府解体和革命的思想。当政府违背人民建立它的目的时,政府就解体。其原因在于,君主以个人的专断意志来代替立法机关制定法律,或阻止立法机关自由行使其权力,或变更选举制度从而导致立法机关的变更;君主玩忽或放弃他的职责,以至于已制定的法律无法执行;立法机关或君主二者的任何一方在行动上违背人民对他的委托,即政府侵害人民的人身、自由、财产等权利,政府也不存在。洛克指出,如果政府不能体现人民的意志,独断专行,侵害人民的财产和利益,人民当然有权收回其权力,并运用暴力手段推翻旧政府,建立新政府,把权力重新授予可以保证其安全的人。该理论为资产阶级用民主形式组织国家提供理论基础。

法国政治思想家孟德斯鸠通过对欧洲各国的政权制度的分析,抨击了封建专制制度,提出政治和法律制度建设的原则。在其《论法的精神》中,他考察了民主制、贵族制、君主制和专制政体的性质,批判专制政体压制人民、经济落后、官场腐败、法律废滞等现象后,明确指出,民主制的原则是品德,贵族制的原则是以政治品德为基础的节制,君主制的原则是荣誉,专制政体的原则是恐怖。前三种属于正常的政体,专制政体要摈弃。他认为,政体的腐化总是由原则的腐化引起的,追求权力和财富的极端平等是民主制腐化的根本所在。当每种政体的原则丧失了,民主政治中的人们失去了品德,贵族政治中的人们失去了节制,不守法律,这种政体也就腐败了。为防止权力的膨胀和失控,他主张三权分立,把重要的国家职能权力分而设置,由相互独立的机构分别行使,而不是像以往集中由一人或一个机构把持。每个国家都有最基本的三项权能,即立法权、行政权和司法权。但如果同一人或同一个机构行使这三种权力,它便可以用它的一般意志去践踏全国,去毁灭每一个公民。[①] 所以,这三项权力应相互独立并相应建立立法机构、行政机构和司法机构。各机构间相互独立,在行使权力职能的过程中相互约束和监督,形成权力间制约和平衡的体制。通过权力的相互牵制,保护公民的自由和社会稳定,避免集权体制的弊害,防止任一权力的滥用。这一分权制衡论成为西方国家廉洁政治实践的基本原则。

作为美国《独立宣言》的主要起草者之一,杰斐逊依据其长期执政的经验,在理论上接受洛克等人的三权分立主张的同时,提出要加强对行政权、司法权和联邦权力的监督制约。他认为,对国家的行政权必须进行监督制约,必须限制美国总统的任期年限。因为美国总统拥有对于国会通过的法案的立法否决权,掌握法官的提名权和任命权,政府制定的行政命

---

① 参见〔法〕孟德斯鸠:《论法的精神》(上册),张雁深译,商务印书馆1961年版,第156页。

令具有与国会通过的法律同等的效力。对此,他明确提出,应该通过限制总统连任届数的制度,总统连任不得超过两届。这对维护美国三权分立的格局,防止行政权力的膨胀意义重大。对于司法权,他也主张加强监督制约。通过"违宪审查权",对立法权和行政权进行干涉,以便构成司法权对立法权和行政权的制约。对于联邦权力的监督,他主张把分权制约的国家制度同联邦制国家形式有机结合,在联邦与州之间实行分权监督机制,建立相互间的监督制约关系,对联邦与州的权力进行界定。这种双重分权的政治模式,有助于美国廉洁政治的进一步完善和发展。

美国政治思想家汉密尔顿在总结前人理论的基础上,提出监督制约论。他认为,美国共和制下的分权监督制约是规范国家权力运行的基本框架,把权力均匀分配到不同部门,采取立法上的平衡和约束,设立由法官组成的法院,法官在忠实履行职责的条件下才能任职,人民自己选举代表参加议会,完全是崭新发现。通过这些手段,共和政体的优点得以保留,缺点可以减少和避免。① 另外,汉密尔顿还对美国的政治体制进行了设计。对于立法、行政、司法三种国家职权如何运行,各机构的设立,以及相互间应如何影响和牵制,从权力行使的正当性、效率、可控性等方面作了论证。鉴于总统权力的重要性,主张赋予议会对包括总统在内的行政人员的弹劾权,这是立法机构防止行政机构侵权的重要制约手段。汉密尔顿的监督制约论对廉洁政治产生重要影响。

(四) 权力监督论

马克思在《法兰西内战》中,也在肯定以往权力制约论的合理成分并指出其历史局限性的同时,提出科学的权力制约观。他认为,权力是社会关系的一种表现,是在一定社会关系中一方支配另一方的力量。巴黎公社的真正秘密就在于它实质上是工人阶级的政府,是终于发现的、可以使劳动在经济上获得解放的政治形式。马克思指出,支配人类社会的最主要权力有两种:一种是财产权力,也就是所有者的权力;另一种是政治权

---

① 参见〔美〕汉密尔顿:《联邦党人文集》,程逢如等译,商务印书馆1980年版,第40—41页。

力,即国家的权力。巴黎公社的政权形式能够使广大人民群众最终获得社会解放。而这种政权的性质是人民群众自己的政权,它决定了必须由人民行使对国家权力的制约和监督。为此,应该采取相应的措施来确保实现对国家政权及国家公职人员的严格监督。

无产阶级取得国家政权后,必须实行无产阶级民主,加强对权力的监督,让广大群众参与对国家政权的管理。一切有关社会生活事务的创议权都留归公社。总之,一切社会公职,甚至原应属于中央政府的为数不多的几项职能,都要由公社的官吏执行,从而也就处在公社的监督之下。马克思提出公社要建立议行合一的机关,公社不应当是议会式的,而应当是同时兼管行政和立法的工作机关,限制国家活动的范围,国家的职务会只限于几项符合普遍性、全国性目的的职务。而政府的镇压力量和控制社会的权威会这样随着它的纯粹压迫性机构的废除而被摧毁,理应属于政府权力的职能,应当不是由凌驾于社会之上的机构,而是由社会本身的负责勤务员来执行。他认为,未来无产阶级专政的国家,必须由人民来民主监督政府。

加强对公职人员的监督,把一切公职置于人民的监督之下。为防止国家和国家机关由社会公仆变为社会主人,巴黎公社采取两项重要措施:一是遵循选举权、监督权和罢免权三位一体的原则。只要还有国家存在,就存在着由社会公仆变为社会主人的可能。而防止这种现象出现的有效方法就是工人掌握监督罢免权。二是国家工作人员实行普通工人工资制。公社用无产阶级的社会公仆代替旧社会的主人,实行低薪制,不能领取超出普通工人的工资,对所有公职人员,不论职位高低,都只付给跟其他工人同样的工资。公社所曾付过的最高薪金是六千法郎。这样,即使公社没有另外给各代议机构的代表规定限权委托书,也能可靠防止人们去追求升官发财。对此,马克思称赞是伟大的创举和真正的无产阶级政权。巴黎公社的权力监督机制,彻底清除国家等级制,以随时可以罢免的勤务员代替骑在人民头上作威作福的老爷们,以真正的负责制代替虚伪的负责制,因为这些勤务员经常是在公众监督下进行工作的。①

(五) 政治收买腐败论

美国学者小凯通过对美国社会的分析,提出关于政治收买手段的分类和功能,并对收买原因进行分析。他在《美国政治收买手段》中认为,在美国,某些竞选赞助无法与贿赂区别开来,贿赂行为是一件需要相当技巧的事,首先要同那些不肯受贿者建立密切关系,给他们找出被收买后要他们去做事情的正当理由,并在某种程度上强迫他们接受贿赂。与贿赂相反的是勒索,主要是政府官员滥用权力,威胁对方用金钱或其他有价值的物品,对自己进行回报。他指出,"官方收买"是指对各种公共财产和公共基金使用的控制权,被滥用或误用于滋生权力或控制关系的目的,最后都是一种权力情势和权力关系。也就是说,通过授权对包括政府组织、其他候选人以及一定程度上它的一些政策进行控制。"自行腐化"是公共官员或政府中运用权力的个人,为自己谋取某种行政特权,并将合同安排给自己,或通过一个傀儡公司,而该公司最终要归自己所有,并挪用可以用于奖励政治组织中其他一些成员的公共财产。

对于政治收买的功能,小凯指出,主要是为控制或影响一些人,促使其把事情办成。委任制是收买的基本手段,起着将人口中政治活跃的阶层结合成一个紧密联系的群体的作用。在政治精英阶层和政党中,委任权是控制、约束和指导其内部行为的有力手段。在其他领域,也具有与运用委任制后在一支"政治大军"中形成种种约束方式同样的功能。而在政府财产行为中的收买,也导致产生政治集团内控制关系。它是控制和奖励政党组织成员和社会团体之间关系的一种手段。在某些情况下,贿赂也可作为促进道德行为准则相冲突的集团之间实现调和的一种手段,以避开法律应用中一些不实用的合法要求。显然,以收买手段所寻求的特权及目的,总是具有眼前和自私自利的特点,大多数通过政治行动所达到的目的都或多或少是自私的。然而,收买所寻求的目的通常在自私自利方面更加急功近利。

---

① 参见《马克思恩格斯选集》(第3卷),人民出版社1995年版,第96页。

第二节 公民廉洁政治教育的政治制度分析

一、政治制度

西方国家学者对政治制度的定义有多种解释。法国政治学家迪韦尔热认为,从广义上讲,可以把一个有统治者与被统治者之分的特定社会团体的形成称作政治制度。① 政治制度是政府机构的总合,即政党制度、选举方式和压力集团的混合体。美国政治学家阿尔蒙德也认为,政治制度是负责维持社会秩序或改变这种秩序的合法制度。② 美国学者赫沃德指出,政治制度是基于一定规则之上和程序之上规范个人和团体行为的长期稳定的安排,它体现为各种明确的带有强制性的规则和决策程序,具有正式和合法的特点,通常被视为国家机器的组成部分。③ 西方学者关于政治制度的概念界定不是过宽就是过窄,仅限于形式上划分,未触及政治制度的本质特征。为此,我们把政治制度定义为:是一个国家用宪法、法律确认和规定的国家性质和国家形式两方面制度的总和,是关于国家政权管理形式及有关国家政治活动的制度。它包括国家的政体形式、结构形式、国家政权机构的组织及活动原则;包括在国家宪法和法律范围内建立的、与国家政权相联系的组织及政治行为(如政党制度、选举制度、政治决策过程等);包括统治阶级所采取的通知方式(如民主制、专权制)等。

政治制度作为统治阶级进行统治的主要工具,反映了国家的阶级内容,属于上层建筑,其性质最终由社会的经济基础决定。政治制度的性质表现为:它是在一定的社会经济基础上产生的,反映了社会经济关系以及生产力发展水平,是社会制度的有机组成部分。政治制度与国家性质相适应,既表现统治阶级的根本意志,又规定运用国家机器的基本原则。政治制度一经建立就具有相对稳定性,在社会经济结构不发生根本性变化

---

① 参见〔法〕迪韦尔热:《政治制度》,法国大学联合出版社1981年版,第7页。
② 参见〔美〕阿尔蒙德:《政治发展史》,波士顿大学出版社1970年版,第9页。
③ See Andrew Heywood, Key Concepts in Politics, N. Y. St. Martin's Press 2000, p.93。

的情况下,政治制度的性质一般不会改变,且不同类型的国家也可能存在相同的政治制度。政治制度的运行受到社会制度其他方面和外部环境的制约。

从西方国家的发展历程看,近代以来,西方的政治制度一般表现为民主制。西方民主制主要内容:一是西方民主的基本原则是尊重个人的尊严,人人享有自由和平等的权利。这种权利体现在国家政治及社会生活中,就是实行少数服从多数与兼听少数人意见的原则。少数服从多数,按多数人意见决策,这是民主制度的重要核心,同时也尊重少数人的权利和意见,允许他们通过言论自由、新闻自由、结社自由等形式表达自己的意见和见解。政府在按照多数人意志决策的同时,应注意保障少数人的权利,只有这样,才能保证公民参政原则具有实际意义。二是西方民主强调公民一律平等的政治原则,强调人人都有参与国家政治生活、影响国家政策的平等机会,如每个公民不论其性别、职业、种族、出身、财产,都拥有平等的选举权。随着时代发展,平等的观念还包括社会、教育、经济等的机会均等,以保证一切人都有发挥自己才能的机会。三是实现民主需要强调限制政府的权力并保障公民的基本权利。公民享有基本权利是使人民能够拥有权力的前提条件,只有建立完善的法制保障制度,才能使公民真正享有基本权利。

西方民主制主要是通过以宪法为主体的法律制度体现的,其基本内容为:一是确立代议制。代议制与封建君主专制制度不同,它表明国家权力不再属于个人,而是由公民选出的代表组成权力机构来掌握。国家的法律不再是个人的意志,而是由代表公众意志的立法机构制定。代议制使各阶层都有参与国家政治生活的机会,并使统治阶级内部的权力分配得以实现。二是建立普选制。普选权是公民最基本的政治权利。公民是否享有普遍平等的选举权,表明一个国家政治民主的发展水平。西方国家建立普选制,是一个巨大进步。它是公民参与国家政治生活的重要途径,也是确定议员或政府官员是否为合法当选的唯一标准。三是建立政党制度。国家通过法律规定政党的社会地位和作用,并通过竞选活动使各主要政党轮流执政。统治阶级通常通过政党来操纵选举、控制议会立法和政府权力。各党派在不断的权力竞争中缓和其内部矛盾,达到平衡政治权力的目的。四是实行分权与制衡的原则。分权与制衡是西方国家政权机构组织和活动的重要原则,它是针对集权政治提出的,旨在限制权力集中,防止滥用权力。在统治阶级内部起到一定的权力调节作用。五是确认公民各项基本权利。确认公民基本权利并给予切实保障,是西方人权理论的重要内容。西方关于人的价值观由此体现出来。六是建立完善的法律机制。西方国家宣称"法律面前人人平等",不许任何人享有凌驾于法律之上的特权。它的建立使公民权利得到法律保障,调整国家内部关系,维护社会秩序,从根本上确保了西方国家私有制原则。

二、西方国家政治制度的建构

(一)英国的政治制度构建

英国自17世纪资产阶级革命以来,摧毁了封建主义根基,创立西方君主立宪制,议会取代国王成为国家权力的中心。随后,他们在政治领域实行广泛改革,创立责任内阁制、两党制和文官制,为英国政治制度的发展打下基础。作为西方政治制度的典范,英国政治制度中实行一轮多数投票制和多数派议会制,政党可以单独在议会中掌握稳定的多数议席,并组成内阁,行政机构与立法机构一致。保持批评政府的权利,并充分利用议会和媒体批评执政党。其目的不是组织政府行动,而是诉诸公众,利用多数制原则争取自己上台。

英国实行议会制君主立宪制,以议会为国家最高立法机关和国家最高权力机关,国王不直接支配国家政权的政体形式。在这种政体形式下,内阁必须从议会中产生,通常由议会中的多数党或政党联盟组阁,并对议会负责。内阁是英国政府内部的领导核心,拥有极大的权力。关于内阁的职权,1918年的《政府机构委员会报告》规定如下:对提交议会的议案作出最后决定;依照议会所制定的政策,行使国内最高行政权力;协调政府各部门的工作并规定它们的权力范围等。近半个世纪以来,英国的统治权力不断向内阁集中,它支配着国王,操纵着议会,实际上把行政权、立法权和司法权都掌握在自己手里。内阁如失去议会信任,则必须辞职或提请国王解散议会，国王也要例行公事地表示同意。国王是"虚位元首"，形式上有权任免首相、各部大臣、高级法官、军官、各属地的总督、外交官、主教及英国圣公会的高级神职人员等，并有召集、停止和解散议会，批准法律，宣战媾和等权力。实际上，国王按内阁的意志行使形式上的权力，主要代表国家进行礼仪活动。英国国王保留显赫的地位和象征国家团结统一的尊严，仍是国家政治制度中不可或缺的组成部分。英国议会是最高司法和立法机构，由国王、上院和下院组成。上院（贵族院）包括王室后裔、世袭贵族、新封贵族、上诉法院法官和教会大主教及主教。1999年11月，上院改革法案通过，除92名留任外，六百多名世袭贵族失去上院议员资格，非政治任命的上院议员将由专门的皇家委员会推荐。下院也叫平民院，议员由普选产生，采取最多票当选的小选区选举制度，任期5年。但政府可决定提前大选。

英国的宪法由成文法、习惯法、惯例组成，主要包括《自由大宪章》《人身保护法》《权利法案》《议会法》《人民代表法》等。《自由大宪章》是1215年的英王约翰在大封建主的压力下被迫接受而签署颁布的一个文件，它代表大封建主的利益，限制了国王的权利。大宪章虽然不是近代意文宪法的起源，但它在英国宪法史上却确立了一条非常重要的原则，即国王也必须受法律约束。大宪章第12、14条还规定，国王课税超过惯例以外的赋税，必须召集大主教、主教、长者、伯爵、男爵及其他各地长官参加的会议，征求"全国公意"，这一规定至今仍被认为是英国议会有权决定财政问题的宪法根据。《人身保护法》《权利法案》《王位继承法》是在资产阶级革命过程中产生的，它们代表资产阶级新贵族的利益，限制了王权，扩大议会的权力。特别是后两个宪法性法律文件，规定许多英国政治制度的基本原则，奠定英国君主立宪政体的法律基础。自20世纪以来，为适应新的历史条件下资产阶级统治的需要，英国议会又陆续制定一些现代宪法法案，其中，1911年的《议会法》限制了上院的权力；1921年的《司法法》保证法官的独立审判权；1931年的《威斯敏斯法》规定英国和自治领的关系；1949年的《人民代表法》则在形式上规定英国公民享有普选权；1963年的《贵族法》规范国王、大臣和贵族的权力；1972年的《地方政府法》重新确定中央与地方的关系;20世纪90年代公民投票通过的《马斯特里赫特条约》使英国议会主权受到限制。

英国的司法体系在19世纪70年代以前有各种各样的法院,诸如民事法院、刑事法院、习惯法法院、遗嘱法院、离婚法院、宗教法院等。高等法院有二十多种,初级法院为数更多,而且彼此之间缺乏联系。这样复杂的法院体制,往往使诉讼案件不知应由哪一种法院审判。每一种法院又有各自的特别诉讼程序,不仅普通老百姓不能理解,甚至久经训练的律师,也往往发生疑难,无所适从。直到1971年专门制定《法院法》,才对法院组织进行全面的改革和简化。在这时期把12种高等法院废止,所有高等法院一律并入一种比较统一而又集中的体制,使一向分立、甚至有时彼此矛盾的法院,成为最高法院的一部分。尽管如此,英国法院组织系统仍很庞杂。现在的组织系统,从法院组织的上下级关系来看,大致可以分为中央法院和地方法院两级。若从审理案件的性质来看,则可分为民事和刑事两大系统。若从地区来看,又可分为英格兰、威尔士和北爱尔兰与苏格兰等不同系统。

英国的政党制度为两党制。在两党制的形成和发展中呈现以下特点:一是英国政党制度的反对党制度。在英国下院占有多数席位的政党负责组织内阁,成为执政党,席位次之者为反对党,英国的反对党专指在下院议席居次的政党。二是英国内阁成员全部属于同一政党的议员,若不是议员,可通过下院补缺选举或由英王加封贵族爵位等方法取得议员资格。同时,内阁成员当然成为议会多数党的领导班子成员,内阁是议会的一部分。三是内阁互换通过下院大选进行,若反对党获多数席位,由反对党更新组阁执政。四是两党壁垒森严,有其明显的阶级基础。保守党的选民基础来自垄断财团、企业主、教会等中上层。工党与工会联系密切,许多工会作为整体党员加入工党。

英国的国家管理体制实行郡、区、社区三级管理。1972年,英国通过改革地方政府的法案。1974年改革地方政府,此前有行政郡和郡级市的区别,郡下划分为自治市、市郊区和乡村区,乡村区又划分为若干个教区。改革后,取消行政郡和郡级市的区别,把市郊区和乡村区合在一起,减少行政单位的数目。各级行政区受本地方议会的管理,地方议会议员由地方选举产生。地方议会由一名主席主持,他同时又是地方行政长官,每年改选一次。地方议会任命委员会作为它的执行机构,但这个地方行政机构,不像中央行政机构——内阁那样拥有很大的权力,它较多受制于地方议会,主要负责各项事务的具体管理,其政策原则上必须由议会决定。地方政府的职能主要负责处理本地区的规划、教育、服务、消防等事务。英国地方政府的权力来源于英国议会,地方议会由地方选民直接选举产生,地方议会下设若干委员会,作为他们的执行机构,行使行政权,管理教育、卫生、交通、社会福利等事务。地方委员会的成员由地方议会任命,权力来自地方议会的授予,承担地方议会的大部分工作等。

(二) 美国的政治制度构建

美国的政治制度主要是按照美国联邦制度与三权分立制定的,这在1787年美国建国之初起草的宪法中就已作明确规定。根据这部宪法,美国成为一个由各个拥有主权的州所组成的联邦国家,从此联邦体制取代基于邦联条例而存在的较为松散的邦联体制。1789年,美国宪法正式生效。在美国的政治和社会生活中,该宪法对组织一个更完善的联邦,树立正义,保障国内安宁,建立共同国防,增进全民福利和确保我们自己及我们后代能安享自由带来的幸福等方面,都具有至高无上的地位。美国宪法贯彻彻底的三权分立,规定立法权、司法权和行政权的分立。国会、联邦法院、总统各司其职,乃至联邦政府、州政府和地方政府之间的分工也十分明确。国会拥有立法权、财政权、对外宣战权以及对其他事项进行调查的广泛权力。联邦法院具有监督性功能和司法性功能。总统是国家元首,一切重大仪式和代表国家的活动都要出席,总统的实际权力远远超过宪法中的简单条文。美国宪法还规定三权之间的制衡。(1) 从立法和行政关系看,国会拥有相当权力,总统对于官员的任命,须经过国会参议院同意才能生效。同时,总统拥有更大的权力,有权介入立法领域,可以通过本党议员和本党议会团的领袖来影响某一法案的命运等。(2) 从总统与联邦法院关系看,总统可以任命法官,有权赦免一切罪犯,有行政裁判权。同时,法官一经任命可以终身任职,可以作出对总统不利的裁定。法院掌握司法审查权，可以宣布总统的行政立法违宪等。此外，国会同法院的关系也是相互制衡的。

由于美国的选举实行普选制，各政党在竞选中需要大量的资金保障，客观上导致政党对于政治捐赠者的依赖。为保证政党竞选的廉洁性，政府在竞选中通过限制选举捐款来源、限制竞选支出、政治捐献的申报和公布、资金活动违法的法律责任等途径，来监督竞选资金，以便从源头防止腐败的滋生。为此，美国先后通过《提尔曼法案》《联邦选举竞争法》等一系列法案，禁止企业和全国性的银行向竞选公职的候选人提供政治捐款，对联邦候选人在竞选活动中的个人财富的支出作限制，对在媒体做广告的开支作最高限额，并要求对公众公开所有的筹款和开支，规定选举资金运营的基本法规等。其目的是限制用于竞选的捐款和竞选开支，实施由联邦政府资助总统竞选开支的制度。与此同时，美国围绕软钱、议题支出、独立开支等进行经费改革，提出要进行"干净的选举"，由公共财政收入给予那些同意限制竞选开支，并回绝私人财团资助的合格候选人一定数量的公众基金参与选举，以解决政治候选人对特殊投资基金的依赖。

美国的政党制度为两党制。美国宪法虽然没规定政党地位，但政党是美国政治制度的重要组成部分，其影响渗透于其他各种政治制度中。两党制在美国成立联邦初期就已萌芽，到南北战争初期，两党制正式形成。垄断资产阶级通过两大政党控制整个国民政治机构，操纵全国政治生活。两党的主要职能是操纵和包办选举，特别是总统选举。民主党和共和党两党长期轮流执政。美国除两大党外，还有其他一些政党，但它们都无法影响两大党轮流执政的地位。美国的政党制度具有以下特点：（1）同民主共和体相联系，党的主要活动是进行总统竞选。美国是总统制国家，美国政党的主要活动是进行总统竞选。竞选获胜的政党为执政党，失败者为反对党。美国国会议员虽然也是由选举产生，但两大政党在议会中席位的多少与执政地位无关。在美国，若一个政党在总统竞选中获胜，即使它在国会选举中失败，也不会影响它的执政地位。（2）政党组织松散，没有严密的组织和纪律。（3）两党制比较稳定。在美国历史上，常常出现第三党运动，但从未获得成功。两大政党轮流执政的格局一直比较稳定。

美国的国家管理体制分为联邦、州和地方三级政府管理。它们彼此之间无隶属关系,宪法起草人根据政府必须联系公民才不致剥夺其自由的原则,把有关各州的自治权保留给州政府,各州拥有包括立法权在内的较大自主权,而联邦政府权力则主要体现在课税、财政、国防、外交等方面。美国的三权分立是因担心权力过于集中而危害公民的自由,把权力分散到立法、司法、行政等部门,使其相互制衡,从而避免政府滥用权力。三个职能部门的职员由不同方式在不同的时间和范围内独立产生,具体负责的对象各不相同。各部门在行使权力时都具有宪法和政治上的独立性,于是就形成三权分立和制衡局面。美国的行政建制较齐全,有中央、州、县、市、镇和村等行政机构。美国的地方自治传统很强,乡镇自治是一种宪法权力保护的地方自治。国防、货币发行、对外关系由中央政府行使。其他职能,如卫生、教育和地方交通等由地方政府行使。在美国的政府建制中,市政府的地位很重要,与联邦和州政府相比,它更能直接满足公民的需要。美国所有城市都有某种形式的由选民选举产生的理事会和一个由许多部门辅助的行政长官来管理城市事务。

(三)德国的政治制度构建

德国的政治制度是以三权分立的议会内阁制为政权组织形式,以联邦制为国家结构形式,实行多党制。德国的政权组织形式是采取"三权分立"的议会内阁制。设立联邦议会、联邦政府和联邦司法机关,分别行使立法权、行政权和司法权,相互制衡。

德国议会是最高立法机关,由联邦议院和联邦参议院组成。联邦议院通过普选产生,每届任期4年,主要职权是制定和通过法律、监督法律的执行、选举和撤换联邦总理、参与选举联邦总统、参与选举联邦宪法法院和联邦高等法院的法官、批准联邦政府同外国签订国际条约、对联邦总统蓄意损害《基本法》或其他联邦法律的行为进行弹劾等。联邦参议院由各州政府按人口比例指派3—5名政府成员组成。各州代表任期不统一,由派出的州政府决定撤换。联邦参议院的主要职权是:提案权(其提案须经联邦政府提交联邦议院),并对联邦议院通过的法案有审议权;对涉及修改基本法以及涉及各州行政和财政的法案或联邦政府颁布包含上述内容的条例拥有否决权;仲裁联邦政府与某一州的纠纷或冲突;批准联邦政府对某一州采取强制性措施;参与宣布立法紧急状态;参与选举联邦宪法法院和联邦高等法院法官;参与批准联邦政府同外国签订国际条约;对联邦总统蓄意损害联邦法律的行为提出弹劾;参与对预算、国库和债务的监督,等等。联邦参议院实际上是各州政府派驻联邦的联合机构。各州政府通过联邦参议院,参与联邦的立法和行政事务,对联邦立法和行政起辅助和牵制作用。联邦参议院在联邦与州以及各州之间起平衡和协调作用。

德国总统为虚位元首,其职责主要是:签署并公布由议院和参议院通过的由总理和有关部长副署的法律、法令;根据议院的决定任免总理,根据总理的提名任免各部部长;主持国家礼仪性活动等。德国的选举制度是联邦总统和联邦总理由间接选举产生,联邦议院由直接选举产生。总统由各政党提名,经联邦议院全体议员与同等人数的各州议会代表组成的联邦大会不经讨论选举产生,任期5年,可连选连任1次。总统不是联邦政府的成员,不拥有实际行政权力。德国的联邦议员有一半是按单名选区的多数代表制选出,另一半按比例代表制选出。凡年满18岁的公民均有选举权,凡已达法定成年者均有被选举权。每个选民选举2次,其中1次投个别候选人的票,1次投政党的票。全国分248个选区,每个选区选1名议员,选区的候选人均以个人而不以政党身份出现。比例代表制的选举则按各政党得票多少按比例分配议席。分配时要扣除本党以个人名义获得的席位,余下的名额由各党自行安排。

德国的联邦政府由联邦总理和联邦各部部长组成,对所有有关联邦内政、外交、国防、财政、经济和社会各方面的事务作出决策,进行管理。根据1968年通过的作为《基本法》的补充的《紧急状态法》,政府在"非常时期"拥有独揽一切的大权。联邦总理是政府首脑和国家行政机关的最高领导人,由总统提名并经联邦议院全体大会选举产生。各部部长由总理提名经总统批准。总理和各部部长均不设副职,但可有1位部长兼任副总理。联邦总理对联邦议院负责,各部部长对总理负责。但联邦议院只能以大多数议员选出继任者并请求联邦总统将总理免职,以表示对联邦总理的不信任。联邦总理的权力广泛,主要有可不经议会批准或同意改组政府,设置部级机构,规定内阁工作程序,划定各部职权范围;在组阁和政府活动过程中,对各部部长行使提名任免权;在政府工作过程中,行使制定总的政策指导方针的权力。如果联邦总理要求对他表示信任的提案没得到联邦议院的支持,他可请求联邦总统在21天内解散联邦议院。但联邦议院如选出新的总理,则解散权立即终止。

德国的联邦法院作为司法机关,享有广泛的司法审查权。联邦法院组织系统分设联邦高等法院、专门法院和宪法法院。各州设有地方法院、地区法院、州高等法院和州宪法法院。联邦法院在各州不设单独的基层法院。州的法院就是联邦高等法院的下属法院。联邦和州是同一个法院系统。宪法法院的地位高于其他法院。联邦宪法法院有权就与联邦机构的权利义务有关的宪法问题作解释;裁决联邦与各州或各州之间关于宪法的争议。其成员半数由联邦议院选出,半数由联邦参议院选出。

德国的政党制度是实行多党制。在大选中能获得议席的政党主要是基督教民主联盟—基督教社会联盟、社会民主党和自由民主党。根据选举法规定,在全国没有获得5%的选票或直接取得3个席位的政党不能进入联邦议院。这加强了大党的地位,排斥众多的小党。执政党必须在议会中占有半数以上的多数席位,通常都是两个政党联合组织政府。主要是由基督教民主联盟—基督教社会联盟与社会民主党轮流组织政府,自由民主党只是作为两大党的联盟角色。

(四)法国的政治制度构建

法国的政治制度是以单一中央集权制为核心,议会制、总统制和半总统制交替使用的共和政权组织形式和统治方法。公元5世纪,法国步入封建社会。由于推行分封制,国家长期处于割据状态,形成法国早期的封建割据君主制。从14世纪开始,国王为加强王权,打击教会势力,开征新税,召开了由僧侣、贵族和市民代表参加的三级会议,形成了国王和等级代表制相结合的等级君主制。从16世纪起,法兰西出现中央集权,国王统治全国的领土,中止三级会议,建立官僚制的御前会议。从此,法国由等级君主制发展到"朕即国家"的君主专制制。17世纪后半叶,君主专制制发展到顶点,王权空前强大。1789年爆发的法国大革命推翻了封建专制制度,建立起近代资本主义政治制度。此后,法国政治风云多变,阶级力量对比关系不断变化,经历了君主立宪制、帝制和共和制的多次反复更替的过程,直到1875年法兰西第三共和国的诞生,才最终确立法国共和国政治制度。第二次世界大战后,法国相继建立第四共和国和第五共和国,使法国政治制度得到进一步发展,使法国共和政治体制臻于完善。

法国的政权组织形式是实行半总统制。它是介于总统制和议会制之间的一种国家政权形式,其主要特点:一是总统由普选产生,任期7年,连选连任。宪法规定,总统通过自己的仲裁,保证公共权力机构的正常活动和国家的稳定;总统是国家独立、领土完整和遵守共同体协定与条约的保证人。总统除拥有任命高级文武官员、签署法令、军事权和外交权等一般权力外,还拥有任免总理和组织政府、解散国民议会、举行公民投票、宣布紧急状态等非常权力。二是政府是中央最高行政机关,对议会负责,其权力和地位比以前大为提高。除拥有决定和指导国家政策、掌管行政机构和武装力量、推行内外政策等权力外,还享有警察权和行政处置权、条例制订权和命令发布权。总理由总统任命,领导政府的活动,对国防负责,并确保法律的执行。实际上总理须听命于总统,起辅佐总统的作用。政府成员由总理提请总统任免。三是议会由国民议会和参议院组成,其地位和作用较第四共和国有所下降,原拥有的立法权、预算表决权和监督权三大传统权力受到总统和政府的限制。如议会的立法内容和范围缩小,弹劾权受到严格的规定。议会无权干预总统选举和总理的任命。

法国的政党制度是实行多党制。法国政党众多,主要有社会党、保卫共和联盟、法国共产党、法国民主联盟、国民阵线、绿党等。法国政党的党派繁杂众多,且组合变化的速度较快,它们为赢得议会多数不是互相利用、结成联盟,就是相互争吵、激烈攻击乃至改头换面或另组新党,使政党数量大增,变化无常。在法兰西第三、第四共和国期间,法国各党力量相差不大,在议会中难以形成一党控制局面的现象,往往几个政党联合起来组成政党联盟,各党容易出现分歧,造成政局动荡不稳。自1958年以来,法国政党政治中出现某一党在议会中占相对优势并居主导地位的状况,同时由于政体变化,总统权力有所扩大,政党与政局稳定与否的关系逐渐淡化。

法国的地方制度是实行中央集权制。20世纪80年代权力下放,增设大区,地方政府由原来的省、市镇两级变为大区、省和市镇三级。通过改革,取消中央对地方的监护,加强地方议会的自治权,从而改变数百年来的高度中央集权,缓解高度官僚集权的弊害。

(五) 新加坡的政治制度构建

新加坡实行的是议会共和制。该国立法权由总统和国会共同行使;行政权归属内阁,总理是内阁首脑;司法权由初级法院和高级法院行使,三权分立并互相监督和制衡。国会中占多数席位的政党是执政党,执政党领袖是政府首脑。总理由总统任命,但总统只能任命能取得议会中多数人信任的人为总理。总统是国家元首,由公民直接选举产生。经总理提名,总统任命各部部长,组成内阁。新加坡国会实行一院制。议员由公民投票选举产生,国会可提前解散,大选须在国会解散后3个月内举行。在新加坡,政府是经由国会选举产生的,国会有权监督政府。国会一则通过向部长提出质询进行监督,国会议员为了解情况,获得信息,可向政府部长提出质询,要求口头或书面答复。质询问题既可以涉及国家的大政方针,也可以是某些范围较小的具体事务。二则审查政府的财政预算和预算执行情况,政府不能自由支配公共资金,税收和公共资金的开支必须经过国会授权。除法律规定或经过法律授权者外,不得由新加坡或为新加坡之用征收任何国税或地税等。三则通过7个常设特别委员会,有2个可以审查政府提供的有关国会拨款全部情况的账目、预算报告等。四则国会的下属机构公共服务委员会负责国家公务员的招聘、晋升、调动、解职等事项,该机构的主席从社会各阶层人士中选任,以保证其独立性。新加坡的总统对总理及其领导的内阁进行监督,主要通过批准或否决财政预算权进行监督,通过对高级官员的任免权进行监督,通过贪污调查局进行监督等。新加坡的司法机构包括最高法院、初级法院和总检察署。最高法院有权保证宪法得到立法和行政机关的遵守,它可以宣布任何行使权力的行为因违反宪法或超越宪法赋予的权限而无效。对行政的司法审查职能由普通法院行使。总检察署负责刑事案件的侦查和贪污贿赂案件的审查、起诉工作。

新加坡政党制度是一党独大、多党并存竞争。该国的各政党均享有合法地位,政治派别也有组织政党的自由。宪法未明文规定人民行动党是唯一执政党,各政党可以参加竞选,执政党地位是由人民选举决定的,而不是靠宪法垄断或其他形式垄断决定的。执政党的执政地位有可能随国内各派政治力量的变化而改变。另外,多党并存竞争可以发展政党间的相互监督,特别是在野的反对党对执政党的监督。执政的人民行动党政府把四年一次的多党参与的国会大选视为对执政党的定期考核和监督,从获得选票的多少看执政党及其领导的政府政绩和它们在人民中的威望。执政期间,人民行动党先后以"生存意识""危机意识"和国家观念为旗帜,推行廉政立国的发展战略,不断培育新加坡社会多元种族的价值观和信仰,赢得新加坡人民的支持。

（六）澳大利亚的政治制度构建

澳大利亚的政体是君主立宪制,尊英国女王为其国家元首,以总督代行其责。联邦政府总理由议会选举中获多数的政党领导人担任。在众议院中获得多数席位的政党(或政党联盟)负责组织联邦政府,并提出内阁人选。内阁成员必须在参、众两院中产生。由议会两院成员任命的各部部长行使行政权。政府建立在由普选产生议会的基础上。议会实行两院制(众议院和参议院)。立法和政策决定由内阁会议作出。澳大利亚的联邦政府与六个州政府和两个自治地区政府共同分担行政职责。

澳大利亚宪法明确规定了联邦政府的职权,其中包括外交、贸易、国防和移民。州与地区政府则负责联邦政府职责范围以外的事宜。澳大利亚各州均有自己的宪法,都设州总督(由英国女王直接任命)、州总理和内阁,除昆士兰州的议会是一院制(1922年废除其议会上院,亦称立法委员会)外,其余5州均为两院制(下院称立法会议),后来设立的澳北区(亦称北部自治区或北部自治领地)和首都区的议会都只有下院(立法会议),它们分别于1974年、1989年实行这种一院制。澳大利亚各州宪法与联邦宪法一样,起源于英国议会制定的法律。各州政府的首脑称为总理,而在北部地区,政府首脑称行政长官,首都地区政府首脑称为首席部长。澳大利亚宪法分别用三章规定了行政、立法和司法这三个机构享有的权力,但同时坚持行政机构成员也必须是立法机构成员。实际上,议会将广泛的调控权给了行政机构。行政机构任命法官调查那些有争议的事务,并就可能导致立法的行动提出建议。现任法官也曾接受任命,在行政机构中担任重要管理职务。

澳大利亚议会两院的议员由澳大利亚选民直接选举产生。众议院的选举每三年举行一次。参议院又被称为"州的议院",它是由每州各选出12名、首都地区和北方地区各选出2名参议员组成,由众议院制定通过的法律和议案必须经参议院批准才有效。少数派各政党经常可以在作为政府决定的议会审查机构的参议院中左右权力的平衡,如果政府立法在参议院通不过,政府可以提出"解散参众两院"。参议员任期为六年,通常大选中仅有半数参议员需要重选。但解散参众两院后,所有参议员和众议员都要面临重选。政府若在重新选举中获胜再度执政,可以再次提出其立法提案。如果参议院仍不通过这个业已引发"解散参众两院"的法案,那么参众两院将召开联席会议对此事进行表决。众议院的主要职能是为联邦政府的组成打基础,众议院要对政府决策中的各项主要问题投票表决,并表示是否对政府信任,政府没有众议院就不能存在,因而,它的权力要大于参议院。众院选举后的多数党执政后,众院的另一个最大的在野党(或政党联盟)就成为官方反对党(或反对党联盟),它所组成的领导班子有时又被称为"选择政府"或"影子内阁",因为如果现政府选举失败或在众议院中失去信任,将由反对党组成下一届政府,这一领导班子基本也就是新政府(执政党)的领导成员。参议院有两项重要职能:一是复审议案;二是代表职能,即代表各州人民。因而不论各州人口多少,各州在参议院的参议员人数是相同的。参议员的权力几乎与众议员一样,只是在与经济立法有关的问题上无权。各州参议员任期6年,每3年改选一半(与众议院选举同时进行),这不但保证了议院构成的连续性,还使得参议员具有很大的独立性。在澳大利亚选举活动的费用和竞选活动的经费来源方面，自1984年以来，已实施一套竞选活动由公家提供经费（澳选举委员会管理）以及竞选情况公开的制度。参选的党派必须得到至少4%的有效选票才能获取公共经费用于竞选。1996年联邦选举时每张选票公家提供1.58澳元。各党派必须披露竞选的开销和高于1500澳元捐赠的来源。独立候选人必须讲明200澳元以上捐赠的来源。参加连续各次大选竞选的党派和个人必须公布两次大选之间所接受的礼品及捐赠。

澳大利亚的司法制度基本上是按照英国司法制度建立。澳大利亚宪法规定：联邦的司法权属于联邦最高法院——澳大利亚高等法院，议会设置的其他联邦法院，以及授予联邦管辖权的其他法院。联邦除了上述高等法院外，还有澳大利亚联邦法院、澳大利亚家庭法院等一系列比较次要的法院。各州的情况也大致类似。澳大利亚高等法院法官由联邦立法委员会中的总督根据联邦政府与各州协商后所推荐的人选在议会中任命，但对其免职需要议会两院的多数投票同意。1977年因全民公决修改宪法之前，高等法官的任期都是终身制，这次修宪规定高等法官的退休年龄为70岁。澳大利亚大多数州实行三级法院制，即最高法院——中级民事、刑事法院——地方法院。只有塔斯马尼亚及联邦政府两个直辖区（首都区和澳北区）至今只有最高法院和地方法院两级。审判权限一般依诉讼案所涉及金额大小或所控罪行的严重程度来划分。大部分刑事案件，无论涉及联邦法律还是州或者区法律，都由州或区法院审理。每个州或区都设有专门法院和法庭，负责法律中特殊领域的执法，如设有小额债权法院、许可证法院、海上调查法院等。澳大利亚还有许多其他司法机构，如联邦巡视局、联邦消费者事务局（设在司法部）、司法管理机构、法律援助机构和警察局等，它们共同实施立法机构制定的法律，以确保社会的有序发展和稳定。

澳大利亚的国家管理建制渊源于英国在澳大利亚建立的殖民体制。澳大利亚联邦、州和地区政府都实行专业公务员制，即所有公务员，只要本人愿意为政府服务而不计较现政府政治色彩如何，都能在政府部门受聘进行长期工作。这种公务员体制（文官体系）对政府政策的稳定执行具有重要作用。州议会受联邦宪法和州宪法的制约。根据澳联邦宪法，联邦议会的主要立法权有八个方面：州际或与其他国家间的贸易和商务；外交事务；国防；邮政、电话及同类服务；货币、银行和保险；病残养老金和其他福利；移民。任何州的法律若与联邦法不一致，以联邦法为准，而联邦法律则可以否定与其规定不一致的任何州所制定的法律。实际上，联邦政府和州政府在各州和地区负有正式责任的教育、交通、卫生及执法等许多领域中合作甚密。联邦征收所得税、各级政府间关于税收分享以及支出功能重叠的争论在澳大利亚政界由来已久，并且有无休止争论下去的趋势。

澳大利亚地方政府的各种机构都是由州和地区政府通过立法建立起来的，它们并不承担其他某些英语国家的地方政府所具有的执法及公共教育的职责。这一点反映了澳大利亚作为殖民地的历史，在金矿地区活动的大批属于"淘金者"性质的流动人口不能为建立地方机构提供坚实的基础，但各殖民地对主要港口实施的集中管理当时有力地支持执法、公共教育、劳资关系机构、运输系统和医院的发展。这些机构的具体职责在各州和各地区都不相同，有些地方政府的机构主管运输和能源企业，大部分地方政府的经费来源于征税和上一级政府的拨款。一般说来，地方政府的职责是管理城镇规划、监督建筑规章、维修道路、规划用水、处理污水、安排灌溉、处置废物、卫生服务以及创建社区文化娱乐设施。一些地方政府机构也经营提供交通和能源的公共商业企业，地方政府从联邦和州政府那里可得到经费，同时自己也征收地方税。

三、西方国家政治制度的弊端

西方国家政治制度不是完美无缺的，其结构和体制上存在着严重的弊端，客观上造成西方各国政治腐败现象的层出不穷。政治腐败发生于国家政治生活和公共生活中，大量腐败现象是在现行政治制度运行过程中出现和存在的。一种制度重复产生同类现象，表明这一制度的内部存在缺陷。即使制度本身没有制造这种现象的功能，但也在结构上存在被其渗透的危险。政治腐败的要害是滥用权力，而权力就是制度的产物和表现。权力能够被滥用，关键在于作为权力轨道的政治制度不健全，使得不法的政治人物为所欲为,大搞腐败之风。在西方现行政治制度中,各国主要实行的是代议制,而代议制普遍实现形式是议会制,即由普选产生议会,再由议会产生政府,政府向议会负责的制度。在这种制度下,权力来源较清晰,选民通过政党选举议会,议会产生政府。这一由授权到具体运用权力的路径被奉为最民主的政治制度形式。但事实上,由于议会制本身的缺陷,导致政治生活中各种弊端的发生,政治腐败在所难免。

一是西方国家的政治选举程序的商业化运作,容易导致政治腐败。尽管代议制是现代民主政治的必然要求,但议会制中的选举制度在现实中被赋予制度本身没有考虑的内容,这些内容构成选举制度得以运作的组成部分,其中包括金钱等要素。在西方国家,任何资源的运作都受到市场规律的支配。选举活动是权力资源合法化的必经程序,选举活动本身就要消耗各种资源,这使得支配整个社会资源流动的规则势必对选举制度产生影响。在这种制度中,公共职位、投票权、政治支持都变成了商品,公职的选举当然就成了公共权力的大卖场。通常只有具有较强支付能力的人,才能获胜。其结果使得最有能力、最负众望的人选可能无法胜出,而那些最有支付能力的人可能当选。随着时间推移,已经在不合理的运作系统中形成势力巨大的既得利益集团,他们从选举制度的商业化中得到好处,不断强化这一弊端,导致贪污受贿等政治腐败现象。

二是西方国家的议员选举程序和标准的缺陷,导致政治腐败。在西方国家,由于议会制的不成熟,选举程序和标准的不健全,使得立法机构选举中对候选人选择处于较低水平,容易让一些名声不好或品质有问题的人混进来,形成议会腐败的隐患。由于议会制中对选任公职的分配采用多数决定的原则,在选择程序、选民的信息,以及其他各种影响要素的作用下,多数制选举常常不是择优,而是择劣。其结果,值得当选的人常常被不值得当选的人排挤掉,愚蠢和不称职的官员取代了有价值的官员。

三是西方国家的议会权力的可分割和可交易性,导致政治腐败。西方议会中常设各种委员会,这些委员会是议会工作的实权部门,它们负责审议和通过各种议案,是议会中的议会。而各种委员会的议员对议案能否通过有很大的决定权,这样就造成议会内各种权力和活动的分散性,使议会活动远离选民的要求。另外,议会中除权力职能机构外,还包括各类团体,诸如政党、利益集团等,他们为获得各自的利益,相互间讨价还价,进行利益交易,使公共权力的运用出现偏差,不可避免出现腐败现象。

四是西方国家的政党制度缺乏规范,造成政治腐败。由于各国政党制度缺乏规范性,政党制度的运行十分紊乱,加之它和立法、行政、司法及选举有交织关系,所以政党制中发生问题必然波及整个国家的政治生活,引起政坛上的危机和动荡频繁。多年来,西方政党制度虽形成较稳定的政党格局,但在具体的党派竞争中,仍然会出现各种各样的诈骗、阴谋、交易、不讲信义等各种违法腐败行为。

五是西方国家的政党制度需要巨额资金,引发政治腐败。西方国家的政党组织的多数活动经费要自己筹集。随着政党在国家政治发展中作用的不断增强,政治功能越来越重要,没有足够资金,政党就无法运转。这就需要政党各显神通,进行筹款。由于政党有其自身优势,它和各种公共权力有密切关系,可以利用权力的优势和影响力,采取各种权力手段来筹款,各种各样腐败现象的发生不可避免。按照有关法规,各种捐款要以法定条件支付并予以登记,而大量捐款以贿赂方式秘密支付,很少有人相信登记和公布的数字是真实的。这些捐款主要用于制度内各政党自身日常开支项目和组织竞选活动等。随着政党活动的规模化,没有足够的经济实力,政党不可能维持庞大的组织规模。政党吸纳巨额资金,自然发生资金的流动和运用违法的现象。这不仅腐蚀政党的道德基础,而且成为政党制度滋生腐败现象的固有弊端。

第三节 英国公民廉洁政治教育

一、英国公民廉洁政治教育的成长环境

英国公民廉洁政治教育与英国民主政治制度的确立相伴而行。英国在西方最早建立资本主义,具有较成熟的民主政治制度,在英国执行公民教育的功能上呈现先天独特的优势。由于民主制度本身能为公民提供政

治认知、培养公民独立性格,以及宽容、妥协的政治品格的平台,提高公民在政治生活中的公民意识,因此,它为英国公民廉洁政治教育奠定了基础。作为西方老牌资本主义民主国家,英国的民主制度经验为其公民廉洁政治教育提供得天独厚的条件。

一方面,英国的民主实践能使公民学习政治参与知识,掌握政治参与的技巧和经验。践行民主是公民廉洁政治教育的重要形式,在现实民主中,公民通过参与政治,关心时事,评论政治人物,关注国家的公共政策,表达公民的政治利益和政治见解,了解民主规范和政治游戏规则,学会政治参与中的利益博弈,掌握正确处理复杂政治关系的经验教训,让广大公民通过广泛参与各种形式的公民社会组织,逐渐接受现实政治生活中的公民廉洁政治教育。

另一方面,英国的民主政治能够帮助提升公民的主体意识,培养独立、宽容的政治品质,激发公民廉洁政治意识。在现实民主中,公民通过实践民主,形成自己独立和宽容的政治人格。因为英国的民主社会强调公民的自由与平等,国家对社会的管理和控制较弱,公民的自由空间较大,独立行动的能力广阔。另外,公民政治参与渠道众多,可以根据自己的利益和兴趣选择合适的方式和途径对国家的公共政策、政治人物产生影响,增强公民的政治功效感和政治义务感,树立权利责任意识和守法意识,以宽容和妥协的态度、理性的方式对待各种政治问题。

此外,英国的民主政治可以对公民的精神面貌和思想道德进行改造。政治制度的功能,在于通过政治社会化培植公民的政治心理和政治意识,让公民接受某种特定的政治信息、政治情感和政治信仰等,按照共同的模式参与政治活动。法治社会强调制度至上,法律面前人人平等,为公民参与公共事务,养成合作、宽容的精神气质提供了制度平台。践行民主就是为了塑造公民的廉洁政治意识,打造平等和参与的良好氛围,接受民主价值观的熏陶,形成对廉洁政治的认同和信仰,把民主制度内化为公民的价值体系,成为其价值观的有效组成部分。

二、英国公民廉洁政治教育的形成过程

英国的学校教育一直是公民廉洁政治教育的主渠道。早在19世纪

末,英国学校就开始开设公民教育课程,传授公民廉洁政治的相关知识,但该课程由于不属于正式课程,在大多数学校没有得到应有重视,课程体系混乱,教学效果逊色。随着形势发展的需要,英国政府逐步转变对公民廉洁政治教育的态度。1949年,英国教育部制定《公民在成长》手册,主张重新解释谦逊、贡献、自制、尊重个性等价值观。一些非政府组织,如社会科学教学协会、政治协会等也为公民廉洁政治教育提供了各种帮助。1990年,英国全国课程委员会颁布《课程指导8:公民教育》,把公民教育作为5个交叉课程主题之一正式纳入英国国家课程。同年,国会下议院发布《鼓励公民教育》的报告,强调公民廉洁政治教育的重要性。1997年,英国政府在《优质学校》教育白皮书中,作出加强学校中的公民教育和廉洁政治教育的决定。

2000年,英国政府把公民教育的《个人、社会与健康》课程引入中小学,成为国家课程体系的基础学科。该课程倡导健康的生活方式,要求学生通过调查和批判性思维,讨论与辩论,商谈与调解,参与学校和社区活动等,使学生在生活技能、表达能力、学习新知识、思考能力、与人相处以及道德修养等方面得到提高。规定从2002年开始,公民的权利与义务作为英国法定国家课程中的基础科目之一,所有中学生必须修习。该课程主要学习公民廉洁政治的品德,内容包括:其一,促进学生形成自己的价值观念。当社会主导的价值观念与自己的价值观念发生冲突时,学生能够利用在学校公民教育课上获得的知识和技巧,用切实可行的办法妥善解决这一冲突。其二,认同民族感情。学生通过接受教育不但要认同接纳自己的民族,忠诚于它并承担起民族责任,还要认同与自己民族的风格不同的其他民族,能够适应其他民族。其三,具有坚定的政治立场。学生能够利用学到的知识、获得的能力正确看待政治问题,能够作出正确的政治判断并在判断的指导下积极参与政治活动。其四,明晰权利和义务。学生应该通晓自己和他人的权利和义务,并具备处理自己的权利和义务与他人发生冲突时的能力。

该课程分为4个阶段:5—7岁阶段,制定和遵守有关规章,意识到自己与他人和社区的不同,了解怎样保护环境;7—11岁阶段,了解社会热点问题和重大事件,了解法律的制定和执行,了解违法的后果;11—14岁阶段,了解政治权利和责任,了解各级行政系统和联合国的作用,懂得选举、投票等政治行为的重要性;14—16岁阶段,了解公民的权利和人权,不同民族、宗教的起源,行政系统各个部门的工作程序,个人和社会团体对社会的作用、影响,出版自由的重要性及媒体的作用,国家在国际社会中的地位。

通过课程的目标和任务可以看出,英国公民廉洁政治教育的价值取向为:一是培养合格的公民。主要通过行动学习法培养,一个道德高尚的人具备了成为合格公民的基本条件。合格公民的行为就是道德的社会化与政治化的反映。二是爱国守法。爱国是指学生要热爱自己的国家和民族、民族的优良传统和文化。只有个人遵守法律才能实现国家和社会的稳定,创造出一个既有利于自己又有利于他人的生活环境。三是促进个人的发展。通过公民教育使学生树立这样的价值观:合作、幸福、自由、谦逊、诚实、和平、仁爱、俭朴、负责、宽容、尊重、团结,使学生尊重生命,公平竞争、诚实守信,严格要求自己,体谅关心他人,为他人着想。

英国的公民廉洁政治教育注重与历史教育的衔接。要求学生通过历史课程的学习,对于英国传统文化遗产有良好的掌握,认识英国公民的权利与义务的历史发展过程,以及培养民族意识和公民的廉洁政治道德等。由于历史课程具有社会和公民廉洁政治教育的价值,即为学生从年轻人转向成人生活、承担公民廉洁政治责任作好准备,所以在英国的历史课程中包含了许多相关知识的学习。学生通过学习具备相关的知识和技巧,培养自决能力,逐渐提升公民廉洁政治素养。

英国的公民廉洁政治教育与宗教教育关系密切。英国公民廉洁政治教育长期由教会控制和管理,虽然曾经一度出现过从服务宗教到服务国家的变迁,但教育权仍掌握在教会手里。英国政府虽然讨论过接管教育问题,并通过拨款干涉教育,但是完整的国民教育制度至今未能建立起来。因此,从某种意义上说,英国的公民廉洁政治教育在很大程度上等同于道德教育,而道德教育就是宗教教育。英国的宗教教育作为学校课程的重要组成部分,要对学生的个人、社会与健康教育以及公民廉洁政治教育作出贡献。它着眼于志愿和慈善的活动,为发展积极的公民意识提供机会;对学生的权利与责任意识的激发发挥作用;帮助学生理解和尊重生活在不同信仰、实践、种族和文化背景下的人们,促进民主社会中公民所需要的价值观与态度的发展;帮助学生考虑现代社会背景下生活的目的和意义,从而使他们对宗教、道德和社会问题作出合理而明智的判断,为其在多元社会中作为公民的生活作准备。

三、英国公民廉洁政治教育的特点

由于英国公民廉洁政治教育涉及学校教育与学校经验中的个人、道德、社会、文化与精神教育,因此,英国公民廉洁政治教育的特点集中体现在公民个人与社会教育、公民价值观教育、公民教育等诸多方面。

(一)英国公民廉洁政治教育注重公民个人与社会教育

英国公民廉洁政治教育的目的,在于增强学生对自己、对他人、对社会责任和道德的知识、理解、态度、技能和品质,以便帮助他们把握当代生活,积极和有效参与公民生活等。在个人特质与态度方面,培养独立的心灵,自信、自律和自重,关怀他人,尊重他人,有正义感,勇于助人,为他人谋幸福;在知识和理解方面,了解自己,了解他人,了解社会责任,了解权利、义务和民主政治决策的过程;在个人与社会能力方面,培养判断能力、表达意见的能力和尊重他人意见的能力,信守民主政治历程以增进社区福利,做一个积极主动的公民。

(二)英国公民廉洁政治教育强调公民价值观教育

英国公民廉洁政治教育明确提出对学生道德的期望,包括学生需要知道对与错的区别;个人道德是个人信仰和价值的结合,是他们所属社会、文化、宗教团体的信仰和价值观,以及更大的社会法律和风俗的结合;在道德上受过教育的学校毕业生应该能区分对与错,表现出自己的态度和价值观,为自己的行为负责,为自己形成一套社会能接受的价值和原则,认识到他们的价值和态度必须随时间推移而改变,按照他们的原则去行动。同时,学校也应支持和反对某些价值观,诸如坚持道德绝对值的价值观(讲真话、信守诺言、尊重他人权利和财产、为自己的行为负责和自律),反对欺骗、残忍、不诚实等价值观。此外,教师应意识到他们在道德教育中的责任,把价值观贯穿到教学活动当中,并以身作则,率先垂范。

(三)英国公民廉洁政治教育突出公民教育

英国公民廉洁政治教育倡导社会与道德责任,在不同的环境,以不同的方式帮助学生发展其道德价值观,促进个人全面发展;还要倡导社会参与,帮助学生认识社会,让他们能以乐于助人、乐于服务的态度参与社会生活和社会服务;更要教导学生与公共生活有关的知识、技巧、价值观和态度,让他们能积极参与和投入公共生活。当然,公民教育不但是学校生活的重要环节,也是国民生活的重要部分,政府应要求所有学校向学生提供公民教育,传授与民主参与本质有关的知识、技能和价值观,培养学生作为公民所需要拥有的义务、责任和权利意识,让他们认识参与政治社会的重要性,努力成为"积极公民"和"有效公民"。

第四节 美国公民廉洁政治教育

一、美国公民廉洁政治教育的成长环境

美国独立后,美国政府就把公民廉洁政治教育作为一项使命来培育,以增强公民参与民主的政治能力,强化公民对立宪民主的价值与原则的认同。美国的先行者们认为,良好的政治制度的构建与确立,其基础并不足以支撑立宪民主。一个自由的公民社会必须依靠其公民和他们的知识、技能与道德,学校培养公民廉洁政治的使命,是为了增进公民理性与感情的特质,这是在立宪民主内维护成功的政府所必不可少的,公民廉洁政治应当成为学校优先任务。因此,公民廉洁政治的品质与公民的能力和特质是民主社会的决定性因素,公民廉洁政治教育是一个民主社会中关于自治政府的教育,是为学生参与公共的民主生活作准备的。作为政治统一的国家公民,要为国家的廉洁政治的目标和方向执行仲裁,学校对于培养公民廉洁政治至关重要。

美国的公民廉洁政治教育主要通过学校的社会研究课程体系来完

成,旨在培养学生按其所知所想来行动的意识和责任感,为学生参与公共民主生活打基础,其目的是让学生了解政府机构、政治理论、社会与政治发展趋势及不同层次的政治、经济、道德等的廉洁问题。该课程体系由多种地位同等的学科领域组成,包括人类学、经济学、地理学、历史学、法学、哲学、政治学、心理学、宗教和社会学等。课程体系是多样和综合的,主要围绕文化,时间、连续与变迁,人、地域与环境,个人发展与认同,个体、集团与机构,权力、当局与统治方式,生产、分配与消费,科学、技术与社会,全球联系,公民意识与实践等10大主题展开,并贯穿于从幼儿园到12年级的整个学校教育。以该课程体系中的公民学课程为例,该课程除了传授公民知识、训练公民技能外,还要培养公民廉洁政治的品质,这对于维护和改善宪政民主必不可少,使学生理解民主需要每个人负责任的自我管理,一个人离开他人是不能存在的,道德责任、自律、尊重每个人的价值和人类尊严,以及公共精神、礼貌、尊重法治、商谈和善于妥协等品质,都是廉洁政治民主不可缺少的。① 因此,美国通过社会研究课程体系,不但让学生了解国家重要的社会和政治趋势,使学生能够权衡和透视地方、州、国家以及国际上的发展现状,而且让学生认识到国际社会的发展不平衡,了解道德标准和伦理问题等。美国的公民教育大纲也明确规定,把政府及其职能、政治体制的基础、民主在政府中的体现、美国与世界的关系、公民在政治体制中的地位等作为公民廉洁政治教育的重要内容。

当然,美国公民廉洁政治教育的关键是促进公民对民主理想的追求和对民主价值观的认同。要想让一个人人权得到尊重、个人尊严和价值得到承认、法治得以遵守、人们自愿履行公民的职责、共同利益得到全体公民的关心,就必须把公民培养成知情的、有效的、负责任的廉洁政治公民,否则,一个自由和开放的民主社会就不能实现。所以,美国的公民廉洁政治教育是为了维持宪政民主而对公民必须取得的理性和感情的习惯所进行的教育。只有加强宪政民主的基础,才能获得其知识,学会其技

---

① 参见孔锴:《试析美国公民教育的实施策略:内容与途径》,载《外国教育研究》2010年第8期。

能,养成其品性。美国学者布朗指出,美国公民廉洁政治教育的目标,就是对政治体制有所了解,并知晓如何在现实社会中开展工作,养成参与公民生活的技巧、增进公民能力、奉行民主制度原则的道德标准,并要有能力分析这些道德标准所产生的结果,养成自重习惯,使所有参与公民生活的人都能够感觉由于其自身的参与而有所区别。为此,学校让学生通过参与各种形式的民主生活,来体验民主的价值,积累学生民主生活的经验,并通过自愿的社区服务来感受作为公民的意义。若要公民廉洁政治教育取得效益,就必须让学生把民主的准则运用到现实政治社会当中,通过民主的实践训练学生。同时把参与社区活动作为培养公民廉洁政治的重要方式,这些社区活动可以由学校组织,也可以由学生自愿参加,其内容涵盖帮助老人、支持慈善事业等,从而为公民廉洁政治打下坚实基础。

二、美国公民廉洁政治教育的特点

（一）美国公民廉洁政治教育重视民主参与

在美国公民廉洁政治教育中,一方面,民主参与是公民的权利。在美国,民主的前提条件是按照规则和程序行事,包括如何提出动议,怎样进行充分讨论,如何搁置动议和进行有效表决等,从而保证公民能充分讨论、平和进行,又能达到预期效果。这种尊重民主的规则是公民长期养成的习惯,因为民主的过程经常会作出自己并不喜欢或并不赞成的决定,而在自己不赞成的情况下仍需要尊重民主的决定,尽自己的责任,遵循规则争取改变自己认为是错误的集体决定。另一方面,民主参与也是公民的责任。从学校到社会,美国都强调这种权利与责任观念的教导。美国总统和国会选举是对学生廉洁政治的很好的教育机会,很多美国学校会组织学生参观选举点,了解选举程序,鼓励学生了解候选人的情况,以增加民主参与的感性认识。

（二）美国公民廉洁政治教育恪守平等与公平

美国公民廉洁政治教育的主流观念是强调公民的机会平等,尽量为公民提供平等的机会,保证在规则和法律面前平等。而公平意味着在得到平等机会后,一些人靠自己的聪明才智和努力得到了更多回报,这是理所当然的。为此,坚持机会平等,坚持公民自己的选择,坚持公平对待每个人,坚持每个人的人生价值不能用物质回报、社会地位等来衡量,其结果是每个公民都选择做自己喜欢的事情,整个社会所需要做的事都有人自由选择去做,并快乐去做。这也给那些立志图变、勤奋争取的人提供了较多公平的机会。

(三)美国公民廉洁政治教育张扬爱国主义

作为美国公民廉洁政治教育的有机组成部分,美国公民的爱国主义教育堪称典范。美国公民从小学开始,每天都有向国旗宣誓的仪式。美国的各种体育比赛,也都有在开始前唱国歌的习惯。类似现象在美国的日常生活中比比皆是。美国公民的自愿爱国情怀,在于美国的爱国主义突出了超越任何党派、意识形态、宗教的爱国主义,强调尊重个人自由、保护个人自由的爱国主义。[①] 正因为在日常生活中强调对个人自由的尊重,公民才会为保护自己和他人的自由而自愿作出牺牲。这表明,美国公民奉行的原则不是公平,而是出于对家园、国家的爱心和对理念的信仰以及自觉自愿、自主决定、不求回报的奉献精神。

(四)美国公民廉洁政治教育倡导尊重他人

美国学校公民廉洁政治教育在鼓励个人自由的同时,也教导学生为保证自己和他人的自由,必须学会尊重他人。在现实社会,由于公民习惯各不相同,所以对待与自己不同的人不会大惊小怪,要学会宽容、接纳、鼓励等。当然,尊重他人的多样性不是没有统一的规矩。任何一个群体都需要有一些统一的规范,美国的校规和国法的制定都强调合乎理性,未经理性论证的传统没有权威性,未经合理程序产生的外在权力也缺少推行的权威。只有这样,学生才能从小对法律制定程序有一定认识,逐渐养成自觉遵守法律的习惯。同时,美国学校还推行"品格教育"活动,经常被倡导的好品格有责任心、诚实、公平、关心人、正义、仁爱、尊重、同情、自律、勇敢等,并通过宣传、讨论、模仿等形式加深认识。[②] 由于学生在学校学会

---

① 参见梁永艺:《美国学校价值观教育及其对我国青年学生社会主义核心价值观教育的启示》,载《河池学院学报》2010年第1期。

② 参见李本友:《美国道德教育六种模式述评》,载《探索》2011年第2期。

尊重他人,在社会上也就很容易尊重他人。政治观点的不同被看作正常之事,政治上的不同不需要争吵不止,可以通过投票加以解决,极大促进廉洁政治的有序发展。

（五）美国公民廉洁政治教育具有一体化的课程体系

美国公民廉洁政治教育一体化的课程体系具体表现为:一是通盘性的构架,把小学和中学作为一个统一体,对学校教育中所有的社会研究课程,包括历史学、政治学、经济学、社会学、美国政府等,进行通盘安排;二是课程的综合性,各种课程类型都在探索社会研究课程一体化的方式与途径,力图打破社会科学研究中的学科体系反映在学校课程中的分野,并构建适合学生发展需要的课程体系;三是课程的开放性,课程的综合化拓展了课程的空间,使课程从严密的学科体系的封闭状态走出来,进而可把社会实践中出现的问题引入课程,促使学生接触社会、认识社会、参与社会活动,更好把握廉洁政治。

第五节　德国公民廉洁政治教育

一、德国公民廉洁政治教育的演绎

德国公民廉洁政治教育由两部分组成,一部分是以培养公民个人道德为目标的教育,另一部分是以培养合格的廉洁政治公民为目标的教育,因而德国公民廉洁政治教育具有个人与社会双重因素。二战前,德国没有系统的公民廉洁政治教育,一直以来实施一种"政治养成"的政治教育。20世纪三四十年代,这种政治灌输被德国纳粹分子作为毒害人民思想意识、维持法西斯暴政的工具。二战后,伴随战后的民主化改造,联邦德国廉洁政治教育的目的、方向、内容和形式均发生相应变化,走上西方公民廉洁政治的轨道。而民主德国也建立起了社会主义的公民廉洁政治教育体系。

1949年,联邦德国公布《基本法》。该法规定了民主是国家的基本原则,公民享有各种权利;建立联邦制的议会民主制;立法、行政、司法三权分立,政府与政党分开;强调新闻舆论的自由等。《基本法》要求公民必须坚持和平与民主原则并遵守这些法律,民主化以及让公民积极参与民主建设成为公民廉洁政治教育的中心任务之一。为此,多年来,联邦德国重视公民廉洁政治教育,一方面,让公民对现实存在的纷争、矛盾、问题进行分析,让公民了解德国的国家管理制度,如法律制度、议会制度、政党制度等,知情民主和社会进展,高度重视促进民主的价值观和行为,加强分析问题与判别是非的能力。另一方面,要培养公民整体的社会思想,作为一个公民,首先是德国公民,其次是欧洲公民,仅把自己看成德国公民是不够的。欧洲公民意识的培养,在于淡化本民族意识,培养一种超越本民族而与欧洲其他民族达成同一性的观念,以更宽广眼界认识社会的整体性。此外,要培养公民对历史的认识,只有认清历史,才能正确走向未来。联邦德国把纳粹历史,尤其是大屠杀历史,纳入公民廉洁政治教育的重点内容,帮助公民认识民主社会的价值,看清纳粹的毒害,培养公民树立反对错误的勇气和对人类的爱心。还要求公民改善行为方式,争做社会的积极成员,参与公共社会和政治生活,以培养公民的政治参与能力和政治热情。而民主德国作为社会主义国家,其公民廉洁政治教育的核心是向公民灌输一种爱国主义观念。在社会主义道德的理想中,社会主义的爱国精神首次被提及,并位于社会责任、爱劳动、劳动人民和社会主义劳动纪律之前。

20世纪90年代,两德重新统一,在公民廉洁政治教育上完全沿袭联邦德国的教育体制。在《联邦德国教育总法》中,对公民廉洁政治教育的目标规定:培养学生在一个自由、民主和福利的法律社会中,要对自己的行为有责任感,使学生具有必要的思想品质和行为标准,使他们具有为发展社会生活、发展科学技术而献身的精神。而在德国的巴伐利亚州法中,规定更为详细,例如对18岁以后的学生,要求是培养尊重人的尊严、自我克制、责任感、乐于负责与助人,能接受一切真、善、美的胸怀,以及对自然和环境的责任心。为达到这一目标,学校还开设相关课程,以此来培养个人的优良品质,树立民族自尊心、自豪感,培植民族精神等。简言之,德国的公民廉洁政治教育,其目的就是传递民主的意识,传授民主的知识,培育民主的能力,使其能够在廉洁政治的运行中发挥更大作用。

德国的公民廉洁政治教育体系主要由教育系统内的教育和教育系统外的教育两部分构成。教育系统内的公民廉洁政治教育由学校教育完成,包括小学和中学阶段的教育。在小学阶段,主要是让学生了解与他人共同生活的意义,促进其宽容意识和民主意识,懂得尊重他人的尊严,具有责任心,遵守秩序。为培育学生的自决权,学校经常教育学生学会独立思考和行动,顺从原则必须符合最基本的道德观。在中学阶段,主要向学生传授人与财富的利用,权威与自由,通向自我负责的道路,自我发现和权威,权威的意义,政治生活中的共同责任心,人类共同生活准则等,不断培养学生的自学和独立获取知识的能力。德国教育系统外的教育主要由宗教团体、党派、福利组织、工会、基金会等社会团体完成。德国的教会强调基督的价值,如团结、同情、慷慨,并愿意鼓励他们的成员为社会做善事,这为提高公民廉洁政治意识和公共善的责任作出了贡献。党派、福利组织、工会等通过发起成立的社区中心和教育中心,经常举办与公民廉洁政治教育相关的活动,诸如访问政府机构等,以增加公民对政治决策的洞察力,提高政治参与的能力。基金会则通过工作室、互联网计划、志愿者培训、出版杂志等方式,从政治上教育公民,提高他们的廉洁政治意识。

二、德国公民廉洁政治教育的特点

(一) 德国公民廉洁政治教育彰显宗教性

德国学校公民廉洁政治教育十分重视宗教信仰和教会的作用,把宗教课列为学校的必修课程,由教会开设。① 凡涉及人生、信仰方面的问题,都归于至高无上的神灵。课程除了培养学生的宗教信仰外,还注重培养人的尊严、克己、责任感、对真善美的感受性、民主精神、爱国主义以及德意志精神。由于德国主要是天主教和新教两大教派,因此在私立学校分设两类相应的学校,各类学校分别学习各自的宗教内容。公立学校则分

---

① 参见王小飞:《当代德国道德教育理论和实践的选择与定位》,载《比较教育研究》2004年第2期。

为三种：其一是共同学校，对不同宗教信仰的学生统一进行基督教的文化价值教育，上宗教课时再根据不同的信仰分班，由不同的教派讲授；其二是教派学校，分为天主教和新教两大类；其三是世界学校，不开设特定的宗教课。学生根据自己的实际情况选择合适的学校上学。随着时代的进步，宗教课程也面临现代化的冲击。为此，德国的宗教课程也不断进行改革，吸收了大量现代的生活内容，逐步向世俗化、生活化、现代化靠拢，成为公民廉洁政治教育的重要载体。

（二）德国公民廉洁政治教育强化政治养成

德国学校公民廉洁政治教育中的政治养成，也就是政治教育。根据德国宪法的基本精神，为以相关的政治知识为依托，促进理想政治素养的形成。该课程的目的是使学生了解当前世界、社会及地理的条件，以便对政治秩序和政治发展作出理解和批判。其任务不只是让学生认识民主，更是培养学生实践民主的能力。该课程的特点在于把学生的教育置于社会政治生活和经济生活的环境下，通过对学生进行社会生活和经济生活常识教育和相关能力培养，使其了解更高层次上的社会道德问题，发挥社会性和政治性陶冶作用，培养有政治判断力、有民族精神和民族自信心、有强烈的民族意识、能对社会生活负起责任的公民。

（三）德国公民廉洁政治教育关注道德伦理教育

道德教育要实现道德人格的提升不能不重视建构合乎时代的道德理想人格。[①] 为此，德国学校公民廉洁政治教育重视道德知识的教学，以灌输传统道德理论为目的，通过讲授伦理道德原则、行为规范和人生体验、优良美德等，让学生学会以诚实之心、坦诚之言帮助他人，学会尊老爱幼、谅解宽容他人，学会用平和心态冷静看待社会问题。同时也注重相关学科的作用，试图通过各种活动和社会生活进行相应的公民道德教育，强化廉洁政治的道德基础。

---

① 参见檀传宝：《信仰教育与道德教育》，教育科学出版社1999年版，第194页。

第六节　法国公民廉洁政治教育

一、法国公民廉洁政治教育的变迁

法国是一个十分重视公民廉洁政治教育的国家。在法国,公民廉洁政治教育以自由、平等、博爱等思想观念为主要内容,在维护其制度以及培育这一制度所必需的公民方面发挥重要作用。在近代史上,法兰西民族素以"政治民族"著称,这一传统深刻影响法国公民廉洁政治教育。早在法国大革命时期,为了击退国内外封建势力的反扑,保卫革命果实,革命领导人就意识到应在全体公民中灌输共和主义精神的必要性。1793年,在制定《公共教育法》时,就把《人权宣言》和宪法列为学校学生必需的基本知识。1881年颁布了实施教育改革的《费里法案》,又在全国实行十年义务教育制,在公立学校开设公民教育课,开展公民廉洁政治教育。法国公民廉洁政治教育的内容和形式,随着社会政治经济的发展而变化、充实和丰富。总体来说,由于受到政治民族传统的影响,公民廉洁政治教育具有政治教育的性质,其中最为强调权利意识,把权利看作是更有意义和价值的东西。

法国是一个教育体制中央集权的国家,其公民廉洁政治教育由政府统一领导。全国有统一的公民教育计划,公民教育中涉及公民廉洁政治的大纲、教材和参考资料,都由政府统一规定,任何人不得更改。法国学校的公民教育从小学开始一直延伸到高中阶段。初中阶段的公民教育从人的权利和义务出发,围绕平等、团结、自由、安全和正义等价值观展开,使学生理解民主生活准则及其基础,了解国家机构及其历史渊源,并对当今世界尊重人权的条件和方式进行思考,即宽容、团结、种族平等、民族共存;使学生能够满足他们滋生对自由和正义的要求,负责地面对当代各种问题与挑战,以树立廉洁政治的信心。高中阶段的公民教育侧重公民的法律和社会教育,让学生形成这样的认识,即社会和国家生活是可以理解的,其规则和制度是有其起源的,是可以变化的,从而帮助学生认识到社会规则是人制定和供人使用的,具有一定的时空限制,从而更加理性地看待法国的廉洁政治。

法国公民廉洁政治教育的内容架构主要体现在民主国家的基本价值观、法律知识,各种国家的政治制度,法国在世界事务中的地位和作用等,让学生熟知法兰西民族和法兰西共和国的历史,了解法国民主政体的基本准则、行政机构、宪法和法律,懂得一个公民应尽的义务和应享有的权利。学校公民教育课程分为小学和中学两个阶段。小学阶段课程主要是学习各种制度的初步知识,如自由、平等、博爱的信条,选举权、行政权的职能和作用;了解法国在世界的地位、公民人权宣言、法国的制度、社会合作互助、人道主义、社会文明等。中学阶段课程主要讲授地理历史、行政管理,了解社会职能及服务项目、城市公共机构职能、各级经济与社会组织、国家政治机构及原理,掌握一般政治理论和宪法原则与功能等组织原理及其运作等,并把公民廉洁政治教育与地理历史混合,了解法国在国际组织中的作用和国际关系、世界经济重大问题等。①

法国公民廉洁政治教育的途径和方法多样,重视系统传授公民廉洁政治知识。法国公民廉洁政治教育的途径和方法一般分为直接课堂教学和间接公民廉洁政治教育。直接课堂教学是通过开设独立的公民课程相关章节来进行公民廉洁政治教育。作为一门课程,就应构成一套有结构的知识体系。法国公民课程中廉洁政治章节根据学生的年龄特点和心理需要,对各年级的学生分别提出相应的教学要求,安排程度深浅的内容。而间接的公民廉洁政治教育是依靠公民课程之外的其他课程和课外活动所进行的公民廉洁政治教育,诸如在语文课中,在传授语文知识的同时,注重分析著名作家及其作品所具有的崇高思想境界,并以强烈的感情色彩感染学生,使其热爱生活,具有正义感、勇敢、善良等品德。在地理历史课中,注重通过教学,使学生从理性上热爱自己的国家、家乡和人民。还注重通过丰富多彩的课外活动进行公民廉洁政治教育。法国每所学校都配有资料和信息中心,有专门的资料员管理,在教师和资料员的帮助下,

---

① 参见赵明玉:《法国公民教育述评》,载《外国教育研究》2004 年第 6 期。

学生有时集体参与解决学习问题,有时独自查阅感兴趣的书籍来丰富自己。此外,法国也十分注意培养学生个人工作能力、推理和判断能力、交际能力、承担职责能力。参与国家生活的能力,最为重要的是表达与维护自己认识的能力。为培养廉洁政治的公民,让他们通过积极参与国家生活而张扬自己的批判理性,注重公共辩论能力的培养等。

二、法国公民廉洁政治教育的特点

(一)法国公民廉洁政治教育突显民族意识,重视社会整合

法国是一个中央集权体制的国家,这种体制对公民廉洁政治教育影响巨大,在法国的公民廉洁政治教育中,民族和社会意志明显处于至高无上地位。无论在历史上,还是在当代,法国的政治、经济、文化在世界上都处于相对强势位置,这使得每一代法国人的内心中都积淀着浓厚的法兰西民族自豪感。法国公民廉洁政治教育就是要使这种自豪感世代传承,使学生在受教育的过程中形成法兰西共和国的价值观,使他们顺利融入建基于欧洲启蒙运动精神和现代普遍价值基础上的共同的民族文化当中。

(二)法国公民廉洁政治教育目标明确,内容丰富

法国公民廉洁政治教育一直把培育具有法国特色的良好公民素质作为主要目标。在教育内容上,注重人权教育、爱国主义教育、伦理道德教育、民主生活、国家政体等方面的教育。人权教育在法国公民廉洁政治教育中占有核心地位。它教育学生懂得做一个新的公民,必须尊重人身安全、尊重人类尊严及自由表达的权利。法国对爱国主义教育十分关注,各学校对各年级学生均进行爱国主义教育。法国伦理道德教育的目的是以崇高的道德品质激励公民,引导公民产生爱、勇敢、荣誉、正义、正直、宽容、仁慈、善良的动机和理性。通过民主生活,使公民在实际中获得关于民主的良好体验,进而养成民主作风。法国公民廉洁政治教育涵盖在公民中系统传授有关国家政治制度及其合理性的知识。

(三)法国公民廉洁政治教育遵循教育规律,循序渐进

法国公民廉洁政治教育根据公民的年龄特点和心理发育特征,采取循序渐进、由表及里的方法,突出重点、难点,有针对性地由浅入深,循序渐进地开展教育。法国小学阶段的学生主要学习基本的公民廉洁政治知识,如国家的概念,自由、平等、博爱的信条,人权宣言精神,自由与权利的关系,国家制度与机构,选举过程,公民的基本权利与义务,政府部门的职责等,注重个人品行的教育。初中阶段的学生主要了解社区与国家,高中比较注重国家政治、经济和基本价值观,重点突出,针对性很强。

(四)法国公民廉洁政治教育采取多种途径综合施教

法国公民廉洁政治教育从宏观看是一项复杂工程,它通过学校(课内和课外)——社会的立体式网络完成。课内教学使学生可以获得关于公民廉洁政治教育的基础知识,丰富多彩的课外活动则是学生可以体感身受的第二课堂,社会教育机构以及网络公民教育的介入,使得公民廉洁政治更加贴合实践,富有活力。[①] 公民廉洁政治教育的宗旨就是为社会培养合格的公民,因此它就不应该仅限于学校范围内,需要整个社会共同承担此重任,同时公民廉洁政治教育依托于社会也是当下教育社会化的重要表现。另外,从微观看,学校内的公民廉洁政治教育把公民廉洁政治教育的诸多细节渗透到各个学科的教学中,教师要以本学科知识为基础,建立与公民廉洁政治教育的有机联系,使学生结合现实生活了解作为一个公民的职责与权利。教师通过各学科中的隐性课程达到综合培养公民素质的目的。

(五)法国公民廉洁政治教育重视实践能力的培养

法国公民廉洁政治教育重视理论与实践相结合,教师通常是通过分析学生身边发生的事情来启发学生,让他们积极思考社会赋予每个人的权利与责任,思考在集体中如何与他人交往等现实问题。同时,法国学生的课外实践活动丰富多彩,如各种学习小组、俱乐部、体育活动、旅游活动等。在这些活动中,学生既可以学习各种生活常识,又可以深刻体会到自己将来在社会中所拥有的权利与职责,无形中培养学生团结、合作、宽容、友爱等集体精神,增强公民的廉洁政治情感,磨炼公民的廉洁政治意志,实现知行的统一。

---

① 参见魏传立:《法国公民教育对我国的启示》,载《法语学习》2011年第3期。

第七节 新加坡公民廉洁政治教育

一、新加坡公民廉洁政治教育的发展

新加坡作为一个经济发达的城市国家,由于自然资源短缺,人力资源成为其最宝贵的财富。长期以来,新加坡把公民的廉洁政治素质看成是人力资源的重要组成部分,高度重视公民廉洁政治的建设。经过多年理论与实践的探索,新加坡建立了以儒家伦理为基础、以国家主义为核心的廉洁政治的共同价值观,即国家至上,社会为先;家庭为根,社会为本;社会关怀,尊重个人;协商共识,避免冲突;种族和谐,宗教宽容。这五大价值观被称为新加坡的国家意识形态,是新加坡强化其价值观的重要表现。

新加坡的共同价值观,一是主张国家至上,社会为先,强调社会和国家利益高于个人利益,个人利益必须服从国家利益。凡事不能把自己摆在社会之上,而应把社会摆在首要位置。自己所做的一切都应有利于社会,而不是有损于社会。国家社会稳定繁荣,个人才有生存的条件和发展的可能,如果国家落后,社会动荡,个人必然痛苦。所以,新加坡公民必须把国家和社会放在首位。二是家庭为根,社会为先。一个社会只有把家庭作为社会的基础,才能组建一个强大而稳定的社会结构。家庭安定、幸福,国家和社会的稳定才有保障。一个人既要建设好自己的家庭,又要维护社会的利益,要从睦邻到为社会尽责,维护社会的稳定和繁荣,创造良好的社会环境。三是社会关怀,尊重个人。新加坡尊重个人在社会中享有的权利,为每一个人提供平等机会,使之在生活上都有良好的进步,把经济发展带来的财富公平分配给人民。社会不但要照顾生活上的优胜者,更要关心较差的群体,以实现国家、社会、个人利益的平衡。四是协商共识,避免冲突。新加坡倡导互让、容忍和妥协精神,要求通过协商解决问题,善待不同意见,要有敏锐的观察力和雷厉风行的作风,缓和矛盾,化解矛盾,求同存异,协商达成共识。五是种族和睦,宗教宽容,既不搞民族沙文主义,也不要狭隘的民族主义,各族要相互忍让、协助、和睦相处,消

除偏见和隔阂,形成和谐氛围。

上述这些价值观原则是新加坡结合东西方文化而创造的一种国家意识,是威权主义贯彻在国家意识中的反映。它作为一个有机整体,突出把国家和社会放在至上的地位,使不同种族的人自觉融合为一个团结的国家,使全体人民和谐合作,同舟共济,有效抵御了西方价值观尤其是极端个人主义思潮的侵蚀,从而在国民中树立起敬业乐群、勤劳进取、讲究效率、廉洁奉公的新加坡精神,将人性的培育、心灵境界的净化提升到一定高度,为推动新加坡经济的发展,保持其政局的稳定,维护社会秩序,净化社会风气发挥重要作用,对新加坡公民廉洁政治教育产生极其深远的影响。

为实现公民廉洁政治的共同价值观,新加坡学校公民廉洁政治教育有一套完整的课程体系。在公民廉洁政治教育的目标上,新加坡小学阶段的学生应达到的总体目标为:区分道德上的对与错;学会与他人共享和他人优先;能够与他人建立友谊关系;能够对外界事物始终保持好奇心;能够考虑和表达自我;为自己所做的感到自豪;培养健康的好习惯;热爱新加坡等。这些目标具体体现在知识目标、能力目标和态度目标上。通过知识目标,认同那些对学生的道德人格具有建构意义的价值观,如诚实、尊重、个人责任感、勇敢等;理解家庭的传统和认识那些建构家庭的品质,诸如爱、关怀、责任、对家庭成员的感激、尊敬家庭成员、义务感;理解团队精神的原则,举止文明,从而使学生能够在学校和社会上与他人和谐合作;关心社区和体认到某些能够对社区作贡献的方式;了解新加坡的不同种族的习惯、传统和信仰;对国家的理想有意识,做一个负责任的公民。通过能力目标,在作决定及解决难题和道德困境时,具有运用道德推理和创造性思维的能力;关心和关怀他人;在团队中有合作精神;在社区中能够和有能力服务于他人;为国家防卫出力。通过态度目标,对自己的能力和潜力有信心;有道德勇气和个人责任感;尊重不同种族和文化的人;表明有公民意识和作为一个负责的公民意识;愿意服务社区和社会;对新加坡有归属感等。另外,新加坡中学阶段的学生应达到知识、能力和态度三方面的资质目标。知识包括与人格建构相关的价值观,诸如道德原则、价值观、规范等。能力包括学生自己能够支配那些与道德相关的行为、事情的进展过程,处理某些特别的情形,尤其是那些与自己的情感和理智发展相关的问题。态度包括学生的内在品质,诸如尊重、关怀、正直,这些品质将推动学生向正确行为方向发展。

在公民廉洁政治教育的内容上,新加坡小学阶段学生应通过个人品格建构,理解和发展自我;对自我有信心;有个人的责任感和自我约束精神;有道德勇气等。通过对社区和社会归属感,服从规则和法律;与不同种族的人和谐生活;有礼貌,举止文明;关心社区和社会;尊重其他种族的风俗、习惯、传统和信仰。通过对国家的自豪感和忠诚感,理解国家的观念,做一个负责的公民,认识新加坡的局限性和脆弱性,保卫新加坡,感激好领导,迎接新挑战,正确认识与亚洲和世界的关系等。对此,新加坡强调国家至上性和好政府的重要性,个人的忠诚和个人对政府、国家的忠诚性,同时强调对民主的理解,对民主选举的重视,对公民选举投票的重视。这需要公民相应的平等和公正的廉洁政治德性。新加坡中学阶段学生应通过品格建构,培养个人诚实、道德勇气、公正、廉洁和真诚的正直;建立良好的真诚、相互责任和尊重、同情与忠诚等友谊;终身学习,实现创造性、灵活性、生存、相信自我、希望、适应性和责任感等价值观目标;发展整个的自我,实现健康、精神快乐、尊重和同情、正直的价值观目标。通过社区精神,尊重和重视团队,欣赏社区成员、参与活动,多元中的团结,尊敬长者,理解特殊需要人员的困难等。通过我们的国家,认识我们的根、为我们的遗产而自豪、服务社会;新加坡的理想,和平、进步、正义、平等、民主、共同价值观等;新加坡的政府和选举过程,树立正义、幸福、责任感、廉洁、好政府和多元种族主义等。

在公民廉洁政治教育途径上,新加坡针对不同年龄层次的学生采取实用性和操作性较强的教育方法因材施教。在小学阶段,1—3年级以连环画为主;4—6年级以生活实例为主。教材内容中吸收了儒家伦理的优良传统,并结合新加坡多元种族和宗教的国情,形成具有东方文化特色的廉洁政治价值观。例如,儒家文化中的"仁"包括爱人、爱己、爱物,"忠"包括爱国、爱校、敬业乐业等。同时,新加坡还注重把公民廉洁政治教育与各科教学融会贯通。在新加坡语文教材中,反映了大量的华族节日、礼仪、奋斗历史、神话、戏曲等,让学生了解华族文化,吸收其礼让、睦邻、公德心、廉洁等价值观。为了更有效实现公民廉洁政治目标,新加坡中小学开展了榜样、阐释、规劝、环境、体验等辅导活动,榜样就是能够把所学课程中提倡的价值观身体力行的人,作为学生学习的楷模;阐释就是教师通过对话向学生解释社会规章制度的意义,使学生理解并内化为自身的价值观;规劝就是通过与学生进行谈话,鼓励学生把学到的价值观付诸实践;环境就是营造良好的人际关系,使学生受到潜移默化的影响;体验就是创造机会,让学生在实践中获得正面的经验,了解廉洁政治要求的合理性和正确性,取得显著效果。此外,新加坡政府还制定和推行一项学生社区服务计划,旨在培养学生树立正确的价值观,从小养成服务精神。该计划包括"好朋友"计划、关怀与分享计划、负起校内领导责任、到福利收养所和儿童组织服务、清洁环境计划、慈善乐捐活动等[①],使学生增加对社会和国情的了解,培养学生社会责任感。

二、新加坡公民廉洁政治教育的特点

(一)新加坡公民廉洁政治教育高扬公民意识与爱国主义

新加坡的公民意识完全强调国家利益的至上性,公民是一种国民的身份,政治参与仅限于对本国政府的政策目标的支持,即公民不是作为权利保护者的角色出现,而是作为国家政策的拥护者的角色出现的。另外,新加坡把灌输国家意识、培养国家意识放在重要地位,教育学生成为有国家意识、有社会责任感和有正确价值观、能明辨是非的良好而有用的公民,重视国家的整体性,国家利益至上,个人在政治上拥护政府,拥戴政府领袖,个人行为规范服从国家利益,爱国即为爱政府。新加坡之所以能取得经济奇迹,就在于强调国家主义的价值观。如果没有这种整体至上或社会国家至上的价值观,就不可能有新加坡的成就。在新加坡政府看来,新加坡的公民就是国民,对于国家的义务是公民的首要义务。

---

① 参见师建龙:《新加坡道德教育的方法与途径》,载《教学与管理》2004年第1期。

（二）新加坡公民廉洁政治教育培植公民的权利与义务意识

公民的权利与义务是公民的核心利益。从公民廉洁政治的意义看，权利就是一种义务，诸如参政的权利、投票的权利，实际上也是参政的义务和投票的义务。如果相对于权利的义务，在这个意义上的义务本身是一种责任，而权利实际上是一种要求权，是公民对政府的要求权，政府有保护公民的责任和义务，公民有要求政府保护的权利，要求提供社会福利保障的权利。在新加坡人看来，公民的义务或责任高于一切，而公民的权利则在新加坡居于次要地位。新加坡人是在一般国民道德意义上理解公民义务的，在他们看来，在不同的社会关系层次上，公民都有不可推卸的社会责任，这些责任包括对家庭、社区、邻里、国家等的责任。

（三）新加坡公民廉洁政治教育强化道德教育

道德教育作为一种品格教育，对新加坡公民廉洁政治教育影响巨大。从道德教育的特点看，新加坡的道德教育是遵循个体道德发展的规律进行的，他们把道德教育的内容分为不同专题，从人格建构、家庭关系、社区精神、我们的国家、我们的遗产以及迎接挑战等方面彼此间相互衔接和连贯。在道德教育意义上，新加坡把人格建构作为起点，是一种全面性的人格建构，这对于培养一个在未来社会中勇于竞争的人来说十分重要。同时，新加坡还把公民道德建设与综合性的社会治理相结合。在新加坡的社会综合治理中，公民道德建设与法制建设、廉政建设相互配合，共同支撑着新加坡的社会道德，维护其社会稳定和共同发展。

第八节　澳大利亚公民廉洁政治教育

一、澳大利亚公民廉洁政治教育的确立

澳大利亚的公民廉洁政治教育起步于20世纪初，主要是在学校的基础教育课程中展开，以公民的权利与义务教育为主，课程内容涉及尊重财产、勤劳、宽容、言行一致、准时、礼貌、爱国主义等。20世纪20年代，随着公民教育课程体系的不断完善，公民廉洁政治教育的重点转向讲授良好

公民的品质上,诸如公民的权利与义务、澳大利亚的宪法、政府的功能,包括公民服务与内阁、秩序与正义、选举体制,以及工作、家政、关心他人等道德实践活动。同时,政府还在学校教育中引入社会研究课程,集中讲授政府结构的形成与运作、公民的权利与义务、参与的价值、公共服务与内阁的作用、秩序与正义、选举体制、政府三级体制结构等内容。20世纪60年代,为强化公民的权利与义务、国家认同感以及民主的必要性,政府在学校教育中开设政治学课程,把公民廉洁政治教育纳入政治学的教育当中。

1994年,澳大利亚政府成立公民专家组,并发表《鉴于人民:公民及其公民权利与义务教育》报告。该报告提出全国公民教育战略,其目标是培养学生的知识、技能和价值观,使学生能够以积极进取、博学多识的姿态参与社会生活。在此基础上,公民专家组又提出非党派的公民教育计划,让所有澳大利亚公民都能更加全面有效参与到公民生活中去,推进良好的公民权利与义务教育。该计划所提建议包括公共教育战略、有关澳大利亚政府体制、宪法、公民权利与义务以及其他公民问题等方面的信息。由于得到澳大利亚两党的支持,该计划受到澳大利亚教育界的广泛好评。这份计划为公民廉洁政治教育提供全国性的、综合性的建议和课程材料。这些材料强调政府、政治和民主的特点、澳大利亚的历史遗产、多元文化人口、公民积极参与、国际关系等,获得了社会正义、民主程序以及社会生态学意义上的可持续性等价值观念。这份计划还建议公民教育应当覆盖义务教育阶段的整个课程,特别是5—10年级,以便强化公民廉洁政治教育在整个公民教育中的地位。

1997年,澳大利亚政府出台《发现民主》教育计划。该计划强调把历史作为公民教育的主要内容,更加强调民主价值观念,使公民教育涵盖法律规则等。发现民主政策的主要内容由四方面组成,即为澳大利亚所有学校开发公民教育方面的综合性课程材料,为教师有效利用这些课程材料提供职业训练,有限支持高等教育、职业教育和社区教育,以加强公民教育,并成立公民专家组检查与政府有关的公民教育的所有方面等。该计划主要提供两套独立的课程教材,一套为小学高年级设计的,另一套为中学低年级和中年级的学生设计的。这些材料围绕四个主题,分18个单元进行学习。这些主题是:权力是如何进化的?权力是如何在澳大利亚民主体制中发挥作用的?公民的权利与义务是什么?构成澳大利亚民主基础的原则是什么?等等。①

发现民主计划作为澳大利亚公民教育,特别是公民廉洁政治教育的重要环节,它把宽容、尊重别人、言论自由、宗教等结合在一起,帮助学生了解澳大利亚民主遗产和支撑这一遗产的价值观,包括平等、自由、公平、信任、相互尊重和社会合作。该计划有助于学生理解政府体制和法律体制的运作方式,探究其对国家的现实意义。学生通过学习,发现国家的同一性是如何发生变化并如何逐渐包容文化多样性和社会内聚力的,学会分析国家民主是如何被来自世界各地有着不同文化背景的移民无限加强的。通过课堂学习和参与社会活动,发现国家民主的内涵,从而获得参与公民生活所必需的知识与技能,并利用所学知识使国家政治体制、公民社区更加生动活泼,更加具有建设性。该计划由充满活力的公民生活所支撑,依赖于充满活力的公民生活,受到各地学校的广泛认可和普遍接受。②

发现民主计划及其后来开发的课程材料,对学生将来学到一整套价值观具有重要意义。这些价值观在发现民主计划的相关材料中已得到明确阐述和积极提倡。该计划强调,这些价值观反映并增强了国家社会的凝聚性、多元的特点,有助于巩固澳大利亚公民民主的生活方式。这些被认可的价值观包括民主程序和自由,政府应有的责任,礼貌与尊重法律,宽容与尊重别人,社会正义,接受文化的多样性等。随着发现民主计划的推进,澳大利亚的公民廉洁政治教育也以一种和谐的方式进行着,其内容涵盖政治意识教育、法制教育、道德教育、爱国主义教育等方面。对于学校教育而言,主要培养学生在遇到道德、伦理和社会正义问题时作出判断的能力;培养学生的知识、技能、观点和价值观,使学生能够在国际形势下,在国家民主社会中发挥一个积极进取的公民应有的作用;创造条件,

---

① 参见唐颖:《澳大利亚中小学多元文化课程》,载《中国民族教育》2008年第1期。
② 参见何晓芳:《澳大利亚公民教育概观》,载《外国教育研究》2004年第7期。

使学生理解和尊重国家的文化遗产,包括有着特殊文化背景的土著人和少数民族群体;培养学生对平衡发展、全球环境的理解和关注等。

二、澳大利亚公民廉洁政治教育的特点

(一)澳大利亚公民廉洁政治教育对学校教育有明确的指导原则

这些指导原则包括:所有澳大利亚学校的学生都应当得到帮助,学校应该培养其知识、技能和人生态度,为他们将来作为一个有准备的公民参与社会打下坚实基础;各地区对学生的公民廉洁政治教育应当贯穿整个基础教育阶段,作为社会和环境研究课程的学习要点的一部分;各地区应当为11—12年级的学生提供继续接受公民廉洁政治教育的机会,诸如在该国历史、政治、司法等研究科目中提供深入学习的机会;政府应通过课程公司为公民廉洁政治教育课程所需辅助材料的编写与分发提供资助;政府应当在公民廉洁政治教育方面给教师在职提高以实质性支持,可通过资助教育机构开展活动的方式,也可通过举办全国研讨会等方式;学生文化理解主要能力的培养应包括对公民知识方面的能力要求等。

(二)澳大利亚廉洁政治教育通过课程渗透来完成

澳大利亚的公民廉洁政治教育主要传授有关国家政体结构与功能、起源以及为公民服务的方式等方面的知识,公民权利与义务教育不仅包含这类知识,而且包括技能、价值观及个人对一些问题的看法等参与社会活动所必需的个人才能和责任感。其目的是为了使学生能够同其他人一起,以建设性的方式积极参与所在社区、社会以及周围环境的各种活动,为此,学生应积极学习,学会社会运作方式、民主社会赖以建立的基础、公民的权利与义务,懂得公民自由原则、法律规范及修改法律的程序等。公民教育课程框架旨在为学生的廉洁政治教育的教学大纲提供依据,通过学习实践逐渐成为有责任感的公民,能够以创造性和批判性方式进行思考,以成熟方式进行判断,能够解决问题和调解冲突,表现出公正和正直。该课程框架集中反映包括言论自由和法律规章在内的民主程序、社会正义、经济责任感、积极参与社区和公共事务、生态学上的可持续发展等人生态度和廉洁政治的民主价值观,使学生积极有效参与到社会的各项活

动中去,以培养他们在言论、集会和宗教自由,尊重法律,民主决策,社会正义,积极参与社区等方面的责任感,以及尊重自己和他人的文化、遗产、福利权利和尊严、环境等各种优良品质,促进公民廉洁政治的健康成长。

第九节 西方国家公民廉洁政治教育的异同

一、西方国家公民廉洁政治教育的共同点

(一)西方国家公民廉洁政治教育有着相同的目的性

通观西方国家公民廉洁政治教育的形成过程,不难发现,这些国家的公民廉洁政治教育,都是在近代西方国家资产阶级革命成功后,资产阶级为巩固其民主政治的胜利果实而逐步实施的一种公民教育形式。其目的在于各国通过这种教育形式,向公民灌输自由、平等、博爱的民主思想,了解国情,培养良好的公民品质,树立民主政治的信念,净化政治社会环境,缓和阶级矛盾和社会冲突,增强民族凝聚力,促进族际和睦和共同发展,确保西方国家民主政治的可持续性。各国一直把公民廉洁政治教育看作是向公民提供政治认知,培养公民独立性格,以及宽容、妥协的政治品格的重要平台。并强调一个自由的公民社会必须依靠其公民和他们的知识、技能与道德,加强公民廉洁政治教育的目的,在于增进公民理性与感情的特质,这是在立宪民主内维护成功的政府所必不可少的。各国致力于培养公民的权利与义务意识,通过公民廉洁政治教育,让公民了解国家管理制度,培养公民整体的社会思想,打造良好公民的品质,以宽广眼界认识社会的整体性。所有这一切表明,西方国家的公民廉洁政治教育,无论是在公民意识形态的培养,还是在公民个人品质的培养方面,归根结底都是培养公民对现存的资本主义民主政治制度的认同感,更好维护西方国家政治统治的基础。

(二)西方国家公民廉洁政治教育主要通过学校公民教育来完成

西方国家的学校教育不仅是公民获得知识的重要场所,而且也是公民廉洁政治教育的主要渠道。各国把公民廉洁政治教育纳入公民教育课

程体系当中,引入中小学,成为国家课程体系的基础学科,并要求所有的中小学生必须修习。各国公民廉洁政治教育课程主要涉及学校教育与学校经验中的个人、道德、社会、文化与精神教育,课程围绕文化,个人发展与认同,权力,科学,公民意识与实践等主体展开,旨在培养学生按其所知所想来行动的意识和责任感,让学生了解政府机构、政治理论、社会与政治发展趋势及不同层次的政治、经济、道德等的廉洁问题;了解与他人共同生活的意义,促进其宽容意识和民主意义,具有责任心,遵守秩序;了解国家民主政体的基本准则、行政机构、宪法和法律,懂得一个公民应尽的义务和应享有的权利;让学生的道德人格具有建构意义的价值观,诚实、尊重、个人责任感、勇敢,使学生能够在学校和社会上与他人和谐合作,学会社会运作方式、民主社会赖以建立的基础、公民的权利与义务,懂得公民自由原则、法律规范及修改法律的程序等。

(三)西方国家公民廉洁政治教育都强调爱国主义信念和道德教育

西方国家的公民廉洁政治教育,在价值观培养上注重爱国主义和道德教育。各国把灌输国家意识、培养国家意识放在重要地位,重视国家的整体性,国家利益至上。教育学生对家园、国家的爱心和对理念的信仰以及自觉自愿、自主决定、不求回报的奉献精神,努力成为有国家意识、有社会责任感和有正确价值观的公民。这种爱国主义突出了超越任何党派、意识形态,强调尊重个人自由、保护个人自由的爱国主义。同时,各国还重视学生的道德教育,通过讲授伦理道德原则、行为规范和人生体验、优良美德等,以崇高的道德品质激励公民,引导公民产生爱、勇敢、荣誉、正义、正直、宽容、仁慈、善良的动机和理性,让学生学会以诚实之心、坦诚之言帮助他人,学会尊老爱幼、谅解宽容他人,学会用平和心态、冷静看待社会问题,强化廉洁政治的道德基础。

二、西方国家公民廉洁政治教育的差异性

(一)西方国家公民廉洁政治教育的形式不同

法国和美国的公民廉洁政治教育由政府统一领导。全国有统一的公民教育计划,公民教育中涉及公民廉洁政治的大纲、教材和参考资料,都

由政府统一规定,课程体系由多学科领域组成,学生从人的权利和义务出发,围绕平等、团结、自由、正义等价值观展开,把政府及其职能、政治体制的基础、民主在政府中的体现、公民在政治体制中的地位等,作为公民廉洁政治教育的重要内容,使学生理解民主生活准则及其基础,了解国家机构及其历史渊源,负责地面对当代各种问题与挑战,帮助学生认识到社会规则是人制定和供人使用的,具有一定的时空限制,从而更加理性地看待国家的廉洁政治。英、德、澳等国家的公民廉洁政治教育则由国家制定公民教育指导意见,由各地根据实际情况自行管理。在英国,教育部只为公民廉洁政治教育制定《公民在成长》手册、《课程指导8:公民教育》《鼓励公民教育》《优质学校》教育白皮书等一系列的指导意见,各地根据自身实际来安排其教育内容。澳大利亚政府通过颁布《鉴于人民:公民及其公民权利与义务教育》报告和《发现民主》教育计划等,指导各地学校开设公民廉洁政治教育课程。

(二) 西方国家公民廉洁政治教育的内容不同

法国的公民廉洁政治教育注重革命传统教育,法兰西民族素以"政治民族"著称,由于受到政治民族传统的影响,公民廉洁政治教育具有政治教育的性质,强调权利意识,把人权摆在公民廉洁政治教育的核心位置,教育学生懂得做一个新的公民,就必须尊重人身安全、尊重人类尊严及自由表达的权利。英国和德国的公民廉洁政治教育强调宗教的引导作用,把宗教课列为学校的必修课程,由教会控制和管理,凡涉及人生、信仰方面的问题,都归于至高无上的神灵。同时吸收大量现代的生活内容,逐步向世俗化靠拢,对学生的个人、社会与健康教育以及公民廉洁政治教育作出贡献,成为公民廉洁政治教育的重要载体。新加坡的公民廉洁政治教育把儒家伦理与国家主义相结合,突出国家至上、家庭为根、社会关怀、协商共识、种族和谐的廉洁政治的共同价值观。澳大利亚公民廉洁政治教育则以一种和谐的方式进行,其内容涵盖政治意识教育、法制教育、道德教育、爱国主义教育等方面,培养学生在遇到道德、伦理和社会正义问题时作出判断的能力;培养学生知识、技能、观点和价值观;创造条件让学生理解和尊重国家的文化遗产;培养学生对平衡发展、全球环境的理解和关注等。

(三) 西方国家公民廉洁政治教育的方法不同

德国的公民廉洁政治教育十分看重教育系统外的教育,如宗教团体、党派、福利组织、工会、基金会等。这些非政府组织通过教会的洗礼,提高了公民廉洁政治意识和公共善的责任;通过党派、工会等发起成立的社区中心和教育中心,经常举办与公民廉洁政治教育相关的活动,增加公民对政治决策的洞察力和政治参与能力;通过基金会的工作室、互联网计划、出版杂志等方式,从政治上教育公民,提高他们的廉洁政治意识。而美国公民廉洁政治教育突出社区活动的实践作用。学校通过让学生参与各种形式的民主生活,体验民主的价值,积累学生民主生活的经验,并通过自愿的社区服务来感受作为公民的意义,让学生把民主的准则运用到现实政治社会当中,把参与社区活动作为培养公民廉洁政治的重要方式,以便为公民廉洁政治打下基础。新加坡的公民廉洁政治教育针对不同年龄层次的学生,采取实用性和操作性较强的教育方法因材施教。在小学阶段,1—3年级以连环画为主,4—6年级以生活实例为主,并经常开展榜样、阐释、规劝、环境、体验等辅导活动,制定和推行学生社区服务计划,从小养成服务精神,增加对社会和国情的了解,培养学生社会责任感。

第三章　西方国家公民廉洁文化教育比较

第一节　西方公民廉洁文化教育的含义

一、廉洁文化

（一）廉洁文化的概念

关于廉洁文化的概念，目前学界看法不一，较典型的观点有三种：一种观点强调廉洁的普遍价值观；另一种观点强调廉洁的文化属性；第三种观点强调廉洁的政治属性；第四种观点则强调廉洁的社会属性。

任建明在《腐败与反腐败》一书中认为，廉洁文化是人们关于腐败和廉洁的普遍价值观。这种价值观包括人们对于腐败和廉洁的认知、态度、观念和价值偏好等，普遍性是指这种价值观不是一两个人的，而是在社会大众中有广泛的代表性，或者是多数人所持有的共同的或相似的看法。廉洁文化的本质，从新制度经济学视角看属于非正式制度，即廉洁制度可能只作用于那些掌握权力和资源的人群，而不大可能作用于没有掌握权力和资源的更广大的人群，后者就是普通社会大众，而前者则是公共部门或私人部门中掌握权力或资源的少数人。文化则既作用于社会大众，也作用于公私官员。从辩证法视角看，廉洁文化通常不能孤立存在，如果人们不致力于消除腐败文化，而只是片面倡导廉洁文化，肯定难以达到目的。从经济学视角看，廉洁文化是一个典型的公共品，具有正的外部性，即廉洁文化的建设不是个别人或少数人的事情，而是所有社会公众的事情，是一个覆盖全社会的大工程；个人或个别组织缺乏提供廉洁文化产品的积极性，必须由政府或政府委托专门的机构来提供。从文化视角看，廉洁文化可分为三个层次,即精神层、制度层和物质层。精神层包括尚廉耻贪的基本理念和价值观,如以廉为荣、以贪为耻,崇尚廉洁、不容忍腐败等;制度层包括廉洁先进典型的宣传表彰制度,腐败典型及其危害的警示教育制度,廉洁行为准则,以及官员的廉洁宣誓制度等;物质层则包括廉洁广告、廉洁书画、廉洁标语口号、廉政教育场所等。①

　　王文升在《廉政文化论》一书中指出,廉洁文化是关于人们对廉洁的意识、行为规范、信仰和与之相适应的生活方式、社会评价的总和,是以廉洁为思想内涵、以文化为表现形式的一种文化,是廉洁建设与文化建设相结合的产物。它所反映的内容十分丰富,包括文化形态、教育模式、规范体系等。从文化结构看,廉洁文化不仅包含人们为反映和确定一定的社会关系并对这些关系进行整合和调控而建立的规范体系,而且升华为以伦理、观念、理论形态存在为依托的精神文化。从人文关怀角度用理性的思维深层次剖析人类的生活方式,将会对廉洁文化体系的构建产生深远影响。②他认为,廉洁文化由四个要素组成,即廉洁的政治文化、廉洁的社会文化、廉洁的职业文化、廉洁的组织文化。廉洁政治文化通过文化的外在形式,传播健康向上、积极进取、清正廉洁、有益社会的价值观念、道德情操和制度规范等,维护公民的利益,并要求掌握公共权力的官员廉洁自律,淡泊名利,恪守宗旨,执政为民;廉洁社会文化要求全社会营造良好的廉洁氛围,让健康的廉洁文化充实人们的精神世界,使优秀廉洁文化和道德风尚在全社会发扬光大;廉洁职业文化要求各职业阶层的从业人员恪尽职守,爱岗敬业,克己奉公,遵纪守法等;廉洁组织文化要求政府部门、社会团体、国有企业等公共组织处事公道正派,公正透明,诚实守信,廉洁高效。③

　　麻承照在《廉政文化概论》一书中,把廉洁文化界定为:廉洁的公职人员,廉价的政府,清明的政治,尚廉的社会等。其中,廉洁的公职人员包括

---

　　① 参见任建明等:《腐败与反腐败——理论、模型和方法》,清华大学出版社2009年版,第181—186页。
　　② 参见王文升:《廉政文化论》,中国方正出版社2009年版,第3页。
　　③ 同上书,第4页。

在物质上，不贪，不苟取，节俭；在为人上，正直，有志节，清高自洁，收敛自约，忠于国体；在处事上，明察，公道，奉公，遵纪守法等。廉价的政府包含实行普遍自由公正的选举，公职人员要成为人民的公仆，不能享有任何特权。清明的政治涵盖以德治国，即为政以德，民为邦本，惠民利民；依法治国，即法制完备，法律至上，司法公正，依法行政，民主完善，人权保障，权力制约，权利本位；实施宪政，即国家要求一切基本法乃至整个法律体系必须建立在人格尊严及人权的基础上，保障言论自由、法律的正当程序与平等保护等公民基本权利。尚廉的社会强调通过民俗、道德、宗教等行为文化起作用，在尚廉的社会，知廉识耻、自爱自重成为一种公认的社会风气，公民普遍认同以廉为荣、以贪为耻的观念，公共权力受到严格制约和监督。①

张国臣在《高校廉洁文化建设理论与实践》中强调，廉洁文化是廉洁理论和行为方式及其相互关系的文化总和，是关于廉洁知识、理念、制度及与之相对应的生活方式、行为规范的总概括。它内含了一种崇高的价值理想、合理的价值取向和重要的价值评判标准。廉洁文化对于个人修身养性来说，是个人操守、品德的基石和必要条件，它使人们认识到，廉洁是一种责任、一种义务、一种德行、一种精神追求；廉洁文化从处理个人和他人关系来说，廉洁是荣誉和赞许，不仅自身要做到廉洁正直，而且对待他人，以及处理与他人关系时，也要保持廉洁；廉洁文化对社会来说，廉洁是一种社会文化规范，是要在全社会培养廉洁理念，树立廉洁意识，营造廉洁氛围，通过每个人对廉洁的追求，形成一个和谐、廉洁的社会。②

此外，还有一些学者认为，廉洁既是一种健康的政治生活方式，本身就已经具备文化的属性，因为文化是一个国家、一个民族、一个地区内与时代所需要的、理想的、有序的共同生活联系在一起的精神活动及其产品。这种活动和产品不仅以有形的方式体现在政治、经济、教育、宗教、道德等诸多领域，而且以纯粹无形的方式体现在人们的心中。它既是可以

---

① 参见麻承照：《廉政文化概论》，中国方正出版社2011年版，第13—15页。
② 参见张国臣：《高校廉洁文化建设理论与实践》，人民出版社2010年版，第3页。

描述的普遍的集体意识和行为模式,又是无法摹绘的千差万别的个体心理和行动轨迹。廉洁在本质上就是文化,廉洁文化就是人们廉洁从政的事实和趋势,是一切有助于人们作出廉洁从政选择的事物、制度(正式的和非正式的)和社会心理等的总和。也就是说,它是关于廉洁的思想意识、价值准则、制度规范、行为方式及其相互关系的文化总和。廉洁文化以廉洁生活方式为基础,以廉洁理论为指导,以廉洁观念为核心,以高效廉洁机制为保证,通过丰富多彩的廉洁活动,引导社会成员坚持廉洁行为取向的一种社会文化。

(二)廉洁文化的特征

通观上述廉洁文化属性的界定,不难发现,廉洁文化作为一种特殊的文化现象,具有以下主要特征:

一是廉洁文化的普遍性。由于廉洁文化的主体是整个社会全体公民,因此廉洁文化主要是面向全社会、全体公民进行全面的、全方位的廉洁教育,是以广大公民喜闻乐见的内容和形式,培育面向公民的廉洁文化,营造不贪、不受、诚信为人的社会氛围,规范社会公德,促进社会文明,建立清廉、和谐的社会,使廉洁成为每个公民的立身之本,使廉洁文化渗透到社会各方面,并在社会"以廉为荣、以廉为美、以廉为乐"的廉洁文化观念影响下,使廉洁成为一种行为习惯、一种文化自觉、一种价值理念。从这一点来看,廉洁文化是对整个社会及社会公民的要求,具有普遍性,其内涵丰富,作用范围广泛,是一个范围更大的文化形态。

二是廉洁文化的民族性。世界上的每一种文化都是人类对客观世界反映的结果,其形成是在本民族的文化土壤中生长出来的,是创造这种文化的民族意识、气质、品格、思维方式、行为规范等民族精神的反映,势必要打上本民族的烙印,不可避免具有创造这种文化的民族独特性。这不仅是一个民族能够在世界上生存的基础,而且也是该民族得以不断发展、延续的源泉。西方文化是西方国家各民族在其生存与发展的过程中,同其所处的自然条件和社会条件相互融合的产物。它的形成决定了该民族共同的思想基础、行为规范和生活方式,并维系这个民族的生存和发展。廉洁文化的形成之所以离不开民族性,在于反映构成廉洁文化的过程既是一个民族维系生存和发展、展现社会历史规律性的过程,也是一个赋予社会目的、意义和价值的过程。

三是廉洁文化的动态性。廉洁文化不是一成不变的,它会随着环境的变化而改变。在一些西方国家,由于制度的完善,腐败现象极少发生,廉洁文化对它们来说是一种已成的事实。而在其他国家,由于腐败现象的不断滋生,廉洁文化正经历着艰难的生成阶段。这种处在生成期的廉洁文化往往形成多种类型:其一是在原有廉洁文化基础上形成的新型廉洁文化,即原有廉洁文化由于受到外部因素的影响暂时消失,后因环境改变又重新出现的廉洁文化;其二是在国内外廉洁文化的影响下而生成的新型廉洁文化,即对于本国而言完全是新质廉洁文化且正在生成之中;其三是移植型廉洁文化,即根据本国的需要,将其他国家成熟的异质廉洁文化嫁接到本国正在瓦解的廉洁文化上。

四是廉洁文化的多层次性。一般情况下,廉洁文化涵盖"事物""制度""心理"三个层次。廉洁文化中的"事物"层次包括那些能够起到提醒、警示和示范作用,并有助于人们净化灵魂和提升境界的场所、设施、平台、图书、景物、违法必究的事实等,其中,违法必究的事实在所有"事物"中最为重要。而廉洁文化中的"制度"层次涵盖有利于人们正直做人和正确做事的政治体制、经济体制、法律制度、教育制度、家庭结构、社会结构、人际交往模式、道德规范、风俗习惯等。廉洁文化中的"心理"层次则指公职人员和社会大众的个体心理,包含人们对于生存和发展的理解,尤其是对自身利益和公共利益关系的处理,在面对与廉洁相关的"事物"和"制度"时如何反应和选择等。

五是廉洁文化与其加强和干扰因素的共存性。廉洁文化处于社会大系统之中,其生成和存续受到各种加强因素和干扰因素的制约。廉洁文化的加强因素有崇尚公平正义价值观的国际政治和经济交往;经济高度发达、持续稳定以及每个人只需守法就能够获得体面生活的现实和远景;真正彻底的、为全体成员所真切感受到的财物共享格局而非虚假的、概念化的财产公有制;被认为是由于严重不公造成的社会长期动荡、混乱不堪的历史感受等。廉洁文化的干扰因素有金钱至上的人生观和社会发展模式;等级社会结构和等级观念,而不论这种等级结构是以何种面目出现;个人生存主要依赖于家庭而非社会状况;经济发展与政治腐败相伴随的事实;过于弹性的思维模式;绝对排斥共享精神的私有制等。这些制约因素都可能加强或干扰廉洁文化的生成和存续。

六是廉洁文化的功能在于帮助公民作出正确选择。廉洁文化是为帮助公民的善而存在的,它充满对公民的关怀。一方面,廉洁文化告诉公民什么是正确的选择,帮助公民即使在没有先例可资参考的事情上,也知道什么样的选择是符合法律精神和道德规范的正确选择,并且知道选择制定怎样的法律和道德是符合公平正义原则的。另一方面,廉洁文化为公民提供正确选择的行动方案。对于正确选择,不仅要能知,而且要能行。行要有可行的行动方案,廉政文化必须包含多种可行的方案供人们行动时选择,是一些非常具体而不是笼统的路线图。此外,廉洁文化给作出正确选择的主体提供各种支持,这些支持不仅涵盖广大公民和民间团体,而且涉及公职人员、政党和政府。通过廉洁文化精神上和利益上的支持,行动者抗拒其他价值标准的干扰,保持心灵的安宁。

二、公民廉洁文化教育

公民廉洁文化教育就是以廉洁文化为核心,倡导廉洁奉公、诚实守信、公道正派的社会文化,不断规范和约束公民的思想与行为,增强其拒腐蚀的能力;同时,还要以社会公德教育和职业道德教育为重点,以营造清正廉洁、公道正派的社会氛围为指向,以树立牢固的廉洁理念、构筑反腐倡廉的社会公众思想体系为根本任务,使廉洁意识内化为社会公众的思想准则和道德准绳,外化为社会公众倡导廉洁的自觉实践,让廉洁文化深入人心,形成良好的社会精神风貌,增强公民的精神力量,促进廉洁社会形成和发展的教育体系。公民廉洁文化教育体系是一个复杂的系统工程,需要全社会共同努力。一方面,该教育体系应形成自身的运行机制,不断进行自我更新、自我完善,植根于公民的社会生活。另一方面,该体系还要与国家行政部门、法制部门、教育部门等相互配合,形成联动机制,使廉洁文化教育的体系更新、道德践行以及效果评估形成一个良性的循环过程。

当然,要保证公民廉洁文化教育的连续与持久性,应把廉洁文化教育作为一项长期的系统工程。公民廉洁文化教育可以通过广泛传播,影响和带动其他社会群体。从这个意义上讲,应该采取行之有效的举措,推动公民廉洁文化教育的健康发展。具体表现为:

一是为公民廉洁文化教育营造良好的社会廉洁氛围。在现代社会,廉洁的价值评判标准不一,市场经济和商业化浪潮所引发的实用主义,甚至功利主义观念越来越多地影响和支配着公民的价值选择和信仰倾向,影响着价值廉洁价值评判标准的确立。因此,应确立普世的廉洁的社会价值评判标准,形成人人崇廉、自己拒贪的社会氛围,对推进社会廉洁具有极为重要的作用。同时,还应加强对廉洁文化的宣传力度,充分利用大众媒体覆盖面广、公民关注程度高的特点,扩大廉洁文化的影视作品和文艺节目的范围,宣传廉洁文化建设的进展、成效、经验,在全社会培养廉洁理念、树立廉洁意识、营造廉洁氛围,形成推进廉洁文化建设的社会环境。

二是积极开展公民廉洁文化教育活动。通过无形和潜在的力量,拓宽反腐倡廉教育的覆盖面,为廉洁文化教育提供智力、舆论支持和思想保证,让公民认识到,廉洁文化教育关系到全社会的共同利益,要在教育、制度、监督各个环节中增加廉洁文化的含量,从价值观念、法律体系等方面,构建廉洁文化体系,增强反腐倡廉宣传教育的直观性、灵活性、全面性和有效性,从而调动全体公民参与反腐倡廉建设的积极性、主动性,弘扬廉洁的社会氛围,努力把廉洁文化建设渗透到公民的自觉行动当中。

三是充分发挥廉洁文化在廉洁文化教育中的价值导向功能。廉洁文化是廉洁制度的精神支撑,廉洁制度是廉洁文化的一种外在体现,并在廉洁文化建设进程中发挥着重要作用。倡导廉洁文化是廉洁文化教育的基本内容,它向执政者清楚地揭示出这样一个道理,即反腐必须倡廉。

四是加强廉洁制度建设,努力形成廉洁文化教育的长效机制。建立反腐倡廉长效机制,是廉洁文化教育的主题。要建立廉洁文化教育机制,应以制度和规范作保障,使廉洁成为一种习惯,成为一种文化,让廉洁文化深入到社会生活的各个方面。坚持把廉洁文化教育与建立反腐倡廉各项制度相结合,强化制度的基础作用。注重对经过实践证明的、行之有效的做法和经验进行归纳总结,形成制度规范,营造积极的廉洁文化氛围,增强公民反腐倡廉意识和拒腐防变能力。

三、西方廉洁文化教育的相关理论

(一) 社会监督论

法国政治思想家托克维尔提出社会监督的思想。他通过对美国的实地考察认识到,三权分立体系不足以保证一个国家享受自由与民主,必须建构一套权力的社会制衡机制:一个由各种独立的、自主的社团组成的多元社会,可以对权力构成一种社会的制衡。托克维尔在《论美国的民主》中认为,贵族政体与民主政体的官员腐败是不同的,在贵族政府,政务工作人员都是富人,他们只贪图权势;而在民主政府,国家工作人员都是穷人,他们希望发迹高升。结果,在贵族国家,统治者很少贪污,对金钱的欲望不大;而在民主国家,情况与此相反。如果说贵族政体的主政者偶尔试图学坏,那么民主政府的首长则自动变坏。在前一种情况下,学坏的官员使人民的道德受到直接打击;在后一种情况下,变坏的官员对人民的思想意识发生的影响必将更为可怕。[①] 因此,搞阴谋和腐化是民选政府的自然弊端,当国家首脑可以连选连任时,这种弊端会危及国家本身的生存。如果一个普通候选人想依靠阴谋达到目的,他的诡计只能在极其有限的范围内施展。而国家首脑出现于候选人名单,他却可借助政府的力量达到个人目的。在前一种情况下,那个候选人只拥有薄弱无力的手段;而在后一种情况下,则是国家本身用其强大的手段搞阴谋和自行腐化。连选连任的渴望支配着总统的思想,他的一切施政方略都指向这一点,他的一举一动都对着这个目标,尤其是临近选举的紧要关头,他就想用自己的私人利益代替全国的普遍利益,看不到这一切,就不能认识美国总统处理国务的常规。连任连选的原则,使民选政府的腐化影响格外广泛和危险。在

---

① 参见〔法〕托克维尔:《论美国的民主》,董果良译,商务印书馆2004年版,第250—251页。

这种制度下,一个行政首长的不良政绩不过是孤立现象,只能在其短暂的任期内发生影响。腐化和无能,绝非来自可以把人们经常联合在一起的共同利益。一个腐化或无能的行政官员,不能只靠另一个行政官员也像他一样无能和腐化而彼此勾结,并联合起来使腐化和无能在他们的后代繁衍。相反,一个行政官员的野心和阴谋,还会促使他揭露另一个行政官员。在民主制度下,行政官员的劣迹,一般说来完全是属于他们个人的。①在这种情势下,"再没有比社会情况民主的国家更需要用结社自由去防止政党专制或大人物专权的了。在贵族制国家,贵族社团是制止滥用职权的天然社团。在没有这种社团的国家,如果人们之间不能随时仿造出类似的社团,我看不出任何可以防止暴政的堤坝。另外,在这样的国家,一个伟大的民族不是要受一小撮无赖的残酷压迫,就是要受一个独夫的残酷压迫"②。

　　托克维尔认为,在所有的民主措施中,结社自由是首要的。结社的第一个功能可以达到保护少数人的权利、反对多数暴政的目的。结社自由的第二个功能是对公民进行教育、培养爱国主义情操等。托克维尔认为社会监督除了依靠结社自由外,还必须依靠报刊和出版自由。他认为,大规模的政治集会、议会的特权和人民主权的宣言能够保证民主国家人民的人身自由,并在一定程度内可以和解对个人进行的奴役,而如果出版是自由的,这种奴役就不能随意进行。报刊是保护自由的最佳民主手段。在社会监督思想中,托克维尔也强调人民广泛参与的重要性。他以美国的陪审制度为例,认为人民参与审判能够使人感到自己对社会负有责任和对政府活动的参与,有助于人民克服自私自利的社会积垢,培养人民依法办事的习惯,养成权利观念,加强对政府的监督,从而使民情与法制协调,促使养成每个人对自己行为负责的政治道德和主政意识。社会监督理论在实践中产生了积极影响,引导人民广泛参与监督,同时推动了政党监督、社团监督、舆论监督从古典理性

---

① 参见〔法〕托克维尔:《论美国的民主》,董果良译,商务印书馆2004年版,第152页。
② 同上书,第217页。

思辨形态向现代制度建设形态的转变。

（二）道德教育论

道德教育论是与人性论相应的价值观。早在中世纪的欧洲，基督教的神学教育中就有"神的灵光"：官吏们自己，只能够以公道的合法方法行事，视法律为正义的外衣，那么便不致有人非难他们的行为，也不受到惩罚。但不论他们做什么事，如果做得不合正义，不敬神灵，不合法，并且暴虐无道，因而损害公道，他们便也将因此而灭亡。因此上帝的公正裁判要同样来到一切人身上。① 这种道德教育对约束政府官员行为起到一定作用。卡西尔指出，国家的自保不能由其物质财富得到保障，也不能靠维持一定的宪制法律来实现，成文的宪章法规并没有真正的约束力，倘若这些法规并未真正表达那些写在公民心目中的法规的话。若没有道德作为后盾，国家的强盛倒成为国家的内患。② 黑格尔也认为，官吏的态度和教养的好坏，也会关系到民众对政府是否满意，以及政府计划实施的好坏程度。只有通过教育和净化，才能使官员达到"智识"和"称职"。

为此，道德教育与个人利益相结合，能让行政官员进行完全的自我管理，提高其认识，使官员的守法观念与个人利益保持一致，防范其越轨行为。因此，对行政官员进行职业道德教育，是国家行政监督最根本的手段和行之有效的方法，道德教育的目的，在于行政官员不只靠外力的制约，更重要的是从思想上遏制不法行为的滋生，真正形成自我约束的道德规范和意志法则。

（三）新滥用权力论

在西方，由于各国政府出现大量侵害公共利益的越轨行为，无论是否合法，都引起人们对政府行政权力的深刻反思并提出对策。另外，由于价值观的转变，按照传统的准则是合法的、可接受的行为，在现代人的眼中却成了腐化的和不可接受的。所以在一定程度上，现代化中的社会腐败与其说是行为背离了社会公认的准则，不如说是准则背离了既定的行为

---

① 参见〔英〕罗伯逊：《基督教的起源》，宋桂煌译，三联书店 1958 年版，第 277 页。
② 参见〔德〕卡西尔：《国家的神话》，张国忠译，浙江人民出版社 1988 年版，第 83 页。

模式。这一切使人们对滥用权力有了全新的认识,出现新滥用权力论。

所谓的滥用权力指行政权力的拥有者在权力行使过程中,超越权力界限造成他人获国家、社会的利益损害,以满足自身越权目的的行为。在现实生活中,行政权力滥用表现为枉法裁判、办事推诿、责任不明、没有程序、工作拖拉、官僚主义、形式主义和作风专横等。一方面,由于行政权力源于政治权力,一些行政官员在国家强制力的保护下谋取私利时,把行政权力为实现公共利益的手段性变成获取私利的手段性。另一方面,行政权力掌握在少数官员的手里,具有相对独立性,造成行政官员为获取自身的特殊利益,把权力的独立性演变成权力运用中的"制约性",以公共利益的名义来获取个人利益。此外,行政权力的一元性,使得拥有行政权力的官员把行政权力本身的威望当作自身威望,导致行政权力的滥用现象。随着政府公共事务的增加,行政人员不断增加,行政权力膨胀,也会导致权力滥用。

由此可见,新滥用权力论除了违法乱纪滥用外,还包括政治权力合法但不合理的滥用行为。为此,西方国家的统治阶级为了更好保护自己的切身利益,把滥用权力论推向一个新境界。在该理论的影响和指导下,各国应在原有法律监督和补救手段之外,进一步推进原有行政监督模式,建立更为合理的监督机制,使政府"自己权利"的行使更加趋于合理和公正。

(四)现代化与腐败论

美国政治学家塞缪尔·亨廷顿通过对政治学与社会之间联系的分析,提出了现代化与腐败的关系理论。他在《变革中的政治秩序》中指出,在成熟的现代社会,财富可以作为扩大政治影响力的方法和途径,但职权较少能够成为发财致富的渠道。政府关于禁止利用公职谋取经济利益的规定相对严格,并普遍受到遵守,权力与财富间不能转化。而在欠成熟的现代社会,政治是获取财富的唯一途径,腐化的主要形式是用权力换取财富。因此,现代化与腐败之间有着密切关系。造成这种现象的原因,一方面,现代化涉及社会基本价值观的转变。按照传统规范可以被接受并合法的行为,在这些人看来就成了不能接受的和腐化的行为,这样一来,处于现代化中的腐化现象,在某种程度上是规则背离公认的行为方式。另一方面,现代化开辟新的财富和权力来源,进一步助长腐败行为。当政体不能及时适应需要,提供公认、合法的渠道,把新兴集团纳入政体时,腐化可以成为达到这种目的的非正常手段。此外,现代化通过它在政体输出所造成的变革加剧腐化,政府权威扩大和各种受制于政府的活动增加。①

亨廷顿同时强调,在腐化泛滥的社会,随着惩治腐败的法律日益完善,产生腐化的可能性也会增加。国家在贸易、海关、税收、酗酒等方面的法律,使一些集团的利益无法得到满足,他们会通过寻找其他途径达到其目的,政府部门成了攻坚的主要对象,腐化现象可能会更加猖獗。从某种程度上看,一个社会的腐化现象也并非完全是坏事,它可能会产生某种积极效果,可能会刺激经济的发展,有助于政党的壮大,但同时又在破坏自身存在的条件,从而对政治发展起到推动作用。当然,由于各国在历史、文化传统上的差异,在现代化进程中面临的问题不同,难以用一种模式解决所有问题。尽管如此,亨廷顿的现代化与腐败理论还是为廉洁政治提供了一种方法论的考量。

(五)腐败性质论

美国学者海登海默通过分析腐败定义,并就腐败的判定标准、腐败行为的界定前提、腐败行为的具体表现及其分类、腐败行为的范畴等进行理论探讨。他在《政治腐败:比较分析选读》中,以公共职位为中心对腐败进行界定,指出在现代化的过程中明确的公共责任是如何在公职的概念中确立起来的,其对职位的财产要求如何变得不合时宜的,职位文官化的概念是怎样以不同方式被引进西方国家的政治体制的。他指出,对权力腐败现象不能局限于一般评价,而要探究社会对于公职行为的扩张能够容忍的最大限度,在不同的时期、国家、民族、政治体制下,对公共职权和利益的范围理解是不同的。从不同的社会规范和文化传统的角度评价,其结论也不同。一种行为只要在社会中有生存的土壤,并存在默认、接受、习以为常的对待,它就能被效仿并继续存在下去。社会对一种非规范行

---

① 参见〔美〕塞缪尔·亨廷顿:《变革中的政治秩序》,李盛平等译,华夏出版社1988年版,第54—57页。

为的容忍其实存在很大的张力。同时，他还以市场为中心界定腐败，认为腐败意味着从指定性价格制定模式向自由市场模式转变，中央集权的分配机制可能会因供需的严重不平衡而崩溃。顾客们可能会认为值得冒一下受众所周知的惩罚风险，付出更高代价以保证取得预期利益。当这种状况发生时，就不再是政府指令性市场行为，而具备了自由市场的特点。此外，他还以公共利益为中心，认为腐败行为违背对至少一个公共或公民秩序体系的责任，事实上它与任何这类体系均不相容。一个公共或公民秩序将共同利益置于个别利益之上，为个别利益侵犯共同利益的行为是腐败。①

另外，海登海默还从公众对腐败宽容的程度出发，把腐败分为黑色腐败、灰色腐败、白色腐败等。所谓黑色腐败指在这种结构下，共同体的大部分上层人物和大众都一致谴责的一项行为，希望在原则的基础上对之予以惩罚。灰色腐败是有些人、尤其是上层阶级希望惩罚某项行为，其他人不希望，大众则可能是模棱两可的。白色腐败是上层和大众的多数人可能都不积极支持惩罚一项腐败行为，他们认为这是可以容忍的。对应这三种腐败现象，他把腐败行为分为微小腐败、常见腐败、严重腐败。微小腐败属于白色腐败，常见腐败属于灰色腐败，严重腐败属于黑色腐败。当然，海登海默的这种分类不能完全衡量一个社会腐败的程度，当社会成员的权利意识全面衰退从而对腐败现象习以为常时，普遍的白色腐败意味着腐败的普遍性和严重性，预示着该社会政治制度和文化传统的破灭。

第二节 西方公民廉洁文化教育的环境分析

一、西方廉洁文化教育环境

西方廉洁文化教育环境一般包含三个层次，第一个层次包括政治制度、经济制度、法律制度等制度文化；第二个层次包括宗教、伦理道德、民

---

① 参见〔美〕阿诺德·海登海默：《政治腐败：比较分析选读》，霍特林哈特和尼斯顿公司1970年版，第64—68页。

俗等行为文化;第三个层次包括文艺创作、宣传教育等观念文化。这里讨论的廉洁文化环境特指政治文化、宗教文化、法律制度文化等。

(一) 政治文化

美国学者阿尔蒙德在讨论政治文化时,认为在某一个政治系统中,行为规范与模式必须适应这个国家的政治文化,一个国家的政治文化对社会行为和政治行为施加着独立的影响。① 那么,何谓政治文化？美国学者罗斯金将其概括为一个民族关于政治生活的心理学。② 中国学者王浦劬也认为,政治文化是特定社会政治关系的心理的和精神的反映。③ 阿尔蒙德的界定更为具体,他认为,"政治文化是一个民族在特定时期流行的一套政治态度、信仰和感情。这个政治文化是由本民族的历史和现在社会、经济、政治活动进程所形成。"④王绍光则从政治标的角度,把政治文化定义为,一国国民对各类政治标的物(自我、他人、民族、国家、政党、领袖、政策等)的特定认知方式、价值判断、态度、情感。⑤

由此可见,政治文化是人们对于政治生活的政治价值取向模式,包括政治认知、感情、态度、价值观等政治心理层次等要素,政治理想、信念、理论、评价标准等政治思想意识是其表现形式,与物质的政治系统是互动平衡关系。按照罗斯金的说法,政治文化可分为三种类型,即参与型政治文化、臣属型政治文化、地区型政治文化。在参与型政治文化中,人们知道他们是国家的公民,对政治非常关心,也愿意讨论它。他们对选举感到自豪,相信人们有参与政治生活的权力。他们活跃于各种共同体之中,常常是一个或多个志愿组织的成员。一个参与型的政治文化是保持民主制的理想土壤。在臣属型政治文化中,人们也知道他们是公民,并关注于政

---

① 转引自〔美〕罗伯特·古丁、汉斯·克林格曼主编:《政治科学新手册》(上册),三联书店2006年版,第480页。
② 参见〔美〕迈克尔·罗斯金:《政治科学》,林震等译,华夏出版社2001年版,第130页。
③ 参见王浦劬:《政治学基础》,北京大学出版社1995年版,第355页。
④ 〔美〕加布里埃尔·阿尔蒙德:《比较政治学》,曹沛霖等译,上海译文出版社1987年版,第29页。
⑤ 参见王绍光:《民主四讲》,三联书店2008年版,第97页。

治,但他们是以一种被动的方式卷入政治。他们听从政治新闻的宣传,对自己国家的政治体制并无自豪感,谈论政治使其不舒服,组织团体的现象也不普遍,对参加选举没有激情等。当人们习惯于把自己视为驯服的客体而非积极的参与者时,民主即难以扎根。在地区型政治文化中,人们从未感到自己是一个国家的公民,他们只认同身边事物,对国家政治体制没有自豪感,不关心政治,也没有参与政治生活的激情或可能性,对政治能力和政治功效毫无感觉,在既定的政治制度面前感到没有权力。在这种政治文化中发展民主是非常困难的,不仅需要新的制度,而且也需要一种新的公民情感。[1] 政治文化的表现方式是多种多样的,通常需要通过公民文化、政治容忍、政治妥协、自我表达价值等媒介体现出来。

政治文化作为一种制度文化,与国家社会的总体利益格局相适应,集中反映国家权力配置下社会群体利益的思想体系、心态状况和价值取向。从这个意义上说,政治文化是上层建筑的重要组成部分,对国家社会的变革进程有着巨大影响,坚持和捍卫国家的价值理念是政治文化的核心。政治文化既是一国长期坚持的根本原则,也是反腐倡廉长期坚持的根本原则。加强政治文化建设对廉洁文化至关重要,它能增强反腐倡廉的政治坚定性,使之更好服务国家大局。同时,政治文化对反腐倡廉的廉洁文化有积极推动作用。在政治文化的引领下,可以明确反腐倡廉的方向,提出构建惩防腐败体系的长期目标,拓展从源头上防治腐败的新领域,形成反腐倡廉建设的总体思路,使惩治腐败与预防腐败关系更加明确,反腐倡廉更加科学、系统、规范,防治腐败的手段更加多样化。因此,要把反腐倡廉的廉洁文化引向深入,就必须增强政治文化的自觉性,牢牢把握政治文化的基本内涵和根本要求,深入探索反腐倡廉的特点和规律,健全廉洁文化的体制和机制,以制度和规范作保障,不断完善反腐倡廉基本原则、工作方针、工作机制等,使廉洁成为一种习惯、一种文化自觉,让廉洁文化深入到社会生活的各个方面。

---

[1] 参见〔美〕迈克尔·罗斯金:《政治科学》,林震等译,华夏出版社2001年版,第133页。

(二)宗教文化

宗教是人类社会发展进程中特殊的文化现象,是人类传统文化的重要组成部分,它影响人们的思想意识、生活习俗等诸多方面。从宗教人类学的角度看,宗教是对某种无限存在物的信仰。爱德华·泰勒指出,宗教发端于万物有灵的观念,其本质就是"对于精灵实体的信仰"。从宗教心理学角度看,宗教是存在本身(神或上帝)对人的触及,以及人对这种触及的反应。从宗教社会学角度看,宗教就是一种使人们生活的最终目的明了化、相信人的问题能得到最终解决并以这种运动为中心的文化现象。①宗教文化作为一种群体社会行为,包括指导思想(宗教信仰),组织结构(宗教组织,如教会、宗侣),行为规范(宗教组织内的活动,如祭祀、礼仪),文化内容(宗教建筑、宗教绘画、宗教音乐)等。它是人类在具有社会组织结构后,有意识地发展的一种社会行为,其根本目的是培养和维护人的社会性,从而维护人类社会组织的正常运行。

在历史上,宗教的产生和发展与很多因素有关,如社会因素、心理因素、精神因素等。但宗教作为一种在历史上影响时间长、影响范围广、影响人数众多的社会行为的产生和发展,其最基本和主要的因素在于:自从人类成为一种群体活动的生物,成为具有社会性的群体以来,宗教就是作为具有培养和加强人的社会性作用的一种重要的社会行为而成为社会的必需。虽然世界上不同的历史时期、不同的地区、不同的民族可能有不同的宗教,但是具有培养和加强人的社会性作用是所有成功的宗教的共性。

宗教在适应人类社会长期发展过程中形成特有宗教信仰、宗教感情和与此种信仰相适应的宗教理论、教义教规,有严格的宗教仪式,有相对固定的宗教活动场所,有严密的宗教组织和宗教制度。所以,宗教本身就是一种文化。宗教在其形成和发展过程中不断吸收人类的各种思想文化,与政治、哲学、法律、文化、道德等意识形式相互渗透、相互包容,逐步形成属于自己的宗教文化。从这个意义说,宗教是社会文化现象,是社会的自我意识和人的本质的外在表现。宗教文化与廉洁文化紧密相连,并

---

① 参见吕大吉:《宗教学通论》,中国社会科学出版社1990年版,第49—54页。

通过对哲学思想、伦理道德、法律、教育、生活习俗等方面进行渗透,对普通民众进行道德教化,来影响廉洁文化的发展方向。

以基督教为例,基督教奉行"摩西十诫"和"登山宝训"的基本道德。《旧约》中的"摩西十诫"规定:奉上帝耶和华为唯一神;不可崇拜偶像;不可妄称上帝耶和华的名字;铭记上帝当守的安息日;孝敬父母;不可杀人;不可奸淫;不可偷盗;不可做假证陷害人;不可贪恋不属于自己的东西。《新约》中的"登山宝训"规定:不可杀人——尊重人的生命;不可奸淫——尊重异性;不可离婚——尊重配偶;不可起誓——尊重真理;不可报复——放下自我。基督教道德的核心是爱,原则是爱"神"与爱"人"的统一。训命中第一条就是"要尽性尽意爱主,你的上帝",其次就是"要爱人如爱己"。这两条训命是基督教"律法和先知一切道理的总纲"。这些都体现了自由、平等、博爱、互助的思想,对廉洁文化有很大影响。

基督教强调"爱"的原则,首先要爱神,其次要"爱人如己",具有泛爱主义的倾向,推崇忍耐和服从,并由爱而生宽恕,"你们饶恕人,就必蒙饶恕"。这蕴含了平等互利的思想。在欲望和物质利益上,基督教要人抛弃一切欲望和现实的物质利益,有着强烈的禁欲主义特征。奥古斯丁认为,利益来源于人的内心的强烈贪婪欲望,在公正问题上,个人要服从神的律令,社会公正就是卑下服从高贵,臣民服从君主,只有服从神的社会才是公正的。阿奎那在吸取亚里士多德的思想基础上发展了基督教思想,认为人既有人性又有神性,人是有理性的,过着合群的生活,"人天然是个社会的和政治的动物,注定比其他一切动物要过更多的合群生活"[①]。在个人幸福问题上,阿奎那承认人的尘世幸福,以及实现所需要的充裕的物质基础,给予人的尘世利益应有的地位。在个人幸福和公共幸福上,阿奎那把二者结合起来,既强调公共幸福的重要性,又肯定个人幸福,"无论是谁,只要他促进社会的公共幸福,他就同时促进他自己的个人幸福"[②]。

---

① 《阿奎那政治著作选》,商务印书馆1963年版,第44页。
② 同上书,第137页。

所有这些思想与廉洁文化有着千丝万缕的联系。

（三）法律制度文化

法律制度文化又称法文化，美国的埃尔曼认为，法文化是"它们文化环境中的次级制度"，"无论在初民社会还是在发达社会里，法文化都是传递行为传统的重要工具"①。意大利的奈尔肯也认为，法文化是那些为某些公众或公众的某一部分所持有的针对法律和法律制度的观念、价值、期待和态度。②美国的格雷·多西指出，法文化表明："社会和法律的哲学将不被看成是纯粹的观念体系，而是组织和维护人类合作诸事例中安排秩序的方面。所有组织和维护人类合作的事例都被包括进来，这样就可以提出一种世界观，以之为基础去确定对于各种社会和法律哲学普遍性主张的限制。"他提出："法文化采取的立场着眼于组织和维护人类合作的所有形式。从这一世界性立场出发，每一种文化都不过是存在的丰富和复杂意义的一个方面而已。"③美国的弗里德则进一步强调，法文化是针对法律体系的公共知识、态度和行为模式，并与作为整体的文化相关的习俗本身。法文化作为文化的组成部分，以特定的方式改变社会力量，使其服从或者背离法律，包括社会中人们有的对于法律、法律体系及其各个组成部分的态度、评价和意见，人们对于法律体系的观念、态度、评价和信仰，或者在某些既定的社会中人们对于法律所持有的观念、态度、期待和意见等。④

根据上述对法律制度文化概念的阐述，可以看出法律制度文化具有两个特点：其一是系统性。即一定条件下的法律制度文化是对该环境中存在的一切法律现象的综合描述。其二是变异性。法律是社会存在的需要，它必然随着社会的发展变迁而不断变化。法律制度文化与法律发展

---

① 〔美〕埃尔曼：《比较法律文化》，贺卫芳等译，三联书店1990年版，第20—22页。
② 参见〔意〕奈尔肯主编：《比较法律文化论》，高鸿钧等译，清华大学出版社2003年版，第53页。
③ 梁治平编：《法律的文化解释》，三联书店1994年版，第240、263页。
④ 参见〔意〕奈尔肯主编：《比较法律文化论》，高鸿钧等译，清华大学出版社2003年版，第21—22页。

有着密切的联系。这就使得法律制度文化不断发生变异。在某种条件下，法律制度文化的变化可能保持在一定的限度内。但有时其发展则可能由于社会的急剧变化而发生较大的转型或变迁。其三是形态的差异性。法律制度文化的形态，就是由产生和维持某种法律文化的特定环境及主体的差异所形成的法律制度文化的特殊表现形式。正是这种系统性和变异性，决定了法律制度文化的不同形态。

廉洁作为一种精神，是一种非正式制度文化，而要使这种精神规范和约束人们的管理行动，就必须把廉洁转化为正式制度文化，成为廉洁法制，即进行廉洁法制建设。为推动廉洁法制，保持国家的长治久安，务必落实这些廉洁制度，实行法治。没有廉洁法制，法治就缺乏基础，不实施依法治国，廉洁法制也形同虚设。因此，一方面要通过充实和完善受贿罪的内容，完善巨额财产来源不明罪，从而完善惩治腐败的刑法体系；通过接轨反腐国际公约，使各国法律制度与公约相衔接，符合国际规范，并得到国际社会更多支持和合作，更好维护社会公平正义；通过完善廉洁法规，加强廉洁立法，增加违法当事人的腐败成本；通过树立法律至上的观念、依法行政的观念、严格执法的观念，来强化法治意识。另一方面，通过限制私欲限制权力的滥用和限制权力限制私欲的膨胀，来制约权力；通过公平公正执法、大公无私执法、不惧权贵和铁面无私执法，来秉公执法，依法行政；通过程序公正、实体公正、形象公正，来强化司法公正，体现公平和正义的精神。

二、西方国家廉洁文化教育环境的建构

（一）英国廉洁文化教育环境

英国有着悠久的历史和丰富的文化，它作为世界上第一个工业化国家，曾生产出世界上第一台蒸汽机和蒸汽机组，开创了资本主义世界的新时代。它曾统治过比本土大百倍的殖民地，自称"日不落帝国"，显赫一时。在文学领域，以莎士比亚为代表的英国文学在世界文学史上占据重要地位；在教育领域，以牛津和剑桥为代表的英国高等教育久负盛名；在文化领域，以大英博物馆、莎士比亚剧院为代表的英国文化设施世界一

流。这一切都向人们展示了英国文化的无穷魅力。

众所周知,英国文化是在其历史的冲突中形成的,是冲突双方长期斗争相互融合的结果。一方面,英国的君主立宪制是王权与议会在长期冲突与斗争中形成的,而现代经济与社会体制,包括工业化与福利国家,则是"追求财富"和"追求平等"在尖锐斗争中达成的平衡。另一方面,"激进"与"保守"的冲突造成和平渐进发展的道路,而"信仰"和"理性"的交锋,导致在现代民族的思维方式中,"理性"虽是主导,"信仰"却也有一席之地。"绅士风度"是社会中下层"向上流社会看齐"的结果,也就是被塞进了部分中下层价值观念的贵族精神的延续。此外,英国的强势与弱势、优点与缺点,都产生于这种冲突中形成的融合,而英国所有这些"国粹",既保证英国在全世界最先走向现代化,又形成了它发展过程中的一些障碍。久而久之,在英国文化中逐渐形成了以个人主义、自由主义、理性精神三位一体的文化价值观。①

英国文化中的个人主义思想内容非常广泛,主要包括:一是一切价值以人为中心。即主张把好坏、对错、应该不应该之类的价值判断建立在人的需要的标准上。这种人本主义的价值观是资产阶级思想家在反对中世纪宗教神学的斗争中提出来的。随着资本主义制度的确立,这种价值观念已经深植于人们的心中。二是个人价值的至高无上性。即主张个人的价值高于一切,个人本身就是目的,社会和国家都是达到这一目的的手段。显然,这是一种个人本位而不是社会本位的价值观念。这种观念经过许多资产阶级思想家从各个方面的论证,如今在英国已被看作是不证自明的"公理",被人们普遍接受。英国社会中流行的所谓"自我价值""自我完善""自我实现"等观念,都是从个人价值至高无上这一前提引申出来的。三是个人自治。即每个人的思想和行为真正是他自己的,而不是由外在于他的其他原因和力量决定的。主张个人自治的个人主义者认为,每个人是他自己命运的主人。其他任何人不得以关心他人好处和利益的名义干涉他人的这种自治,更不得将自己的信仰、价值观念、道德标

---

① 参见李玢:《英国的文化价值观念与教育》,载《华东师范大学学报》1994年第3期。

准甚至生活方式强加于他人。这种个人自治的观念在英国集中体现在人们为人处世时奉行"个人私事不可干预"的原则。英国人强调既要尊重别人,也要尊重自己。他们既不干涉别人,也不允许别人干涉自己。

英国文化中的自由主义是影响非常广泛的思想体系。其内容主要涉及:一是经济自由。英国学者边沁指出,在自由经济中,每个人追求的是个人利益,但是商品经济的规律却好像一只看不见的手,会自动地调节整个社会的利益,使之达到协调一致。因此,自由经济不应该受到政府的限制而应该受到政府的保护。为此,他主张国家实行经济放任的政策。在他看来,干涉最少的政府是最好的政府。这种经济自由的思想在英国资本主义发展初期曾经支配英国政府的经济政策,在中上层阶级中有很大的影响力。二是心灵自由。自由主义者非常重视心灵自由,认为人之所以为万物之灵,是因为人有心灵。人实现其作为人的价值的程度,取决于心灵的自由程度。在他们看来,只有心灵获得自由的人,才能真正自由地驾驭自由的生活,也才谈得上是真正的人。他们提出,要将人心从各种形式的束缚中解放出来,使其获得自由。三是个性自由。即主张个性的充分自由的发展。英国学者密尔认为,强有力的个性是首创性和进取精神的源泉,否认个性就是用平庸性代替首创性,就是扼杀天才。他主张创造一种自由空气,以便人们能够充分发展个性,使社会能够有更多的天才。所以,在英国,人们对个性的崇尚、对有个性的人的偏爱十分普遍。

英国文化中理性精神具有两层含义:一是从实际出发而不是从书本出发,尊重事实,而不是迷信教条。资产阶级兴起后,为实现其征服自然界、建立新的社会秩序的目的,英国提出"一切经过理性检验"的口号,主张把认识的来源和真理的标准建立在感性经验的基础上,确立一种从现实出发,而不是从书本出发,尊重事实,而不是迷信教条的态度和精神。正是这种态度和精神,使得英国人在考虑和处理问题时,能够面向实际,从对事物本身的研究中寻找答案。二是反对权威的仲裁,主张一切经过科学的论证。宗教神学的一个重要特点是以上帝的权威地位来仲裁一切。然而,上帝在现实生活中是看不见的。为此,资产阶级思想家提出"理性"的口号,要用科学的论证代替上帝作为最高权威的仲裁。由于普遍地信奉这一精神,英国人在提出一种主张和论断时,都非常注重对他们的主张和论断进行论证。当发生分歧时,争论各方也是通过提供尽可能多的有说服力的论据来战胜对方,而不是通过援引权威意见来压制对方。

通过对英国文化的发展历程和内容的梳理,我们可以看到英国文化具有以下特点:

一是求实创新,崇尚科学。工业革命时期,无论是钢铁工业、铁路交通还是纺织等轻工业,英国都引领世界工业发展的潮流。英国具有长期注重自然科学基础理论研究的传统,这使得英国在物理、生物、天文、数学、医学等领域均取得举世瞩目的成就,为近代科技发展奠定坚实的基础。此外,不断创新使得英国在世界许多高科技领域至今仍居领先地位,"日不落帝国"虽已不复存在,但英国仍然保持着世界经济强国的地位。

二是尊重民主,强调公平竞争。从行政体制上看,英国是世界上最早建立议会的国家,议会的建立使得民主管理得到了较好的体现,从建立议会到现在,英国总是保留着涉及国家重大问题都要举行全民公决的政治传统。这在一定程度上避免了独断专行,同时也培养了英国尊重民主的民族意识。英国人非常讲究绅士风度,特别看重公平合理的竞争,从市场经济的自由公平竞争原则、现代市场经济中的反垄断法,到现代足球等体育运动的公平竞争原则,均是英国人所提出和尊崇的。

三是崇尚个人自由。上帝和法律面前,人人平等,英国人向来具有个性自由和反专制特性,英国人的自由也是从国王和权贵中夺来的。英国人一向对权威持怀疑态度,如果权威值得尊重就尊重,但决不盲目尊重。同时英国人也意识到只有尽了义务,才能有个人的权利。

四是强烈的民族自尊心和优越感。英国人向来以悠久敦厚的传统文化为自豪,同时不遗余力维护和保护一切与传统文化有关的东西,表现出强烈的民族自尊心。这虽然体现英国人保守、守旧的特点,却也表现出他们维护和发扬传统文化的决心。英国人的民族优越感也使得世界大都市之一的伦敦市中心,至今很难看到普通城市就有的高楼大厦,上百年历史的锈迹斑斑的建筑和各种陈旧的君主制下的传统礼仪在英国人心中永远会留守那份尊严和韵味,而一切新建筑和新礼仪在英国人眼里首先总是庸俗的。

（二）美国廉洁文化教育环境

美国的历史，从某种意义上说，是早期英格兰移民用他们的生活方式作为主元文化来改造和融合后来者的历史。从一开始，这个全部由移民组成的国家，就没有共同的祖先，也没有共同的传统，只有一种以初期清教徒带来的新教伦理为基础的主元文化。正是这个带着浓厚宗教信仰色彩的清教文化，奠定了美国文化的基础。这些清教徒来到新大陆后，以他们的母语以及他们所尊崇的新教伦理和清教道德，建立起主元文化的熔炉，不断融合后来的移民，通过新教徒改造的清教文化，反对国教中的繁文缛节，强调个人用心灵敬拜上帝的简朴形式。他们在精神上，把自己看作是被上帝特别挑选的一群人，新大陆则是上帝赐给他们建立地上的乐土，他们用这种文化，首先在18世纪融合以爱尔兰人和德国人为代表的北欧移民，又在19世纪末融合以意大利人为代表的南欧移民。其目的既是为改造新移民原有的文化传统，使他们按照美国主元文化的标准美国化；也是为吸收新移民文化中的优秀成分，不断丰富美国主元文化的内涵，对美国文化的发展作出很大的贡献。

美国文化的主体是由基督教传统、共和主义和个人主义所构成。在美国，基督教与公众生活在建国伊始就紧密联系在一起。基督教义是社会公认的道德准则，基督徒角色与公民角色融为一体。美国的清教主义启蒙于一种精神运动，它不仅是一种宗教信仰，而且还是一种极端民主与共和的理论。清教徒在自己的祖国遭受迫害，对英国严酷的社会现实不满而移民到美国。他们希望按自己的意欲信仰上帝。于是，他们建立一个乌托邦式的重视伦理和精神生活的社会模式。他们崇尚真正的自由——这种真正的自由涵盖广泛的道德的含义。他们把一切破坏和蔑视这种自由信念的行为斥责为对权威的亵渎。因此，他们认为自己是一群称为美国人的新人，注定要建立一个新的世界，为人类建造一座"山上光辉的城市"。显然，以清教主义为特点的，具有美国特色的基督教改革运动，从一开始就与社会改革运动结合在一起，主张个人积极自愿参与政府的活动，建立个人参与的政治文化体系。所以，在美国，清教主义是与民主联系在一起的,并赋予美国民主独特性。

与此同时,美国在建国过程中形成其特有的共和传统。美国的共和主义涵盖美国思想家们关于政府、平等与人权的思想。杰弗逊在其起草的《独立宣言》中宣称,人生来就是平等的。杰弗逊的共和主义思想精髓是公民参与政治,创造一种积极献身公共利益的公民形象,建立一个相对平等的公民都参与的自我调控的社会。诚如他所指出的那样,离公民直接与经常的控制愈远,那么,政府所含有的共和主义的成分也就愈少。另外,美国早期的思想家们倡导宗教信仰自由,旨在保证不让一部分人将自己的观点强加在别人的身上,保护少数。他们主张人身自由和言论自由,反对任何形式的检查制度。他们强调,能使美国政体正常运转的关键是在社会中有一支受过教育的公民,他们积极参与政府的活动。杰弗逊指出,所有的人,无论他们的境况和宗教或政治的信仰如何,都享有平等的和真正的公正,人都有追求幸福的权利。他坚定地信仰在美国的政治体制之上有一个凌驾一切的"自然的和自然的上帝的法律"。这种杰弗逊式的带有强烈清教徒色彩的民主是美国文化的精髓。

此外,个人主义是美国文化一个重要的核心和基本精神。美国文化信仰如果每一个人都尽力追求个人的利益,他们总体上将自然给社会带来好处。美国诗人惠特曼的诗完美地体现这种个人主义,贝拉把它称为"表现个人主义"。表现个人主义"庆祝我自己",追求丰富的生活体验,追求感官的与智力的愉悦。对于表现个人主义者来说,发现自我,突破一切的阻挠和限制,自由地表达自我是所有自由中最弥足珍贵的自由。诗人惠特曼讴歌"我自由,整个世界展现在我面前","我不再希求幸福,我自己便是幸福","怀着不可抗拒的意志从束缚我的桎梏下解放我自己"。他的诗给美国式的个人主义作最好的诠释。个人主义构成美国文化的基本特性和主要内容,它最雄辩和真正地表述美国思想。

由于美国白种人尤其是信仰新教的盎格鲁-撒克逊裔白人历来在美国社会占主导地位,其所形成的主元文化直接规范着美国社会的道德标准、伦理观念和价值取向。20世纪后,由于第三产业的发展和人们生活水平的普遍提高,中产阶级队伍不断壮大,中产阶级文化遂成为美国社会的主流文化。作为移民文化,一方面,美国文化是一种兼容性很强的文化,具有开放性和宽容性。它兼收并蓄,世界上的各种文化现象都可以在美国产生和存在,最优秀的东西可以存在,最丑恶的东西也有藏身之处。另一方面,美国文化也是一种进取性很强的文化。它以科技为先导、以个人为中心,因而变化大、发展快。然而美国文化注重个人利益,轻视集体利益,重物质导向,轻道德导向,这样在创造财富的同时也容易造成人们精神上的污染。

美国主元文化价值观一般源自于三种传统:其一是新教传统,强调自我改善、劳动致富、自我约束和职业道德等。其二是古典自由主义,强调个人主义、个人自由、机会均等、政府民治等。其三是边远地区传统,强调自力更生、创新精神、乐观进取等。这些客观上导致美国公众注重成就,仰慕英雄,有深厚的成就崇拜和英雄崇拜的心理积淀。个人成就是所有美国人价值观中评价最高的价值之一。美国人有很强的成功意识。成功是所有美国人的追求,是诱人的前景和前进的动力。他们坚信,一个人的价值就等于他在事业上的成就。一些事业有成的企业家、科学家、艺术家和各类明星,成了新时代的英雄。他们个人奋斗的过程和结果,成了社会文化价值取向的参照系,父母教育子女的活教材。这种价值观可以调动个人的积极性,使人们的智慧和潜力得到充分发挥,从而促进整个民族和国家的发展。

从美国文化的发展轨迹,不难看出,美国文化具有很强的地域性和时代特征,具体表现为:

一是尊重个人的价值观。美国建国之初,移民蜂拥而至,丰富资源亟待开发,必须奖励个人艰苦开拓,独立发展,坚信自我,尊重个人。这种价值观,逐渐形成美国民族的特殊性格,即对自己命运和力量深信不疑,把依靠自己作为哲学信条。

二是冒险创新精神。美国人的格言是不冒险就不会有大的成功,胆小鬼永远不会有所作为,不创新即死亡。移民美国的开拓者,面对险恶的自然环境和待开发的丰富资源,促使和培育了美国人顽强拼搏、艰苦奋斗、敢冒风险的性格。因而美国的科技发明创新,处于世界领先地位。

三是自由和平等精神。美国是一个没有经历封建社会的国家,受移民资产阶级自由、平等思想影响很深,所以逐步形成一个崇尚自由的社会。除执法机关与执法人员外,任何机关与个人不得非法侵犯他人自由,这就为个人的才能智慧的发挥开辟道路。因为机会均等的条件下,人的才能通常决定人的富裕程度。

四是实用主义哲学。美国人在开发这片富庶土地的实践过程中,逐步形成有用、有效、有利就是真理的理念。他们立足于现实生活和经验,把确定的信念作为出发点,把采取行动当作主要手段,把获得效率当作最高目的,一切为了效益和成功。

五是物质主义的追求。美国人评价一个人的价值时,主要指物质价值。即以赚钱多少,作为评价一个人社会地位高低的重要依据。在美国社会里人们积极进取,拼命工作,不惜付出自己的一切辛苦与智慧,谋求事业上的发展。通过个人奋斗,取得成功,从低贱者变成大富翁,几乎成为美国式的信条。

六是开放性和包容性。美国是一个由世界各地移民构成的国家。除了白种人,还有黑人、印第安人、亚裔美国人、西班牙裔美国人等。移民给美国提供工农业发展急需的劳动力,移民给美国带来新的、不同的、经常是先进的思想和工艺,为美国的迅速崛起作出重要贡献。美国通过开放和包容的社会,不仅引进资本和先进的技术,而且使各种文化思潮,诸如从希腊哲学到资本主义思想,再到达尔文主义都能在美国找到市场。美国是一个崇尚宗教自由的国家,各种教派、宗派林立,各种宗教也都能在美国找到信仰者。

(三) 德国廉洁文化教育环境

德国是欧洲的一个重要国家,无论是在政治、军事、经济上,还是在文化、科技、教育、艺术等方面,都对世界产生过重大影响。19世纪初,德国的工业落后于英国几乎整整一个世纪,但到20世纪初就迅速崛起成为欧洲头号工业强国,而在20世纪又两度从战败迅速走向强盛,现在德国无疑仍是欧洲经济最发达的国家之一。日耳曼人在社会生产力方面的不断发展,极大推动了启蒙运动、古典主义、浪漫主义等整个德国文化系统的变迁。

德国文化的启蒙运动源于17世纪末,在宗教思想与新的自然科学发生矛盾的基础上,以批判宗教思想、维护人的尊严和追求理性为主要特征的启蒙思想,成为18世纪欧洲文化运动的主旋律。启蒙主义精神一直贯穿于18世纪整个德国社会,其主要标志就是哲学、教育和文学的发展。启蒙运动从一开始就要求解脱以基督教教义为基础建立的神学和形而上学世界观,在理性主义的指导下对一切事物的认识作出合理、准确的裁决。虽然这种思想运动同当时在普鲁士占统治地位的、封建的、军国主义的、宗教的传统文化和精神迥然各异,但却反映新兴的市民——资产阶级在文化和精神上的要求,代表时代的发展方向。因此,普鲁士的新兴市民——资产阶级只能在文化和精神领域,通过一种曲折的思辨来表达。理性主义的主要工具是"批判",它要求言论自由,即摆脱对人的思想及权利的束缚。在教育和学术上则要求自由讨论,增加自然科学和哲学课程,并用法令形式把教会对教育机构的控制权收回国有。从这个意义上讲,启蒙运动使人们从思想上摆脱基督教教义的束缚,更加强调理性和科学。

德国文化的古典主义起源于18世纪,成为资产阶级思想解放的伟大运动,奠定德意志民族文化的基础。在文化领域,普鲁士开始摆脱对别国文化的模仿,创立以民间传统和民间灵感为基础的德意志文化。古典主义否定以神为中心的世界观,促成价值标准从宗教和来世向世俗和现世的重大转变。其特征是对作为个人的人和作为群体的人的崇拜。在哲学领域中,古典主义哲学与这个民族传统的思辨精神相结合,迅速在德国结出成果。康德作为古典主义的开创者和代表,在其《纯粹理性批判》中,首次把哲学从形而上学和神学的桎梏中解放出来,引起德国乃至欧洲的一场哲学革命。但他并没有把人及人的能力停留在哲学层次上,而是把它们纳入其伦理学的体系中,从而建立以先验论为基础的伦理学,并大胆提出把人的本性当作行动唯一目的的原则。从这个意义上讲,康德哲学的出现意味着"人的哲学"的真正诞生,使得近代哲学从本体论向认识论转变,拓展传统的认识论,使之成为研究人的主体功能、价值及文化的哲学。

德国文化的浪漫主义产生于18世纪末。浪漫主义最初是一种文学、美学运动,它揭露人类心灵深处的非理性力量,指出启蒙运动中逻辑思维过程的不足,即按公式分阶段推理而经常不顾心理的复杂性和矛盾性。由于当时普鲁士正被法国所占领,其社会、文化等方面受到压制,因此,德意志的浪漫主义就成为反对法国人、反对法国革命的思想武器,表现形式也明显不同于欧洲其他国家。一方面,浪漫主义强调心性和内省,基本心理特征是"渴望",尤其渴望那些不能达到的、已失去的、不可挽回的、正在消失的幻想和梦境中的事物,具有一种悲观主义的倾向。另一方面,它摒弃一切有关民主的思想意识,采取更加极端的形式,更深切、执着地控制着德意志的精神生活,几乎遍及所有领域,并被等同于"较高级的"德意志民族主义。此外,浪漫主义的学术研究中出现了浓厚的历史主义倾向,并在研究中引入重要的历史独特性和个体观念,给历史学术注入一种"历史意向",加深对语言的研究,认为语言是一个民族灵魂的体现。19世纪30年代以后德国的浪漫主义表面上已由盛转衰,但实质上仍是以前发生大事的症结,也是将在以后掀起波澜的机缘。德国的浪漫主义嬗变成一种"美学化"崇拜,即用艺术的观点来审视人类生存的所有阶段,将美学的方法推广至所有领域,对20世纪德国的社会、文化、教育、政治等产生深刻影响。

综上所述,德国文化是在德意志民族文化的土壤中成长起来的文化现象,具有鲜明的地域和民族特性。具体表现为:

一是浪漫主义和理性主义相互交织。浪漫主义实质上是对非历史的推理即理性主义的形式逻辑的反抗,是感情和想象对纯理智主义的反抗,个人主义对体制专横的反抗,是为富于同情的创造性的想象呼吁,反对只讲形式和内容的做法。它强调个性和自然,重视历史,反对理性至上主义,是德国文化重建日耳曼民族自信和认同的重要工具。实际上,德国文化在对浪漫主义推崇的同时,也不否定理性主义对其思想的影响。德国文化注重历史发展的连续性,理性主义者坚决主张历史上每一个时代都给人类知识宝库增添一些东西,社会在连续不断上升时,智慧和经验变得丰富起来。现代的一切成就都是在吸收古人和同时代所有人智慧的基础上得到的,理性成为适用于所有领域的合理的唯一标准。① 人们相信,在认知领域,就一个问题而言,只有一个正确答案,而在道德和政治领域,主张把千差万别的个体并入一个系统的统一体中。因此,理性主义者对理性主义的态度是双重的,既有继承,也有批判;既坚持理性的原则,也反对理性至上主义。

二是强调国家主义。德国文化深受国家主义的影响。19世纪中叶前,由于德国长期处于分裂状态,未能形成一个统一的民族国家。直到第二帝国的建立,德意志才结束长达九百多年的分裂状态。从此,德国作为一个统一的近代民族国家在欧洲崛起。长期的国家分裂使得德国民众和知识精英们都渴望国家的统一,因为分裂动乱而使得国家落后,遭受别国的屈辱,更激发德国的国家主义,人们相对于自由民主而言更渴望的是国家的强大。在德国思想文化领域中,专制主义和强权观念、权威崇拜和服从精神,在人们心目中根深蒂固,而自由、平等、民主意识却极为淡薄。康德指出,"人民实际上是不可能得到统治权的,人民的意志应该完全服从于现存政权"。黑格尔也主张"国家除了自己的意志之外,不服从任何其他的法律"等。这种权威崇拜和服从观念逐渐成为德国广大人民默认的信条,于是下层群众形成习惯性的奴性,自由、民主意识异常薄弱,个性长期得不到充分发展,对资产阶级民主政治自然也不十分感兴趣,政治参与的热情不是很高。

三是崇尚思辨理性,强调技术至上。德国文化崇尚思辨理性,重视技术。纵观德国哲学史,从中世纪的人文主义运动、宗教改革到启蒙时期的莱布尼茨哲学,再到康德、费希特、黑格尔、费尔巴哈等,始终贯穿着崇高思辨理性的精神。黑格尔要求在哲学上用思辨的方法,他认为,经验的方法没有普遍性。受此影响,在德国,具有思辨理性的人就被认为当然是受过专门训练的人,群众被贬斥为群氓。黑格尔就说过,对于理性来说,群众是聋的和盲的。所以,德国的规则是专家的规则,而不是老百姓的规

---

① 参见王春风:《德国文化民族主义理论特点探析》,载《内蒙古大学学报》2007年第6期。

则。在德国只有这样的规则,才会得到公众的尊崇。崇尚思辨理性的哲学使德国的规则在技术上坚持严密的逻辑推理,力求精确表达术语。这在德国的法律文化中最为明显。《德国民法典》中的每个概念仅用一个词去表达,反过来,每个词只表达一个概念,"立即""处分""同意""重大事由""不公平"等法学术语或普通用语都做到在精确意义上的使用,不会让人产生误解。因此有人认为《德国民法典》是"优良的法律计算机""非常精密的法律的精雕细琢""或许任何时候都是具有最精确、最富有法律逻辑语言的私法典"等。这种立法风格,使德国法在大陆法系中独树一帜,成为与法国法相并列的一个支系。

(四)法国廉洁文化教育环境

法国位于欧洲大陆最西端,很早以来就是通往大西洋各条要道的枢纽,因而成为各种文明形式积淀与交融的理想场所,公元1世纪出现的高卢——罗马文化就是其典型代表。在这些文明形式中,既有法兰西民族自身的创造,也有外来文化的赐予,这种独特的文化现象在法国历史上从未消失过,并在西方各国的文化迁衍变化中经常起到先锋和表率作用。17世纪,法国的古典主义成为欧洲各国效法的楷模。18世纪资产阶级启蒙思想运动在法国蓬勃兴起,开始了"理性时代",打破由教会一统天下的"信仰时代",启蒙思想家如伏尔泰、孟德斯鸠和卢梭等人对封建专制制度进行猛烈攻击,带动整个欧洲资产阶级价值观的普及。后来,启蒙运动出现分裂,以伏尔泰、狄德罗的经验理性为一派,强调实践经验的积累;以卢梭的先验理性为另一派,强调先验的政治的道德性目标。最终,法国人民因其本身的民族特性和传统选择卢梭的学说,意味着其选择政治观念的先验性文化。

卢梭学说的"公意""主权在民"理论深入人心,其批判的社会异化理论,以及为反异化而着手建立的道德理想国使人心向往之。他的学说强调抽象的理念,不注意政治实践,是法国观念中的政治的一个重要根源。他认为,存在于个人和统治者之间的"中间人"可能会歪曲公意的表达,因此,卢梭式的政治模式不承认政党、利益集团等中间团体的合法性,以至于法国的政党、利益集团等组织发展欠缺,如政党体制不完善,无法形成稳定多数派,利益集团数量也较少等,这样他们就不能很好地组织公民的政治参与。他反对代议制,倡导直接民主制,这个观念在法兰西第五共和国中的一个很好的体现就是半总统制和全民公决。

除了卢梭等思想家先验性文化的影响外,当时法国文化还具有鲜明的人性论特征。人性论涉及对人、社会及自然的认识,是试图解决它们之间关系的一种工具,也是一种生活的,即精神、思想、道德、观念乃至政治、文学、艺术、习俗的结构形式。人性论首先是一种认知,它通过人自身所拥有的一切手段,主要是思想和语言去认识。这种认识既包括某一客观真理,也包括人本身及其各种表现。人性论作为一种社会思想体系,其目的在于依据人的愿望和需要,来设计和安排自身的处境。人本身具有双重特性,即理性和感性。理智和智慧将人导向外化,追求自由和独立,而感觉和情感则将其导向内化,寻觅超越与解脱,使人在从外部力量的束缚下获得自由的同时,又从自身的束缚中解脱出来,作为一种真正的自主力量而行动,可以说这就是人性论所追求的理想目标。

18世纪,由于法国人的视野大为拓宽,思想观念有了突飞猛进的发展。以百科全书学派为代表的启蒙哲学致力于用理性主义来认识社会,而更多的法国人则试图通过情感领域来观察生活。这一时期他们所审视的人基本上是物质生活领域中与集体有联系的个体,即存在于时间和空间范畴中活生生的人。19世纪,法国人开始忽略对集体生活的关切,精神生活领域也较少涉及国家概念。在法国城乡,宗教活动几乎变成一种机械性的生活习惯,逐渐失去其本来意义与价值。与此同时,由于教育事业得到长足发展,知识在更大的程度上得到普及,这对于塑造法国人的精神来说显然是具有决定性意义的。20世纪,随着科学技术的日新月异与社会生产力的迅猛发展,法国人的物质生活达到前所未有的富裕程度。这使得法国人的物质文化生活更为丰富的同时,人与社会,人与科学技术进步的矛盾也日渐突出和尖锐,个人中心主义与物质享受主义成为主导倾向。然而,个人生活和物质生活并不能取代一切,反理性、非理性、新理性等作为一种现实思潮应运而生,为人性论涂上一层消极色彩。

法国文化具有如下特点:

一是历史悠久和勇于创新。法国文化发轫于古希腊、古罗马文化时期。不论是从文化材料,还是思维形式、心理结构等,法国文化都与古希腊和古罗马文化有着千丝万缕的联系。从公元50年凯撒大帝吞并高卢,直至5—6世纪,法兰克人在高卢大部分地区先后建立其王朝。尽管法兰克人政权还是臣属于罗马帝国,但法兰西文化却悄然兴起。同时,法国文化在欧洲文化中经常敢为人先。17世纪,法国的古典主义风靡欧洲各国。18世纪,资产阶级思想启蒙运动蓬勃发展,带动整个欧洲资产阶级价值观念的改变。

二是强调人性论精神。法国文化中的人性论,一方面是对弱小者、受苦难者、下层人民的同情,成为鼓舞一切有良知的人们奋起抗争的精神与力量的源泉。另一方面是对人类生命永不休止的关切与思考。尤其是从18世纪启蒙运动以及随之而至的法国大革命起,自由、平等、博爱的思想在法国深入人心,并鲜明地体现在文化之中,深广的人道主义传统,形成捍卫人的尊严、维护人的价值的重要精神力量。①

三是理性主义传统。法国文化中理性主义是其文化传统积蕴的深厚底蕴。法国人讲节制、重分寸及精神思想的作用,更注重思想的准确明晰与思维逻辑的严密。这些文化机制的形成得益于卢梭学说的影响。理性主义除了反映在先验性政治文化之外,还广泛体现在法国的文学艺术当中。理性主义反映在文学艺术里,便是将理智注入情感,使情感获得秩序和约束,同时外化为清晰的具有鲜明感觉性的形式,如古典主义戏剧等。20世纪,随着超现实主义的诞生,理性主义传统受到怀疑,非理性原则逐渐抬头。然而,深厚的文化内蕴和潜藏在每个个体生命中的文化积淀,使那些非理性的作品仍折射出理性的光芒。

(五)新加坡廉洁文化教育环境

从文化上来看,新加坡文化元素主要为儒家文化和英国文化。儒家文化是由华族移民带到南洋后逐渐形成的一种文化现象,同固守在本土的本源的儒家思想既有相同点又有差异。由于新加坡没有经历过封建

---

① 参见张泽乾:《法兰西精神文化与文化精神》,载《武汉大学学报》1992年第5期。

制,华族移民又非充满封建统治意识的地主阶级及知识分子,因此在这里传播和发展的儒家思想不是政治意识形态的儒家思想,也不是作为一种学术的儒家思想,而是个人伦理的儒家思想。这种儒家思想摆脱传统宗法势力的操纵和封建文人的影响,封建性淡薄,仁爱精神、民族意识等方面得到发扬,以仁、善、孝、礼、诚为价值取向而形成的泛道德主义,鼓励人们建立一种和谐、谦让和诚实的人际关系,以及维持着勤俭、顺从、忍耐的美德。它适应新加坡经济发展的需要,并与科学管理模式相结合,成为指导和推动新加坡经济发展的理性工具。

新加坡文化中的另一种文化元素是英国文化。新加坡作为英国的殖民地,英国在新加坡的统治长达一百四十多年,在此期间,英国文化对新加坡社会尤其是上层社会产生深远影响。20世纪初,英国等西方国家的传媒、宗教和学校教育不断涌入新加坡,打破儒家文化一家独大的局面。二战后,随着科学技术的发展和交流的增加,在殖民政府的支持下,西方的电影和书刊大量涌入,促进西方文化的传播。由于华人社会和殖民统治者的上层社会之间相对分离,华人社会中的儒家文化仍是主流文化,英国文化仅在新加坡上层社会尤其是国家层面上占据主导地位。

1959年,新加坡人民行动党上台执政后,开始实行全方位的对外开放政策,与前殖民者保持密切的关系,依靠英国军队保卫国防,保持与世界市场的联系,大量引进西方的商品、机器、科学技术,以及现代管理方式和价值观念,这对新加坡社会造成巨大冲击,使得传统亚洲价值观里的道德、义务和价值观念逐渐消失,取而代之的是西方化、个人主义的人生观。时至今日,新加坡的年轻一代较之老一代,在个人生活上更愿意标新立异、模仿西方,宗教信仰上更愿意信仰基督教、天主教或新教,政治上支持反对党、希望政治格局的多元化,文化娱乐上更愿意观看欧美的电影电视、读西方作品,管理方式上实行产权分离的现代股份制管理方式等。可见英国文化在新加坡文化中的重要地位。

20世纪70年代后期,随着东亚工业文明的兴起,出现"第三种工业文明"理论,提出第三种工业文明与儒家传统文化的相关性命题。新儒家认为,儒家精神与现代化不是互相排斥,东亚各国正在走一条儒家资本主义的道路。该发展模式是把儒家伦理融入资本主义的经营管理中,把西方偏重个人才能发挥的机制改变为具有人文色彩的管理工程,注重心理调节和人际关系调节,并发挥群体的力量等。它还认为儒家伦理在群体中寻求自我实现的意识和勤劳节俭的品格是资本主义发展的动力。受这一理论的影响,新加坡领导人开始用儒家文化来平衡西方文化和工业化引发的不稳定状况。李光耀等领导人认为,由社会转型所引发的道德失范导致诸如离婚率增高和个人主义意识强化以及精神空虚、犯罪现象增多等问题,进而,还会导致对人民行动党威权统治的挑战。对此,除在法律上进行规范外,有必要建立新的道德价值体系,通过倡导儒家政治伦理来抑制多元化的要求,并扭转儒家文化在新加坡文化中的颓势。

为建立一个具有伦理意识和凝聚力的现代化社会,培养具有儒家伦理价值观,有理想、有道德、有崇高品格的公民,纠正现代化进程中青少年西化的偏差,从1979年6月开始,新加坡掀起一场文化再生运动,采取各种有效的措施,推进儒家伦理现代化和民众化的过程。其内容包括礼貌运动、敬老周运动、推广华语运动,以及道德教育改革方案的提出,号召新加坡人保持发扬中华民族儒家的传统道德,并把"忠孝仁爱礼义廉耻"八种美德作为政府必须坚持贯彻执行的"治国之纲"。同年9月,新加坡教育当局公布《道德教育报告书》,为中学生开设宗教课程。1980年2月,教育部又郑重宣布"儒家伦理"为选读课程之一。为建设这门课程,新加坡从美国和中国台湾地区邀请著名教授前来新加坡讲学和提供编写方案,大众传媒也配合进行宣传,使推广儒家伦理的活动造成巨大的社会影响。

1990年2月,新加坡政府发表《共同价值观白皮书》,指出五大共同价值观,即国家至上,社会为先;家庭为根,社会为本;关怀扶持,同舟共济;求同存异,协商共识;种族和谐,宗教宽容。新加坡政府通过弘扬中华民族优秀文化传统,在多元的社会基础上,建立起统一、独立的国家意识,在国民中树立起一个敬业乐群、勤劳进取、廉政奉公、讲求效率的新加坡精神,为新加坡的社会稳定和经济发展,开拓精神动源。新加坡发动的这场规模空前的弘扬新儒学运动,不仅在新加坡的工业现代化中发挥重要作用,而且在培养新一代新加坡人的道德风貌,维系多种族、多宗教国家的和谐与稳定等方面作出贡献,在一定程度上保持新加坡儒家文化的社会和政治地位。

(六) 澳大利亚廉洁文化教育环境

澳大利亚传统上是西方国家,但在地理位置上邻近亚太地区,接近亚洲,远离欧洲和美洲。由于它与英语的历史渊源和亲密关系,其思想体系和文化传统基本上都是从英国等国移植而来,所以人们习惯上把它视为一个西方国家。澳大利亚的近现代史大约有两百年,先是英国人,后来欧洲人、亚洲人、非洲人、美洲人等不断移入澳洲,逐步使该国形成一个以白人为主体,包括土著人和其他外来移民的民族共同体。

澳大利亚文化一般来说是由土著文化、多元文化、主流文化组成。土著文化是由最先繁衍生息在澳洲大陆上的土著人创造的不同于西方的独特文化。由于澳大利亚土著人的生产活动和生活方式,主要是狩猎和采集食物,因而形成自己不同于欧洲人的思维方式和价值观,即崇尚集体,崇尚合作与分享,把自己和自然环境融为一体,反映人与人之间、组织与组织之间和谐与合作的关系。这种思维方式和价值观与西方社会的个人主义和竞争精神是格格不入、难以相容的。

澳大利亚文化中的多元文化是外来移民经过长期发展后逐渐形成的一种文化。一百多年前,欧洲人发现澳洲大陆,英国人和爱尔兰人先到达这块土地。当时英国统治者推行一种利己的民族中心主义政策——白澳政策。之后由于需要大量的体力劳动者,澳大利亚政府决定大批从海外移民以解决劳动力缺乏的问题。1947年,澳大利亚政府开始允许非英语的欧洲人、亚洲人等移民澳大利亚。就这样,来自不同国家的人开始在这里繁衍生息。澳大利亚政府采取顺乎民心的多元文化政策,一方面鼓励移民尽量适应新的生活环境,另一方面允许他们保留自己原有的文化和语言,形成澳大利亚多元文化的局面。

澳大利亚文化中的主流文化是指在澳大利亚这个多元文化社会,白种人作为该国的主体民族,他们在澳大利亚所代表的白人文化仍占主导地位,是主流文化。但必须指出的是,澳大利亚的主流文化基本上是一种移植于西方的文化模式,它根植于英国文化,但又不完全雷同于英国的文化。它是西方文化的发展和延伸,是在澳洲大陆上发展起来的一种独特的西方文化现象。

为保持澳大利亚文化的多元性,澳大利亚政府吸收和借鉴了"多元文化主义"理念,先后制定一系列多元文化主义政策。1972—1975年,在澳大利亚惠特拉姆政府执政期间,正式废弃白澳政策,宣布实行多元文化主义政策;实行机构改革,将移民部撤销过程,其功能分散到各有关部门;主张机会均等,采取一些措施促进移民在澳大利亚的定居过程,如设立社区关系委员会、提供电话互译服务、建立少数民族电台、颁布《反种族歧视法》等。1975—1983年,在弗雷泽的自由—国家党联盟执政期间,重新成立移民部,将少数族群事务列为其主要职责之一;制定《作为一个多元文化社会的澳大利亚》报告,第一次确定多元文化主义的定义和建立多元文化社会的三大原则:社会和谐、平等和文化认同;在移民咨询委员会对移民项目与服务进行检查的报告中提出机会平等、文化认同、政府确保移民平等获得一定的工作及移民尽快为澳大利亚的社会发展作出贡献等四大原则。从1983年后,在霍克—基廷政府执政期间,出台了贾普报告,提出平等参与国家政治、经济、社会、文化生活的机会;平等获得与共享政府代表社区管理的资源的权利;参与并影响政府政策、项目与服务计划的设计与运作等多元文化政策的原则;并公布《一个多元文化社会的澳大利亚国家议程》,提出多元文化主义的目标,即社会公正,经济效益,所有澳大利亚人的权利。在霍华德政府执政时期,政府公布《多元文化政策的声明——澳大利亚多元文化新议程》,强调承认并尊重澳大利亚人民的所有权利,使国家的管理者更加敏感地理解社会经济结构和人民生活具有多元文化的权利、义务和需求,在社会中不断促进不同文化群体之间的和谐发展,有效利用文化多元性带给全体澳大利亚人民的益处等;颁布《多元文化的澳大利亚:多元一体》声明,对新形势下多元文化主义的基本原则进行新的阐述,即共同的义务,相互尊重,人人平等,人人受益等,这些举措有力推动澳大利亚多元文化的健康发展。

澳大利亚多元文化的特点表现为:

一是国家利益高于一切。澳大利亚在本国实施多元文化主义政策时,十分强调国家利益的至高无上性。这一点在政府提出的《国家议程》《新议程》、声明中表达得十分明确。当然,澳大利亚多元文化主义是有其前提的,即承诺对澳大利亚及其根本的社会制度和民主的价值观念承担压倒一切的义务和责任。在此前提下,认可和尊重所有澳大利亚人表达和享有自己独特文化传统的权利。

二是共同参与、人人受益。澳大利亚采纳多元文化主义的初衷主要是为保护少数民族移民的权利平等,其政策措施主要关注少数民族和族裔移民的需要,因此一开始就受到民族主义者的反对和英裔移民的质疑。他们担心由白人建立的澳大利亚现代社会的成果被分享或异化。1997年,国家多元文化咨询理事会认为,如果要使民族多样性成为统一的力量,多元文化主义的政策除继续关注非英语移民的需要外,对所有澳大利亚人,包括土著民族、英裔移民及其后代,都应该给予关注,在《新议程》和声明中,对多元文化政策关注的对象进行更明确的表述,提出"人人受益"的原则。

三是全面具体、重在落实。澳大利亚多元文化主义理念经过三十多年的发展与完善,已经深入到澳大利亚国家生活的各个领域。在政府层面上,联邦政府在《国家议程》中,将多元文化主义确定为基本国策,并建立国家与地方的权力机构来负责落实各项工作。在社会层面,设立大量民间团体、社会中介服务单位。它们必须按照既定国策在自己的工作计划中包含多元文化的内容。同时政府直接抓很多项目,为移民和少数民族群体做实事,使各种族移民社会可以保持他们的文化传统和生活习俗。

第三节 英国公民廉洁文化教育

一、健全公民廉洁文化教育的宗教和学校教育功能

英国一直以来都十分注重公民的廉洁文化教育,把公民廉洁文化教育作为公民廉洁教育的重要内容看待,并通过宗教教育、学校教育和社会

教育树立廉洁意识,养成廉洁守法的习惯。

英国的宗教教育是公民廉洁文化教育的重要内容。在英国,宗教教育是非派性的一般宗教教育。该教育主要是向学生介绍宗教和精神领域的历史、内容和观点,传授对英国文化具有重大影响的宗教传统知识。当然,英国的宗教教育在相当程度上是传授有关公民个人和社会的普世价值观念,其目的是帮助公民理解现代社会中的宗教和文化的多样性,确立公民个人的价值观等。

英国的学校教育是公民廉洁文化教育主要场所。英国的学校都开设公民廉洁文化教育的相关课程,这些课程十分关注个人品德的教育,其目的在于鼓励学生对文明的兴趣和关心,帮助学生树立责任感和理想信念,培养其良好的道德情操。英国学校教育的《课程指南3》还特别指出"学生应该发展个人的道德行为准则、价值和信仰。应该促进学生的共有价值,例如关心他人、勤奋努力、自我尊重、同时发展例如诚实和真诚等道德品质"①。同时,学校还注重传授礼仪、仪表、个人品行的知识,旨在促进正直、体谅他人的行为,以及学生对行为和信仰之间关系有一种正确认知。此外,学校在廉洁文化教育中注重教育形式的多样化,通过其他学科的相互渗透,把廉洁文化教育蕴涵在文学、艺术、历史、健康教育、为人父母和家庭生活的准备教育等课程中,有助于鼓励学生在学校、邻里、社区生活,以及更广泛意义的世界生活中扮演更有益的角色,帮助学生了解社会的发展和人在社会发展中的作用。英国除学校廉洁文化教育外,也相当重视对公民的社会教育,特别是职业廉洁文化教育,并通过公民的行为法律规范来加以约束,引导公民遵纪守法。

二、完善公民廉洁文化教育的法律制度和廉洁监督机制

英国是一个法治国家,各种法律制度健全,法文化成熟,导致公民的法律意识较强,这在很大程度上有利于公民的廉洁法文化教育。英国政府为防止滋生腐败现象,保持社会的公正廉洁,先后制定一系列与反腐败

---

① 周洲:《加强核心价值观,超越差异》,载《贵州教育学院学报》2009年第8期。

有关或者包含反腐败内容的法律条文。这些法令不仅惩治腐败，净化社会空气，而且也规范公民的行为准则，引导公民廉洁自律，客观上起到公民廉洁教育的作用，因而也间接达到公民廉洁文化教育的目的。

英国第一部有关反腐败的法律《公共机构腐败行为法》是在1898年颁布的。该法律把一切行使公共职能或法定职能的机构都认定为公共机构，并禁止公共机构的任何人在与公共机构有关的任何交往过程中收受或者要求收受、同意收受任何形式的礼物、贷款、费用、酬劳等。同样此类人员也被严格禁止在此类事务中承诺或提供任何形式的礼物、贷款、费用、酬劳等。1906年，英国又颁布《防止腐败法》，把《公共机构腐败行为法》的范围扩大到包括公共机构本身。1916年通过的《防止腐败法》再次扩大公共机构的范围，包括一切地方性和公共性机构。1948年的《人民代表法》、1964年的《许可证法》、1988年的《犯罪审判法》、2001年的《反恐、犯罪和安全法》等也都有类似的规定。

2005年，英国政府通过《信息自由法案》，规定英国公民有权获取所有公共机构的信息，公众有权直接要求公共机构提供相关信息。只有7项完全豁免和16项有条件豁免的信息，即保卫国土安全的需要，与政府政策制定有关的信息；各部委之间的通讯和法律官员的建议；与审计职能有关的公共机构掌握的某些信息等。同年，英国政府公布新的《反腐败法》草案，进一步用制度法规遏制腐败现象。

英国政府还通过设立各种廉洁监督机构，监察专员署等，组成反腐败的网络机制，进一步增强公民廉洁文化教育的时效性。实践证明，英国廉洁监督机制的建立，不仅可以对政府的施政纲领进行监督，对政府公职人员的越轨行为进行规范和纠偏，预防和减少公职人员的犯罪，杜绝腐败的滋生蔓延；更重要的是，它可以通过这种监督机制，树立政府的弃恶扬善、弘扬正气的勇气和信心，为民众提供生动和直观的反腐倡廉的素材，教育和警示公民养成廉洁自律的好习惯，以便更好推动公民廉洁文化教育的发展。英国的廉洁监督机构庞杂，主要包括反重大欺诈局、行政监督专员制度、行政裁判所等。

英国的反重大欺诈局成立于1988年，主要处理与公共利益紧密相关、涉及面广、影响大，或涉及金融、商业、会计等专业性强的犯罪。该部门的权力来源于英国的刑事司法法案，工作程序为举报案件，提交案件，选择案件，成立调查组，调查起诉，审理判决等。该局实行侦诉合一的办案体制，腐败犯罪案件从侦察到起诉均由同一组办案人员负责，办案效率较高，其职权包括要求协助侦察权、询问和讯问权、搜查权、处分权等。此外，该局还与贸易工业部、英国银行、国际证券交易所、金融局及股票与投资委员会等政府部门或管理机构保持联系，受理有关重大欺诈案件的投诉等。

英国的行政监察专员制度形成于1967年，主要设有议会行政监察专员、地方行政监察专员和卫生医疗行政监察专员等。议会行政监察专员的职责包括监察中央政府机构及公务员履行职责的情况，负责调查由于政府机关和公务员的不良行政行为使公民权益受到侵犯的申诉和控告。议会行政监察专员有权调查国防部、内政部、贸易部和工业部、税务局、海关总署，还有权查阅有关被控政府部门的文件、档案、账簿，并有权要求政府大臣和主要官员口头或书面作证等。而地方行政监督专员的管辖范围是地方政府及其官员、地方议会及议员等。其任务是调查处理公民对本地不良行政行为的申诉。地方行政监督专员对公民或团体提交的申诉经过调查后，如果认定申诉人确已受到不良行政行为的侵害，经调查报告及相关建议送达被申诉机关，被申诉机关须在3个月内将其已经或拟采取的补救措施通知监察专员。否则，监察专员有权向上一级部门报告，以施加压力。卫生医疗行政监察专员主要负责处理公民对卫生医疗保健机构损害其权益的申诉。申诉一旦被受理，该专员要展开调查，经调查如认定事实属实，则要求侵权单位对受害人进行适当补偿。否则，该专员可向上一级政府机关报告，向被诉机构施压，促其采取适当补偿措施。

英国的行政裁判所是在普通法院之外为解决行政机关和公民之间纠纷而设立的行政司法机构。该所的主要任务是解决个人纠纷，处理土地和财产问题，以及就业问题。同时还解决公务机关与公民之间的纠纷。行政裁判所的程序规则：一是行政裁判所裁决案件采用对抗式而不是纠问式，即由争议双方当事人互相审问，各自提出理由和证据，并相互对证据进行辩论。裁判所成员不参与任何一方,而是通过听取当事人的辩论据以判明是非,作出裁决。二是行政裁判所裁决案件一般采取言词审理,裁判所不受法院证据规则的约束,可以采纳传闻证据。裁判所的裁决无需建立在现实证据的基础上,它可凭自己的知识和经验对事实进行认定。裁判所对拒绝作证的证人有权传唤,命令其提供证据。当裁判所没有这种权力时,可向高等法院申请发出传票传唤证人。三是裁决一般依多数通过。行政裁判所作出的裁决必须向当事人说明理由。裁决一旦作出,裁判所一般无权自行撤销该裁决,除非该裁决为高等法院所撤销。四是当事人不服从行政裁判所的裁决,可向上诉裁判所上诉,或向部长上诉,或向法院上诉等。

第四节 美国公民廉洁文化教育

一、重视公民廉洁文化的宗教伦理观教育

美国是一个多元宗教文化的国家,宗教伦理道德所强调的诚实守信、勤俭奋斗、友好互助、嫉恶行善,以及尊重人权等准则是美国人普遍崇尚的美德。它通过以"信、望、爱"超性之德为根本的基督道德,对民众进行"罪恶""爱心"和"忠诚"的世界观、道德观教育,为社会提供一种道德与价值规范。这种道德与价值规范包括教人养成较强的人格平等的意识,培养忍耐、谦卑、廉洁的品格等,为社会提供一种公正、自由、平等的价值评判标准,把民众的思想统一起来,进而协调民众的行动,实现民众群体的认同感与归属感。为此,美国的宗教伦理观教育更加关注社会的现实问题,并致力于解决现实社会和伦理问题,提倡仁爱精神,反对唯利是图、个人至上,强调正义原则与仁爱精神的统一,这对于稳定社会秩序起到重要作用。宗教教育正是通过超自然的神化的手段,将宗教教义打上神圣的印记,从而使现行的社会规范和价值观念神圣化。正如我们经常看到的一些人类共同创造的美好的世俗规范,比如乐于助人、尊老爱幼、不偷不贪、勤俭等,被宗教吸收后加以神圣化,使这些世俗伦理原则更具有权

威性。① 在此基础上产生的宗教伦理及道德观念,直接约束着民众的现实生活,与世俗的伦理规范一起维持现存的社会秩序,协调各种社会关系。

受宗教伦理道德的影响,美国特别注重家庭生活中的宗教教育,父母经常会给孩子讲解《圣经》中的故事,使孩子得到"爱心"和廉洁的启迪。还会带着孩子去教堂参加各种宗教仪式,通过切身体验让孩子的心灵和精神受到洗礼,引导孩子从小树立仁爱和谦卑理念,自觉养成以廉洁为荣、以腐败为耻的道德风范。不仅如此,美国还通过学校教育中的宗教教育,来强化廉洁意识。据统计,美国学生上天主教的中小学的占81%,上其他教会学校的占10%,上非宗教学校的只占9%。《圣经》在美国成为最畅销的书。当今绝大多数美国人自认为是教徒,40%的美国人宣称宗教在人们生活中有重要作用。10个美国人中有9个人信仰上帝并作祈祷。宗教宣传在美国社会中有很大势力。在美国的私立学校基本上都开设宗教课程,而传统教会学校的宗教活动更多,每天都要举行宗教活动。通过宗教课,教育孩子行善积德,为社会多作贡献。在廉洁文化上,强调对正面典型的宣传教育,对于美国历史上建树较多、清正廉洁、道德高尚的人物,树碑立传、歌功颂德,对学生的廉洁品格教育产生潜移默化的作用,教导学生扬善抑恶,引导他们树立良好的廉洁观。这种廉洁文化教育极大地提高公民反腐倡廉的道德品质,造就美国社会以廉洁为荣的文化氛围。受此影响,美国公民自觉建立自我约束机制,以便把贪污腐败消灭在萌芽状态,即便发现贪污腐败行为也会加以揭露。

二、健全公民廉洁文化教育的反腐败法规和廉洁监察机制

美国为加强公民廉洁文化教育,不断强化反腐倡廉的法制建设,先后制定《宪法》《有组织的勒索、贿赂和贪污法》《对外行贿行为法》《政府道德法》《监察长法》等一系列法规,从而保证廉洁法文化教育的制度基础。

美国《宪法》中规定的一些政府原则为美国的反贪污法律制度确定了

---

① 参见陈正桂:《美国公民教育的特征及对我国思想政治教育的启示》,载《思想政治教育研究》2010年第3期。

基本的框架。例如,宪法中明确规定的三权分立和制衡原则就为约束政府官员不当行为的法律机制奠定了基础;而宪法修正案中规定的一些公民权利和自由也为人民监督政府官员的行为提供了重要的保障。此外,宪法中也有直接涉及贪污贿赂问题的规定。例如,宪法第 2 条第 4 款规定:"合众国总统、副总统、及其他所有文官因叛国、贿赂、或者其他重罪或轻罪而被弹劾并判罪者,均应免职。"

美国的《有组织的勒索、贿赂和贪污法》扩大了联邦司法机关在惩治腐败官员上的管辖权,给予了执法机关使用更为灵活的调查手段的权力,加大了对贪污受贿官员的处罚力度,因此很快就成为美国最重要、也最有效的反贪污贿赂法律。随后,美国一些州的立法机关也颁布了类似的法律。

美国的《对外行贿行为法》颁布于 1977 年,1988 年进行了修订。在 1977 年以前,美国法律并不禁止美国公司向外国政府官员行贿,也没有要求美国公司向社会公开其可能带有行贿性质的向外国政府官员的付款。该法的主要内容是要求那些受证券交易委员会规章约束的公司建立一套完备的内部财会管理制度,并在遵守现存证券交易法规的前提下向社会公开其向外国政府官员付款的情况以保证其经营行为的正当性。该法禁止对外行贿行为。无论是直接还是间接地付款给外国政府官员、外国政党首脑或政党首脑候选人,或者作出给付某种利益的承诺,只要给付的目的是"行贿",即希望通过受贿者的某种行为或不作为使公司获得不正当的利益,那么这种给付或承诺就属于对外行贿行为。该法并不禁止为获得正常政府行为而向外国官员支付钱款,也不禁止向外国官员支付所在国法律准许支付的回扣或小费。

美国《政府道德法》的主要内容是规定政府官员财产申报制度。按照该法的规定,包括总统、副总统、国会议员、联邦法官在内的立法、司法、行政机关中一定级别以上的官员,都必须按时申报其财产收入,包括可估价财产和不可估价财产,还包括其配偶和子女与其有关的财产收入。该法规定了政府官员财产申报资料的保管办法、保存期限、公开方式、查阅手续,以及对拒绝申报和虚假申报的处罚办法。此外,该法还规定了政府道德署和独立检察官的设置和职责等事项。

美国的《监察长法》规定在政府的各行政机关内设立监察长办事处以及设立的目的;规定监察长的任免和监督;规定监察长的任务和职责;规定监察长工作报告的内容和公布;规定监察长的调查权力;规定对举报人和控告人的保护;还规定国防部、财政部、司法部、国际开发署、核管理委员会等机构的监察长的特殊职权和义务。因此,《监察长法》是在联邦行政机关内部加强防贪肃贪措施的重要法律。

美国的《预算和会计法》决定撤销原来隶属于财政部的主计长和审计官,成立直接向国会负责的审计总署,并规定审计总长的任免、职权,以及审计总署的机构设置等事项。该法的基本宗旨是加强对公共资金的收入、支出和使用的监督审查,以便约束和减少行政官员滥用职权、贪污浪费的行为。此后,国会曾多次通过法案扩大审计总署的权力。

美国的行政廉洁监察机制较完善,对美国的公民廉洁文化教育影响巨大。该机制主要包括联邦政府各部委内部设立的监察处、政府道德署、审计总署等。

美国的联邦政府各部委内部的监察处是根据1978年国会通过的《监察长法》设立的。该处的工作包括:(1)制订监察计划。监察处每年年初要根据所在部委的具体情况制定出审计监察计划,重点是那些涉及大量资金的项目。(2)项目跟踪检查。监察处对所在部委的每项财政支出及相应的行政活动都要进行跟踪检查,以便发现官员违法行为的线索。(3)审查承包商。监察处对政府财政支出的承包商的有关活动进行审查,以便发现官员舞弊行为的线索。(4)接受举报或控告。监察处都设立"热线"举报电话,接受所在部委雇员或其他公民的举报或控告,而且要采取必要措施为举报或控告人保密。(5)调查取证。监察处对于自己发现的案件线索和收到的举报或控告应该进行调查并收集证据。在调查过程中,监察长及其工作人员有权按照法律规定查阅有关文件、询问有关人员,并在必要时发出调查传票。(6)协助调查。监察处在收到其他犯罪调查机关移送的案件材料之后,应该在自己的职权范围内协助其进行调查。(7)提交报告。对于重大案件的情况,监察长有权及时向总统和国会提交报告。此外,监察长每半年应向国会提交一份其所在部委监察工作的综合报告。(8)提出建议。对于工作中发现的问题,监察长有权向所在部委的行政首长提出改进的建议,而后者必须在30天内给予答复。(9)移送处理。在案件调查结束之后,监察长如果认为某官员的行为已经违反了行政纪律,应该将案件移交给所在部委的行政首长处理;如果认为某官员的行为已经触犯了刑律,则应该将案件移送给检察机关起诉。(10)特殊职责。除上述一般职责外,《监察长法》还具体规定国防部、财政部、司法部等部委监察长的特殊职责。

美国的政府道德署的基本职责是主管政府高级官员的财产申报事务和监督政府官员的道德行为。该署的总监由总统任命,但须经参议院同意。总监向总统和国会负责。不征得国会同意,总统无权免除总监的职务。该署的职责包括:(1)接受并审查总统、副总统及高级行政官员的财产申报,建立并保管上述财产申报的档案。(2)经与司法部长和人事管理局长协商,拟定由总统或道德总监颁布的、关于行政部门利益冲突和道德准则的规章,包括行政官员财产申报书的递交、审查和公布的程序规则。(3)经与司法部长和人事管理局长协商,拟定由总统或道德总监颁布的、关于认定和解决各种利益冲突的规则。(4)监督并调查行政官员财产申报制度的执行情况。(5)解释由总统或道德总监颁布的各项与行政部门利益冲突和道德准则以及财产申报有关的规则和规章。(6)根据行政机关有关官员的要求,就特定情况下利益冲突的解决提出意见。(7)向当事人提供有关利益冲突、道德准则和财产申报的咨询。(8)向行政机关或行政官员提出改善措施的建议。(9)向行政机关索取有关的报告材料。(10)协助司法部长评估有关利益冲突法律的实施效果,并提出相应的修改意见。(11)在司法部长和人事管理局长的协助下,评估并决定是否需要修改由道德总监颁布的关于利益冲突和道德准则的规章。(12)与司法部长合作,按照有关法律的规定建立一套向司法部长报告行政机关或官员违反利益冲突法律的情况的制度。(13)在行政机关内部宣传政府道德准则,以加深行政官员对道德准则的理解。(14)与人事管理局长协商,就财产申报项目及其评估等问题拟定并颁布必要的规章。

(15) 向行政机关提供有关的研究报告和资料,以提高行政机关的道德行为标准。

美国的审计总署是独立管制机构,也是国会的调查机关。它有义务完成国会及其委员会要求其完成的调查工作,并向国会提交调查报告。审计总长由总统任命,但要经参议院提名和同意。该署的基本职责包括:调查一切与公共资金的收入、支出、使用有关的事项;提出更经济、更有效地使用公共资金的立法建议;按照国会的要求进行包括政府官员贪污在内的各项调查并提交调查报告;研究确定国会审议的各项政府财政支出的法律根据;审查并调整政府提出的或者向政府提出的各项开支要求;制定有关各种会计格式、程序和制度的规章等。

第五节 德国公民廉洁文化教育

一、注重公民廉洁文化的传统教育

德国社会素来有严谨和守法的文化传统。在德国的学校公民教育中,一直都把遵守行为规范、做到公正、诚实、对国家和社会负责、具有群体精神、承认并运用自由和民主的基本条例、履行国家公民的权利和义务等作为公民教育的主要内容,这种教育有助于培养公民自觉树立廉洁意识,远离腐败,自觉抵制腐败行为。学校还通过开设宗教课,了解宗教教义,并开展集体祷告等宗教仪式活动,潜移默化地塑造公民的心灵中正直善良的好传统。同时,在德国的家庭教育中,也强调培养孩子的生活能力、履行义务的能力、行动的能力以及批判的能力,要求孩子具有知识、诚实、勤奋、秩序、公正、容忍、认真的好品质,这一切都对德国公民养成严谨、认真、守法的性格具有很大的帮助,有利于公民洁身自好,抑制腐败思想的延续。① 此外,德国的新教所倡导的勤俭和简朴精神,也对德国公民产生重要影响。德国人信仰宗教,受宗教意识的影响,许多公民会对自己

---

① 参见刘国莉:《德国文化价值观念对教育的影响》,载《德国研究》1995年第2期。

的犯罪行为和腐败行为产生负罪感,这有利于社会稳定,也使公民注重个人道德修养,养成严肃认真、遵纪守法、善于服从和不感情用事的传统美德,为廉洁文化的形成创造了良好的社会氛围。

二、加强反腐倡廉的立法和廉洁文化监督机制的建设

德国政府十分重视廉洁文化的制度建设,制定和颁布《联邦行政管理部门反腐败准则》等一系列反腐败法规,在法制度层面上保证了公民廉洁文化教育的顺利开展。

德国的《联邦行政管理部门反腐败准则》对德国公共服务领域的反腐败进行指导性规定:一是确定高腐败风险工作领域。该准则规定,德国政府定期对所有行政管理职位进行审核,从中确定高腐败风险工作领域,并对其进行风险分析、审查以决定是否应该对该职位的设置、组织结构和人员安排进行相应调整。二是实行"多眼"和透明原则。在其职能执行和检查中,应同时有多名工作人员或多个组织参与。如果与相关法律规定不符或在具体实施中确实有不可克服的困难,这种共同参与可以抽样进行,或通过其他预防措施加以补充。而在所有公共管理事务的决策中,包括决策准备阶段,都必须实行透明原则,应当通过明确的权限划分、完善的报告制度、准确和全面的进程档案等确保透明度。三是谨慎的人事安排。该准则规定,相关公共管理部门在挑选负责高腐败风险工作领域的人员时,必须高度谨慎。在该领域工作的人员任职时间原则上应有限制,通常不应超过5年。四是设立预防腐败联系人。所有公共管理部门应根据其任务和任务性质确立1名联系人,其职责为作为该部门领导和工作人员的联系和谈话对象;为部门领导提供咨询;对部门工作人员进行预防腐败的教育;参与对工作人员的培训;观察和判断腐败现象的苗头;在尊重被涉及者个人权利的前提下,参与向公众通报相关部门已采取的行政和法律预防腐败措施。五是设立预防腐败的特别组织单位。该准则规定,如果风险评估结果或特殊情况下有类似需求,相关公共管理部门可以设立临时或长期的预防腐败特别组织单位,以检查和综合一个部门下属各个单位腐败预防措施的实施情况。该单位有权直接向部门领导报告,可以

通过内部审查的方式履行其职能。如果发现预防腐败方面存在漏洞,应立即向部门领导和有关预防腐败联系人通报,并提出相应的改进建议。六是专门性的培训教育。该准则规定,公共管理部门的教育培训机构要把预防腐败作为一个长期的课题,定期或不定期举行有关培训班,提高相关人员对于腐败危害性和如何预防腐败的认识。

德国通过廉洁监督建设,先后建立一整套的反腐倡廉监督机制,除了政府各部门和各州的反腐败机构外,还有警察机构监督、腐败案件清理中心等,有效打击腐败,弘扬正气,为廉洁文化教育提供丰富的实践范例。

德国的各级政府一般都设有内部监督机构和防腐联系人,如发现公务员有违反国家法律和政府规定的行为,坚决予以纠正。政府还坚持办事"四个眼睛"原则,对重大工程项目的招投标、财政支出、警察执行公务等都要两人以上把关,杜绝个人单独行动和暗箱操作。同时,各级领导对其下属有责任进行教育、管理和监督,对违法违规行为要坚决制止。工作人员出了问题,既要追究当事人责任,也要追究主管领导的责任,对违法企业和中介组织也要追究,除追究法人代表的刑事责任外,还要将该企业或中介组织的名单公示,通过行业协会进行相关处理。

德国的警察机构监督在反腐败中发挥一定作用。德国警察机构参与一些涉及公务员的重大犯罪案件的侦办。司法机构内的反贪机构有惩戒法院和检察机关。惩戒法院主要对违法失职的公务员进行监督和惩罚。检察机关依法独立行使职权,向司法部负责。为预防公务员的职务犯罪,也积极采取预防措施。在德国的学校和公务员教材中都把预防职务犯罪列为主要内容,并通过义务教育和继续教育来展开。他们还将政府出台的反腐败法规编辑成册,广为传播。并举办各种培训班、讲座进行预防犯罪教育,警惕腐败行为。一些警察机构还通过举办反腐败情况介绍会,教育公众廉洁奉公,提高对腐败问题的敏感性。

德国的腐败案件清理中心主要处理贪污、贿赂、渎职等腐败案件的举报、转办、侦办起诉等。其主要职责,一是与各州议会的审计署联系,负责起诉一些经审计证据确凿的违法贪污受贿案件。二是把涉及公务员的腐败案件移交警察署侦办。三是把自办及审计署、警察署移送的案件向法院提起公诉。四是与政府各部门联系,负责公务员的预防违法犯罪教育和监督。该中心直接向司法部报告工作,其工作宗旨为查清问题,促进经济发展和保障社会公平和公正。在调查案件时,首先考虑的是如何挽回经济损失,然后才是如何处理违法者。

第六节 法国公民廉洁文化教育

一、重视廉洁文化的社会性道德教育

法国是一个中央集权的国家,重视维护社会的整体利益,十分强调公民的社会道德教育。法国的道德教育大纲规定,在学校的道德教育中,通过培养公民正确的思想态度,培养公民端正的行为品格,培养公民正确的价值观,培养公民的爱国情操与国际和平思想,使学生养成对社会、对他人负责的品质,并有助于规范学生的社会行为。法国学校道德教育的首要任务是把学生培养成热爱法兰西共和国的原则和法律的公民。为此,公民道德教育的目的,就是让学生的各种可能性得到充分发展,使他们能够形成自己的人格。通过艺术和审美活动,来表现学生的想象力,发展其创造性的想象和对世界的认识,使他们学会关心他人和与他人合作的意识。要让学生熟记社会生活领域的基本准则,讲究文明礼貌,分清善恶,洁身自好,自觉遵守和运用作为共和国基础的人权和公民义务,经济权利与社会义务。这些都对公民廉洁意识的树立大有裨益。

与此同时,法国的社会性道德教育还十分强调,要让学生尊重自己和他人,不能以出身人格和财产方面作为衡量人尊贵的标尺。要通过实施卫生安全条例和健康教育环境管理的入门教育,以及人类生活环境和公共财产教育等,教育学生认识社会共同生活的基本原则及规则,让学生从小养成爱护公共财产、保护生活环境的习惯。要让学生学会公平正义、诚实守信、崇廉恶贪,勇于承担责任,熟悉公民的权利和义务,包括班级和学校的公共生活规章制度、同学友情、相互帮助、共同合作责任感、努力和勤

奋工作等意识。①

此外，为加强学生的道德品质教育，法国学校建立由学校和家庭联合组成的学校共同体教育体系，让学生家长成为学校经常性合作者，使其构成教育共同体不折不扣的成员，为使今天的学生和明天的公民在未来职业生活和公民品德方面成为一个负有责任者，学校与家庭应密切配合共同完成这件至关重要的大事，共同推动廉洁文化教育的发展。

二、强化公民廉洁文化教育的法制和廉洁监督体系建设

法国在长期的反腐败实践中，根据实际情况建立廉洁文化的立法监督法规，形成制约权力运行的有效机制，促进廉洁文化教育的软制度约束。法国较有特色的廉洁法规有《政治家生活资金透明度法》、行政制度法规、公共会计制度等，较好预防和治理了腐败。

法国的《政治家生活资金透明度法》对高级公务人员申报财产作具体规定。该法规定，每逢总统选举前，总统候选人必须将有关财产状况的资料用加封条的信封交给宪法委员会；两院议员上任15天内必须向议院办公厅提交准确、真实的财产状况申报单；所有政府成员和地方官员上任15天内必须向专门依法设置的委员会提交个人财产状况申报单。议员在任期届满前，政府成员和地方官员在职务终止时，也要提交新的财产申报单。不论上任申报、日常申报还是离任申报，所有报告都在《政府公报》上公布。所有被公布的信息随时可以被媒体和非政府组织监督核实。若没有履行财产申报义务，当选者取消一年被选举资格；领导者任命权无效。政治生活透明化委员会有权要求当事人对财务的变动情况作出解释，对未作出解释的可疑财务变动情况，委员会会将有关文件递交检察院。委员会对当事人财务变动信息的了解，不仅仅来自于当事人的申报，而且还依靠税务、审计、媒体和公众的举报。

法国的行政制度法规非常完善，特别是行政文件公布、行政文书获取和行政活动公开等方面颇具特色。一方面，法国建立行政规范性文件公

---

① 参见高峰：《法国学校公民教育浅析》，载《首都师范大学学报》2005年第2期。

布制度。在法国,行政相对人的法制信息要依规范性文件制定主体的不同而通过不同的渠道获取。具体说来,所有共和国总统令或政府总理令必须在《官方公报》上公布。政府部门规章除了在政府各部《公报》刊载之外,还要根据其重要性及具体法律依据有选择地在《官方公报》上发布。对于实行地方分权的地方团体,凡是由它们的议事机关和执行机关制定的规范性文件,应当定期分别在大区、省、市镇的《行政规范性文件汇编》上刊载。对于与居民生活密切相关的市镇一级规范性行政文件,除要在本地《市镇公报》上公布外,还要张贴于市政府的布告栏中。一经公布,所有上述行政规范性文件在市政府、省政府和大区政府均可免费查阅。另一方面,法国建有行政文书获取制度。行政文件的获取具体表现为免费现场查阅和提供有偿复印件两种形式。如果行政机关对当事人获取某一行政文件的请求在一个月内未予答复,则视为拒绝其请求。当事人有权在两个月内针对行政机关以明示或默示方式作出的拒绝查阅的请求向行政文件获取委员会申诉。该委员会审查公民请求后,向行政机关提出附具理由的意见。在行政机关不采纳委员会意见时,公民可以向行政法院提起诉讼。需要指出的是,不仅该申诉程序是提起行政诉讼的必经阶段,而且行政判例显示行政法官通常是肯定该委员会作出的判断。此外,法国还建立行政活动的公开制度。为方便公众办理各种行政手续,法国政府在"公共服务网"上分类公布行政机关的基本信息,所有行政当局的工作人员必须在其寄发的信件中注明具体负责该项事务的人员的姓名、职务、办公地点和联系办法。法国在行政程序若干环节上逐步引入透明机制,努力将行政权的行使置于行政相对人的监督之下,为让行政相对人更好了解行政机关的行为意图及行政行为的制作过程,法律在诸多方面为行政机关设定了程序性义务。如咨询程序、行政程序中的告知义务、行政处理形式的公开、行政处理决定的公开等。

法国通过制定相关的公共会计法规,建立一整套公共财政管理的监控机制。在预算执行中,公共会计具有代表国家、公共团体或公共机构执行预算的法定权限。公共会计管理的会计骨干队伍都直属于中央财政部编制,其任命、升迁、工资和考核完全独立于所在单位的领导,这对防范贪污腐败和提高公共部门的管理效率发挥重要作用。法国公共会计推行的最主要规则是指令人和会计人员的分离,彼此间没有行政隶属关系。公共部门的行政首长作为指令人,由他们下令实施财政法,然后才是会计通过收付款项来具体执行。会计人员在严格的手续、规则和制度条件下,没有任何选择或判断的自由度。会计人员在收付款之前必须要检查指令人的资格以及他的权力是否与指令的重要性相符;账户的资金状况;指令的性质是否与有关账目的性质相符;收支的合理性,是否有凭证说明已经收到货物或者已经提供服务,其金额计算是否正确;是否已获得相应的批准,特别是必要时应得到财务控制官的批准。如果发生经会计人员审查不符而指令人坚持要执行的情况,会计人员也可以根据账户的资金状况予以执行,但不承担责任。对行政事业单位,会计核算业务由公共会计承担,单位不另设会计进行会计业务核算。对国有企业则另设会计机构进行经营业务核算,公共会计不干预企业的日常经营业务,只监督其核算的真实性、合法性,并负责税款和其他应交国家收入的征收,以及国有资产的保值增值。

为有效应对频繁出现的腐败案件,树立政府反腐形象,提高廉洁文化教育的有效性,法国不断加大预防腐败的力度,先后建立预防贪污腐败中心、行政法院等廉洁监督体系,强化了廉洁文化的制度化建设。

法国的预防贪污腐败中心是由总理直接领导,来自税收、警察、宪兵、海关、司法和政府部门的专家组成,任期为4年,定期轮换。该中心的任务:一是分析新的腐败形式。收集国家政府管理和经济部门中有关贪污腐败的蛛丝马迹,分析腐败案件的类型,总结现有的反腐经验,研究利用新科技手段犯罪的各种可能性。中心每年向政府总理和司法部长提交一份年度报告,内容主要是对相关国家机关和企业单位的贪污腐败问题提出制裁措施和预防性建议。二是给政府提供咨询。如果某个部委或市府领导察觉到本部门的腐败征兆,但对有关法律的运用不太熟悉,他可以向中心提出请求。但中心不介入具体司法诉讼程序,一旦相关案件立案调查,中心便自动退出,将案子转交司法部门处理。中心仅接受公共部门的请求,而不向私营单位或个人提供此项服务。预防贪污腐败中心成立以来,加大教育培训力度,进一步完善相关制度,推进法国的廉洁建设,使法国政界进一步意识到腐败的危害性,加强自我约束,尤其是竞选等政治活动中的违法行为明显减少。

　　法国的行政法院实行由行政学院作为审判机构的独立行政审判制度。该法院独立于普通法院,审理国家机关之间、国家机关或公务员在行使公务过程中由于违法引起的公民之间的纠纷。行政法院分为专门行政法院和普通行政法院,前者主要是对特定的行政事项有管辖权;后者是对除由专门行政法院管辖外的行政争议有管辖权,又称普通行政法院。行政争议法庭、行政法庭、上诉行政法院、最高行政法院等构成法国的普通行政法院系列。公务员的失职或以权谋私等行为,往往成为行政法院的惩戒对象。如果发生重大事故,造成很大影响,有关人员则会被迫或自动下台。即使被裁定没有行政责任,但如果造成很大损失,政府、政党或单位的负责人往往也会主动提出辞职,以免连累政党名誉或使政党败选。在法国,行政法院已成为政治制度中不可或缺的组成部分,其作用和效果在实践中都得到充分体现。它不仅适应行政的需要,保障人民的权利和利益,而且也有效监督制约政府行政行为。

第七节　新加坡公民廉洁文化教育

一、打造公民廉洁文化的宣传教育网络

　　新加坡是一个多元文化的国家,为培养具有崇高品格和廉洁自律的新加坡公民,新加坡在各类学校广泛开设儒家伦理课程,作为必修课或选修课。其目的在于培养学生的儒家伦理观和东方价值观,使之成为有理想、有道德的人;使学生认识华人优秀的道德观念和文化传统,感知自己的根源所在;培养学生积极的正确的人生观,倡导学生过有意义的生活;帮助学生学会确立良好的人际关系等。该课程教育采取合理课程内容和教学形式,设计的整个教学结构是以东方价值观为内容,而以西方教育原理和方法为形式,即东方的内容和西方的方式相结合,彰显新加坡公民廉

洁文化教育的独特之处。① 另外,新加坡政府还对社会不同行业和不同阶级,有针对性地采取举办讲座、展览和通过传媒等进行反腐败、倡导廉洁的教育,力求在全社会形成共同的廉洁文化意识。

新加坡的公民廉洁文化教育注重发挥家庭和宗教教育的功能。在华人的文化传统里,家族与宗亲成为维系亲密关系的坚强纽带,也成为华人之间和睦相处、廉洁自律的动力。李光耀认为,华人的历史不是在祖先初到新加坡时才开始,所以,他善于从中华的文化中寻找力量的源泉。他提出家庭式社会理念,倡导人们要尊重家庭,为家庭承担责任,儿女应该孝敬父母,鼓励三代同堂。新加坡认识到家庭的稳固是社会秩序稳定的基础,同时,共同价值观的延续与传递,家庭的熏染也是非常重要的一环,有时要比社会上的教育有效得多。长期以来,新加坡政府强调要在家庭中弘扬敬老爱幼、和睦团结、廉洁进取的传统美德。新加坡还重视发挥宗教的廉洁教育功能。新加坡政府认为,宗教文化是进行廉洁教育的重要资源,并积极利用这一资源进行廉洁文化教育。新加坡是一个多族群、多元文化、多元宗教共聚一处的国家,新加坡长期推行的宗教信仰自由和宗教平等的政策,不断开展宗教间的对话和谐活动,创造一个多种世界宗教和谐共处的社会环境。这一切既加强公民共同价值观的基础,也起到优化廉洁教育环境的作用。

二、建立公民廉洁文化教育的法制监督体系

新加坡积极加强反腐倡廉的立法建设,先后制定了《防止贪污法》《没收贪污所得利益法》等一系列法规,从制度上保证了廉洁法文化教育的顺利开展。

新加坡的《防止贪污法》是新加坡政府加强反腐倡廉的重要举措。该法对贿赂的内容和范围、受贿的形式及主题,尤其是对惩治贿赂的机构及其职权和调查程序都作了详细规定,把肃贪倡廉的各项活动纳入法律调

---

① 参见王殿卿:《新加坡的文化再生运动与国家的共同价值观》,载《思想教育研究》1994年第4期。

整的范围。该法所涵盖的主要贿赂犯罪及其处罚包括:其一,一般贿赂罪。该法规定,任何人为本人或其他人的利益,亲自或通过他人或伙同他人,贪污性索取、接受或同意接受,或行贿性地给予、许诺或提议给予任何人任何报酬的行为都是有罪的。其二,与代理人贿赂交易的犯罪。包括代理人受贿罪、向代理人行贿罪、欺诈委托人罪等。代理人受贿罪指代理人为自己或他人,从任何人处贪污性地接受、获取或同意接受或企图获得报酬,并以此为引诱或报答,在其负责的事务或业务中,为或不为一定行为的犯罪都是有罪的;向代理人行贿罪指任何人向代理人给予或同意给予或提供任何报酬,并以此作为代理人在其委托人有关的事务或业务中做或不做、已经做或没有做任何事情,或者在与委托人有关的事务或业务中表示或不表示同意或不同意,作为一种引诱或报答的行为都将是有罪的;欺诈委托人罪指行为人明知有关的报告、收据、账目或其他文件中含有虚假、错误或缺陷的陈述,会导致委托人误解,仍提供给代理人,或者代理人故意使用上述报告、收据、账目或其他文件欺诈委托人的行为都是有罪的。其三,贿赂撤回投标罪。行贿投标人撤回投标罪和投标人受贿撤回投标罪都是有罪的。其四,议员受贿罪。凡作为议员索取或接受任何非法报酬,作为对本人以议员资格采取或容忍采取任何行动的诱因或酬金都视为犯罪。其五,公共机构人员受贿罪。公共机构的成员索取或接受任何报酬,并以此为诱因或回报,利用职务之便做或不做某种事情的行为都视为犯罪。

新加坡的《没收贪污所得利益法》是新加坡加重对贪污犯罪的经济处罚的法律。该法具体明确规定了对贪污贿赂所得的认定、如何处置和处置程序,充分体现对贪污贿赂犯罪进行经济制裁的严厉性。该法对贪污所得利益的认定是:一个人所拥有的财产或利益与其已知的收入不符,又不能向法院作出合理的令人信服的解释时,其财产应被视为贪污贿赂所得利益,视为犯罪;该法对没收贪污所得利益的程序规定,没收被告人贪污贿赂所得利益,必须依据法院的没收令。法院如果确认被告人具有贪污贿赂行为时,应根据检察官的请求,在对其犯罪或该案件可能涉及的其他任何犯罪作判决或其他处理之前,对被告人作出没收其已由法院确认为贪污贿赂所得利益的命令,判其因贪污贿赂所得而应偿还的财产和财产利益的数额。

新加坡通过建立的反贪污调查局、国会的特别委员会和下属机构等廉洁监督体系,从不同角度对公职人员是否清廉实施监督,对公民廉洁文化教育起推动作用。

新加坡的反贪污调查局是新加坡反贪污腐败的专门机构,负责调查和预防政府机关以及企业中的贪污受贿行为。该局享有绝对权威,拥有警方所享有的一切权力,如有必要,甚至可以在未经法院许可和没有逮捕证的情况下拘捕犯罪嫌疑人。该局的主要职责,一是进行廉政监督,侦办贪污受贿舞弊案件并将侦办结果移送公务员委员会作纪律处分,触犯刑律的则移交检察长公署提起刑事诉讼;二是防止贪污行为,该局在已有贪污案例基础上,为案件多发部门和敏感部门提供防范贪污受贿舞弊行为的具体建议。为保证该局能够独立、有效履行职责,排除各种干扰,新加坡政府赋予该局充分的独立办案权,由总理直接领导,而不受其他部委管辖,从而保证其在履行职责时能够得到其他部委的合作与支持,为成功办案打下基础。该局权力很大,信息灵通,不管被调查人职位有多高,调查局都无所顾忌,一概严惩不贷。多年来,该局对一些高官进行了调查和指控,处理多起政府高级官员贪污受贿案件,树立了法律的权威性和公正性。

新加坡国会特别委员会中的公共账目委员会负责审查政府提供的有关国会拨款使用情况的账目,检查国会的拨款是否满足公共开支;审查总审计长提交给国会的账目审计报告。预算委员会负责审查政府预算,并就预算体现的政策实施效果提交报告和建议,就预算应采取的形式提出建议。另外,国会的一些下属机构,如公共服务委员会、审计署等,也是国会对政府监督的重要组成部分。公共服务委员会负责国家公务员的招聘、出任、晋升、调动、解职、纪律处分等事项。审计署直接对国会负责,向国会报告工作,有权审计所有的行政机构、法定机构和国有企业的账目,检查被审计单位是否执行法定的财务制度,包括财务和纪律审计、物有所值审计、计划审计等。该署可以查阅任何公共机构的账簿、文件、记录、凭证、现金、印花、证券及其他财产,发现会计有违反财政规定方面的问题,立即通知财政部解决。该署每年向国会财务委员会提交年度报告,指出国家财政控制和资源利用方面存在的薄弱环节或漏洞,提出改进建议供国会审议。

第八节 澳大利亚公民廉洁文化教育

一、政府主导下的公民廉洁文化教育宣传

澳大利亚政府重视对公民廉洁文化的宣传教育,让公民普遍了解腐败现象及其产生的后果,发现腐败后如何对待和及时处理,如何受到保护等,以强化公民监督的意识,自觉和有效地配合相关机构的工作等。针对澳大利亚多元文化的特点,澳政府还通过散发各种语言的宣传材料,广泛宣传廉洁文化。这些宣传材料都醒目印有"腐败到底是什么""为什么腐败是不对的""我们可以做些什么"等基本问题。宣传材料上标明接受举报机构的工作时间和电话,并根据公民的不同文化背景,采取不同形式进行宣传教育。同时,在每当新一届的国会产生时,澳政府都会组织所有议员参加讲习班,结合过去发生的腐败案例,给新议员授课,教育议员在以后的工作中奉公守法、廉洁自律,议员们都会认真学习。此外,澳政府利用传媒进行宣传教育,营造反腐败的舆论氛围,取信于民。澳政府通过议会授权,经常召开公众听证会,随时把典型的腐败案例的调查情况毫不保留地向公众公布,让公众对事态的进展有一个全面了解,由公众来评判是非曲直,满足公众的知情权,所有媒体都会到会并报道,影响巨大。通过这些腐败案例的报道,让公众知道何谓腐败,澳政府是如何处理的,以加深公民对廉洁的认知。为更好开展对公民的廉洁文化宣传教育,澳政府设立专门媒体联络官,具体负责向媒体提供相关材料等。

与此同时,澳大利亚还通过宗教教育来强化公民廉洁文化教育。澳大利亚是个宗教自由的国家,各种宗教信仰,包括基督教、天主教、印度教、犹太教、伊斯兰教和佛教等在这里共存,根据2001年的人口普查,在

澳大利亚存在的宗教信仰约有一百多种。教会在澳大利亚渗透到社会的各个角落，影响力很大，并且澳大利亚2/3的私立中小学是由罗马天主教教会开办的，因此天主教或者教会学校对澳大利亚青少年一代有相当的影响。宗教在培养学生的伦理道德水准、社会责任感、道德和精神价值观等廉洁文化方面发挥重要的作用。① 所以，公立学校每周会为学生留出特定时间参加宗教活动。在课程中，也加入介绍宗教作用的内容，使学生通过客观的、非教派的学习了解宗教在社会中的地位，增强公民的廉洁文化意识。

二、着力反腐败的法律法规和廉洁监察机制网络的建设

为建立一个高效廉洁的法文化社会，澳大利亚制定了一套适合多元文化社会共享的较完整、具体、实用的反腐败法规。其中包括《澳大利亚1914年犯罪法》《公共犯罪法》以及财产登记制度等。这些法规对于公民的廉洁文化教育打下坚实的法律基础。

《澳大利亚1914年犯罪法》对公职人员违背职责、利用职权贪污腐败行为作了界定并规定相应的惩罚办法。该法对官员贿赂罪规定，凡是身为法官、治安官或联邦官员，却以腐败或不当方式干扰联邦或地方法律的执行，或使违反联邦或地方法律的行为得逞或促其得逞，或庇护触犯联邦法律或地方法律者不受侦查或惩戒，或为自己或他人不道德索取、收受、获取、同意收受或获取、试图收受或获取任何形式的财物和利益而已经作为或不作为，或将要作为或不作为，结果导致徇私枉法的人等均是有罪的。该法对贿赂证人罪规定，凡是为达到使出庭或将要出庭的证人在司法程序中作伪证或隐瞒真实证据的目的，而给予任何形式的财物或利益的人；或试图引诱出庭或将要出庭的证人在司法程序中作伪证或隐匿真实证据的人；或为达到使出庭或将要出庭的证人在司法程序中作伪证或隐匿真实证据的目的，为自己或他人索取、收受、获取、同意收受或获取、

---

① 参见张海南：《澳大利亚多元文化的公民教育对我国的启示》，载《郑州航空工业管理学院学报》2012年第2期。

试图收受或获取任何形式的财物或利益的人等都将是有罪的。该法对联邦官员贪污贿赂罪规定，凡是联邦政府或地方政府官员，为其个人或其他任何人要求、接受、获取，或者同意要求、接受、获取任何财产或好处，从而使其履行他作为联邦官员的职权受到影响或损害，都构成犯罪。该法对议会议员贪污贿赂罪规定，如果议员为自己或他人索要、收受、获取或主动同意索要、收受、获取任何形式的财物和利益，只要导致其权力或职责任何形式的不当行使，都构成犯罪。该法对司法腐败罪规定，凡是身为司法人员，为自己或他人不道德地索要、收受、获取、同意收受或获取、试图收受或获取任何形式的财物或利益而已经作为或不作为，或将要作为或不作为的人；为使司法人员作为或不作为而不道德地给予、授予、介绍、许诺，或主动给予、授予、介绍，或试图介绍他们任何形式的财物或利益的人等都将是有罪的。

澳大利亚的《公共犯罪法》规定，如果一个人不适当地提供、给予或者同意给予公务员或者前任公务员或者第三方以利益作为报酬或者诱导，以换取公务员或者前任公务员在其职权范围内或者即将为一定行为、疏忽或者即将疏忽；或者说，公务员或者前任公务员因其职位所享有或者曾经享有，或者声明其所享有或声明其曾经享有的权利的形势或影响，都将是有罪的。该法还规定，如果公务员不适当运用因职务关系所拥有的权力或者影响，拒绝或没有履行实质性公共职责或功能，不适当使用因职务关系所占有的信息，为自己或他人谋求利益的，给他人带来伤害或损害的，都将构成犯罪。

澳大利亚的财产登记制度规定，两院议员须登记本人、配偶和子女的财产情况。登记项目主要有：股份、房地产、担任公司董事的报酬、债券和证券、储蓄和投资、礼品、担任任何组织成员以及其他可能与议员公共职务发生冲突的任何好处等。议员财产申报登记表上，除了议员本人的存款、股份和证券不得公开外，其他收益和财产情况均可公开查看。

澳大利亚还拥有较完备的行政廉洁监察机制，对澳大利亚的公民廉洁文化教育具有极大的影响力。该机制主要包括监察专员署、舞弊控制小组、国家罪案调查局、反腐败专门机构等。

监察专员署的主要职责：监督政府依法行事，受理公众对政府各部门不合理决定、不良行为和遭受政府不公正伤害等方面的投诉，改善政府行政管理，维护社会公正。监察专员的监察管辖对象不包括政府各部部长、司法机关、国家银行和航空公司等，但有权审理军人除涉及军令、服役条件和军纪之外的投诉。监察专员为投诉人进行的调查是免费的，而且有义务为投诉人保密。但是，监察专员无权对部长的行为、由议会所任命的法官行为以及公务员雇佣方面的事情如提职、纪律处分等事项进行调查。监察专员大多数情况下都是接受投诉而进行调查，但也可以在自己认为必要时主动进行调查，实际上有广泛的选择权。

监察专员除监察行政机关和公务员外，还对与公众关系密切的部门如公安部门、移民局、事务办等进行监察。通过调查处理公民对这些部门的投诉，在一定程度上起到政府与公众之间缓冲器的作用。联邦监察专员署针对各部门都专门设有负责行政监察的负责人。另外，澳政府监察专员的调查一般不是接到一个投诉就立即开展，而是针对一段时间内，公众对某一部门投诉形成的倾向性问题进行调查，其目的是通过调查，着力解决类似的一大批问题，提高行政效率和质量。

监察专员的调查结果和建议送交相关行政机关，接到建议的行政机关可以就该建议对专员作出说明。如果行政机关不接受建议，专员可把建议报送上一级机关，也可公开发表，借助舆论对其施加压力。当然，监察专员的调查是独立进行的，不受来自任何部门和官员的干扰，从而保证了监察专员的独立性，保证他们对政府和公务员依法行政的监督职能，也保证他们办案的公正性和工作效率。

澳大利亚的舞弊控制小组是把澳政府行政服务部的建筑合同、家具、计算机系统采购等大额交易列为监察重点，督促承办人员严格按程序办事。如在招标中发现舞弊行为，则取消投标公司的招标资格。对已完成交易的有关单据等资料进行抽查，是该小组的一项经常性工作。被抽查的职员对此表示理解，因为通过抽查，发现问题及时纠正。另外，澳公众对人格很重视，各行政部门在招聘职员时总是要向应聘者原来的部门了解情况。一个有过舞弊行为的人很难找到满意的工作。同时控制舞弊现象的发生也是一项巨大的社会工程,其他部门如金融系统工作的配套也会对控制权力部门的舞弊产生帮助。澳从1988年就建立资金流动报告机构,凡是价值在1万元以上的资金流动,金融机构都向该机构进行情况通报。税务局也建立个人税号制度,凡是私人银行户头都须有税号。这样不论一个人在多少家银行开户头,有关部门都可以根据其税号加以汇总。如果有人挪用公款,即使部门短期内没有察觉,银行或资金流动机构也会在第一时间向舞弊控制小组发出预警,从而有效杜绝腐败的发生。

澳大利亚的国家罪案调查局是由警员、资深律师、情报分析师、金融专家等人组成,管辖特殊的犯罪案件,不受地域限制,如国际贩毒、洗钱、滥用职权、贪污受贿、行贿等。该机构拥有特殊的权力,除搜查、照相外,可举行秘密听证会,有权介入警方调查的案件,有权查询资金的走向等。该机构独立于政府之外,只向议会负责,向议会报告。其主要任务是搜集、分析有关组织性罪行,包括贿赂和贪污的消息和情报。为保证该局履行职责,它有调查权、聆听案件权、拘捕权、监听电话及安排保护人的权力。该局对打击腐败现象发挥了很大作用。

第九节 西方国家公民廉洁文化教育的异同

一、西方国家公民廉洁文化教育的共同点

(一)西方国家十分重视学校教育在公民廉洁文化教育中的主导作用

西方国家的公民廉洁文化教育一般都是通过学校公民教育的形式展开的。各国在学校公民教育中,把公正、诚实、廉洁、奉献等作为学生公民教育的重要内容,让学生从小树立弃贪扬廉的品质,养成廉洁自好的习惯。为此,英国的学校教育都开设公民廉洁文化教育的相关课程,帮助学生树立责任感和理想信念,培养其良好的廉洁道德情操,并注重传授礼仪、仪表、个人品行的知识,促进正直、体谅他人的行为。美国通过在学校开设宗教课程的形式进行廉洁文化教育。美国的宗教课程主要是教育学生行善积德,为社会多作贡献,强调对正面典型的宣传教育,对于美国历

史上建树较多、清正廉洁、道德高尚的人物,树碑立传、歌功颂德,对学生的廉洁品格教育产生潜移默化的作用,教导学生扬善抑恶,引导他们树立良好的廉洁观。德国的学校把遵守行为规范,做到公正、诚实、对国家和社会负责、具有群体精神等作为公民廉洁教育的主要内容,培养学生自觉树立廉洁意识,远离腐败,自觉抵制腐败行为。法国通过学校的社会道德教育,培养公民正确的思想态度和端正的行为品格,让学生熟记社会生活领域的基本准则,讲究文明礼貌,分清善恶,洁身自好,自觉遵守和运用人权和公民义务,经济权利与社会义务,维护廉洁文化的社会氛围。新加坡则通过开设儒家伦理课程,让学生了解儒家伦理观和东方价值观,认识华人优秀的道德观念和文化传统,倡导学生过有意义的生活,培养学生具有崇高品格和廉洁自律。

(二) 西方国家善于运用反腐败的法令法规,以拓宽廉洁文化教育的软制度环境

西方国家在反腐倡廉中,制定一系列的法令法规,这些法律规范不仅惩治社会的腐败行为,约束公民的行为规范;而且也张扬廉洁社会正气,净化社会风气,引导公民廉洁自律,从而为廉洁文化教育提供良好的法文化制度环境。英国为打击腐败行为,制定《公共机构腐败行为法》《信息自由法案》以及政府公职人员职责规则等法规,禁止公共机构的任何人在与公共机构有关的任何交往过程中的腐败行为;强调公民有权获取所有公共机构的信息,公众有权直接要求公共机构提供相关信息;公职人员须履行无私、廉洁、客观、负责、公开、诚信、表率等职责。美国为强化反腐倡廉的法制建设,先后制定《宪法》《有组织的勒索、贿赂和贪污法》《对外行贿行为法》《政府道德法》《监察长法》等一系列法规,明确规定用三权分立和制衡原则来约束政府官员不当行为,扩大联邦司法机关在惩治腐败官员上的管辖权,禁止对外行贿行为,政府官员须按规定进行财产申报,加强对公共资金的收入、支出和使用的监督审查,以便约束行政官员滥用职权、贪污浪费的行为。德国也制定《联邦行政管理部门反腐败准则》等反腐败法规,对德国公共服务领域的反腐败进行指导性规定,在法制度层面上保证公民廉洁文化教育的顺利开展。法国根据实际情况制定了《政

治家生活资金透明度法》、政务公开条令、公共会计制度等反腐败法规,形成了制约权力运行的有效机制,较好地预防和治理了腐败。新加坡在反腐倡廉的立法建设中,制定《防止贪污法》《没收贪污所得利益法》等法规,从制度上保证廉洁法文化教育的顺利开展。澳大利亚也制定了《澳大利亚1914年犯罪法》《公共犯罪法》与财产登记制度等适合多元文化社会共享的较完整、具体、实用的反腐败法规,对于公民的廉洁文化教育打下坚实的法律基础。

(三) 西方国家致力于廉洁监督体制建设,以保障廉洁文化教育的时效性

西方国家的廉洁监督体制建设,在强化对政府公职人员越轨行为的规范和纠偏,预防和减少公职人员犯罪的同时,也在机制上树立政府的弃恶扬善、弘扬正气的勇气和信心,为廉洁文化教育提供直观的反腐倡廉的素材,进一步深化廉洁文化的导向作用。英国主要通过设立反重大欺诈局、行政监督专员制度、行政裁判所等廉洁监督机构,打击涉及面广、影响大或涉及金融、商业、会计等专业性强的犯罪行为;监察中央政府机构及公务员履行职责的情况,负责调查公民权益受到侵犯的申诉和控告;解决个人纠纷,处理土地和财产问题以及就业问题,同时解决公务机关与公民之间的纠纷。美国通过建立联邦政府各部委内部设立的监察处、政府道德署、审计总署等机构,监督公职人员的违规行为;管理政府高级官员的财产申报事务和监督政府官员的道德行为;调查公共资金的收支情况,监督公职人员的财务违规行为。德国通过设立政府各部门和各州的反腐败机构,警察机构监督、腐败案件清理中心等,监督公职人员的腐败行为,处理贪污、贿赂、渎职等腐败案件的举报、转办、侦办起诉等。新加坡通过建立反贪污调查局、国会的特别委员会和下属机构等廉洁监督体系,从不同角度对公职人员是否清廉实施监督。澳大利亚也通过建立监察专员署、舞弊控制小组、国家罪案调查局、反腐败专门机构等,监督和管理公职人员的腐败,为廉洁文化教育提供丰富的实践范例。

二、西方国家公民廉洁文化教育的差异性

(一) 西方国家公民廉洁文化教育的形式多样化

西方国家在公民廉洁文化教育的过程中,十分强调教育形式的多样化。各国除了采取学校教育,还利用社会资源,把廉洁文化教育与宗教活动、家庭教育相结合,寓教于乐,收到较好的教育效果。在美国,受新教伦理道德的影响,美国特别注重家庭生活中的宗教教育,父母经常会给孩子讲解《圣经》中的故事,使孩子得到"爱心"和廉洁的启迪。还会带着孩子去教堂参加各种宗教仪式,通过切身的体验让孩子的心灵和精神受到洗礼,引导孩子从小树立仁爱和谦卑理念,自觉养成以廉洁为荣、以腐败为耻的道德风范。在德国,受宗教意识的影响,许多公民会对自己的犯罪行为和腐败行为产生负罪感,这有利于社会稳定,也使公民注重个人道德修养,养成严肃认真、遵纪守法、善于服从和不感情用事的传统美德。在新加坡,政府主张在家庭中弘扬敬老爱幼、和睦团结、廉洁进取的传统美德,推行宗教信仰自由和宗教平等的政策,不断开展宗教间的对话和谐活动,创造一个多种世界宗教和谐共处的社会环境,以加强公民共同价值观的基础,优化廉洁教育环境。

(二) 西方国家公民廉洁文化教育的功能社会化

西方国家公民廉洁文化教育的社会化功能明显,面向社会和大众,广泛动员社会各界参与和宣传廉洁文化建设,使廉洁文化教育具有深厚的社会基础。在澳大利亚,政府重视对公民的廉洁文化的宣传教育,通过散发各种语言的宣传材料,广泛宣传廉洁文化,让公民普遍了解腐败现象及其产生的后果,公民发现腐败后如何对待和及时处理,如何受到保护等,以强化公民监督的意识,自觉和有效地配合相关机构的工作等。还利用传媒进行宣传教育,让公众知道何谓腐败,澳政府是如何处理的,以加深公民对廉洁的认知,营造反腐败的舆论氛围,取信于民。法国注重通过社会性道德教育,让公民从小尊重自己和他人,养成爱护公共财产、保护生活环境的习惯,学会公平正义、诚实守信、崇廉恶贪、相互帮助、勤奋工作等廉洁意识。英国也重视职业廉洁文化教育,并通过公民的行为法律规范来加以约束,引导公民遵纪守法。

第四章 西方国家公民廉洁社会教育比较

第一节 西方公民廉洁社会教育的含义

一、社会教育

(一) 社会教育的概念

社会教育是每个公民必需的教育。何谓社会教育？学界众说纷纭。德国学者威尔曼认为，社会教育是由社会中社会道德"成熟"的人，以保护的态度和社会代理人的身份对青少年予以意志能力的指导，引导他们进入道德状态，传授社会固有的具有德智的社会生活内容给他们。而青少年通过社会的指导掌握生活知识与优秀技能后，在社会环境中表现个人的社会道德并展示他们的优秀技能。[①] 德国学者波伊默认为，社会教育是一种意义教育，是一种急难帮助，与家庭能力有限、家庭经济状况不佳以及儿童错误的发展有关，其基本思路为：教育范围是学校与家庭外的所有范围，教育内容为解决社会问题，教育措施及实施依靠建立社会制度和专人负责完成。[②]

德国学者那托尔普提出，社会教育有三种模式：一为理性，即讲求理性，使人具有理性；二为勇敢，这是意志的表现；三为标准，可以抑制冲动。他认定这三者是社会道德的必然要求，是教育的一般法则。他说："在正义之下，我们所了解的个人道德，是站在与社会有关的这一面，所以每个

---

① 参见詹栋梁:《社会教育学》，中国台北五南图书出版有限公司1983年版，第517—518页。

② 参见詹栋梁:《社会教育理论》，中国台北师大书苑1988年版，第135—137页。

人必须有其个人道德。社会教育迎面而来的问题,是要接受正义品格的一些内涵,在实际显示,在工作和享受的冲动下的生活需要规则,要求社会以正义作为一项主要的要求,甚至勇敢的表现是为社会而服务的,必须有正义的义务,最后真理在行为上是要使人的行为改变、诚实、公正、信诺,这样才能达到正义。以上情形如被伤害,不只是个人受影响,而且会造成社会的不公平。"[1]也就是说,在社会道德标准下,人们的教育活动充实社会,丰富社会的内容。同时人的教育活动必须以社会生活为基础,不能脱离社会而发展,通过社会教育促使人的行为达到正义。他还指出,始有社会才有个人,始有群性才有个性,教育就是促使人的意志的陶冶,意志的陶冶有助于人的社会的建立,而社会的提升是个人的延伸与扩大。因此,个人的教育必须参与社会的因素,教育的社会条件也就是社会生活的教育条件。那托尔普认定社会教育是一般教育,包括学校和社会教育两部分,社会教育不仅具有社会帮助功能,还是一种透过社会而实施的教育,希望通过社会教育,建构陶冶的社会。[2]

  德国学者费雪指出,社会教育要考虑社会和教育两方面的关系,每一个人的世界无法与客观的世界分离,这不但是社会教育的本质,而且要能强有力地把握历史、社会与文化,这样才能使社会教育的理念,更具有结构性和合理性。教育是为社会而设的,也是施之于社会的,教育透过社会而实施。他提出社会教育是把环境作为对青少年的教育因素,避免他们受社会环境的伤害,并让青少年了解社会环境以促进人际关系的发展,使他们在不同的环境中都能够成熟。社会机构之间如何配合形成社团,对学生施教,以及探讨教育的形成力以减少或阻止非教育关系的发生。了解教育的艺术,探寻未知的教育作用。基于此,他提出社会教育的目的要与社会理想配合、方法与作用配合、形式与组织配合,使每个人接受教育目的符合社会制度的要求,使每个人受到教育和陶冶,使社会成为教育学生的客体,学生成为主体,使得所有的教育都合乎事实,并经过历史的批

---

[1] 詹栋梁:《社会教育理论》,中国台北师大书苑1988年版,第521页。
[2] 参见詹栋梁:《社会教育学》,中国台北五南图书出版有限公司1983年版,第124页。

判形成理论,指导社会教育的进一步实践。①

德国学者诺尔斯认为,社会教育是以帮助和照顾为核心,但帮助和照顾的对象应该是真正需要者,强调应该鼓励制定社会政策以配合社会教育。他还提出应该注意社会教育过程中的教育过程、文化过程和社会化过程。②史立柏认为,社会教育重在培养一种共同维持社会稳定的责任,并为再生的一代提供社会文化,以促使文化进步。诺斯纳把社会教育视同为社会工作,他认为,教育就是为了社会工作服务,主要是为了让青少年了解社会工作的事实与过程、目的与作用,并在社会工作中,分析其行为的现实价值。③莫伦豪尔也强调,社会教育是对青年发展的帮助,社会应该有许多对青年有利的立法,来保护青年人能够得到适当的健康发展。他强调,社会教育是一个团体,它可以看作解决现代社会问题的教育尺度。在社会发展过程中,青年人需要帮助,这种帮助是在青年社会化的过程中进行的,包括家庭教育、休闲时间的安排、职业帮助、政治教育以及在冲突与急难时的帮助。

美国学者布卢姆在《教育目标分类学——认知领域》等著作中,分析学校培养尖子生教育制度的利弊,阐发掌握学习教学的理论,即通过"掌握学习",采取多种社会帮助达到所有学生都能学好的目标。美国学者科尔伯格提出个人道德品质是个体与社会道德环境积极交互作用建构起来的观点,并认为要建立公正团体就必须改变社会风气乃至社会制度等。④日本学者千野阳一认为,社会教育是学校教育以外的教育活动,包括以儿童、中小学生为对象自主举行的校外活动、在规定时间以外在校内举行的集体活动,以及要求学习者展开主体的、自主的学习活动。日本学者小原国芳则提出"真、善、美、圣、康、富"六个方面的价值,从人与社会和谐发展

---

① 参见詹栋梁:《社会教育理论》,中国台北师大书苑1988年版,第158—164页。
② 参见詹栋梁:《社会教育学》,中国台北五南图书出版有限公司1983年版,第524页。
③ 同上书,第6—11页。
④ 参见乔建中:《中外教育经典名著速读》,南京师范大学出版社2004年版,第251—253页。

的视角,有效推行社会教育。①

综上所述,这些学者对社会教育的认识,虽然提供一些描述社会教育本质的观点,在外延方面大致勾勒社会教育的范围,但并未从本质上理解社会教育与家庭教育、学校教育之间的区别,也没有具体区分社会教育与继续教育和终身教育的不同。因此,在归纳上述观点基础上,我们可以这样认为,社会教育是社会为促进人的全面发展和社会进步而采取的有目的、有计划、有组织的种种教育实践活动。其功能主要是全人教育(包括头脑教育、心灵教育、动手教育);全面福祉(加强维持健康的因素、为人们享有持久的幸福感提供支持);增强儿童、青少年和成人的权能,使之成为自我负责并对社会负责的人;促进人类福利,预防或减少社会问题。

(二) 社会教育的特点

一是社会教育是以公共社会生活为基础的教育活动形式。它不是以血缘关系为纽带,以亲情作为调节手段,来调节教育者和受教育者双方关系的教育活动形式。社会教育发生在公共生活领域,面向全社会所有民众而施加教育影响,旨在提高全民智识或道德,促使个人与社会全面发展。研究社会教育就是研究社会的教育功能、教育因素、教育现象、教育问题、教育事实,并揭示社会教育的规律。

二是社会教育以促进个体社会性发展为主要内容。社会教育在于促进个体社会性的发展,培养个体亲社会性行为和思想情感、观念等,培养个体作为一个社会成员的丰富性和多样性,提升社会公民基本素质。作为一个社会公民的素质,最主要体现在个体的社会性发展内容上,促进个体社会性发展的教育虽需要一些间接经验的教育内容作为基础,但从根本上说,它体现的是一种直接经验的教育方式,是以公民的基本素质作为教育的基础。

三是社会教育是以社会作为教育主体实施的教育。社会作为教育主体,社会教育是全民的公共教育。它强调把社会办成教育型社会、学习型

---

① 参见乔建中:《中外教育经典名著速读》,南京师范大学出版社2004年版,第215—217页。

社会,做到"社会即学校""生活即教育",处处体现社会的教育功能。其任务就是开发和利用社会教育资源、拓展教育的范围、扩大教育的队伍,形成全社会合力办教育的趋势。它要求社会为人们提供受教育的机会和场所,使人们都有学习的时间、空间,以满足人类社会发展的需要。

四是社会教育是一种有目的、有计划、有组织的教育实践。人的本质属性是实践性基础上的社会性,社会对人的教育作用,必须以社会实践为基础。自然人成长为社会人是通过各种社会方式实现的,这个过程就是一个学习化的过程。从社会的角度看,一定的社会总是通过各种有组织、有意识的教育方式,力图促使自然人在社会实践中成长为社会人。为此,人的社会化是个体的学习和社会教育共同作用的结果,在这个过程中,社会必须强化自己的教育职责,明确自身的教育性质,突出社会教育的组织性、主动性、持续性和强制性,提高社会教育的效果,促进人的社会化完成。

五是社会教育是一种注重教育潜移默化功效的教育活动。由于社会教育是一种有目的、有计划和有组织的教育活动,这种教育的组织化活动与学校的高度组织化有较大差距。社会教育更加强调,教育是社会的延续,突出社会教育潜移默化的功效,强调透过社会学习,发展人的社会能力,包括自我认识、对生活情景的认识、沟通能力的发展、互动能力与行为判断的提升。①

二、廉洁社会教育

廉洁社会教育是对社会大众开展的、旨在提高其廉洁意识的教育,主要包括公民在其本职工作中的守法和诚信,在与公共权力部门打交道时要遵守规则和程序,不仅自己不能用非正当手段谋取利益,而且要积极主动监督公职人员的行为。廉洁社会教育的目的在于,教育公民管好自己的同时,还要积极参与社会,成为促进社会廉洁的中坚力量。

为进一步做好廉洁社会教育,政府一是要有远见的策略。通过制定

---

① 参见龚超:《社会教育概念探微》,载《浙江社会科学》2010年第3期。

查处、预防、教育等措施，培养公众廉洁廉政的意识，彻底改变其对贪污腐败的态度，使反贪倡廉工作成效达到最高，建立和长期维护一个廉洁的社会，涤荡贪污腐败滋生的土壤。二是要进行广泛深入切实的宣传教育。通过报刊、电台、电视台、互联网等大众传媒的宣传，让廉洁教育融入每个公民的生活，把积极正面的价值观渗入公民日常工作和生活中，提高对贪污腐败问题的警觉。积极开展防贪反贪和廉洁廉政宣传教育活动，提高教育的针对性，增强各行业工作人员的廉政意识和自律意识。面对面与公民接触，让公民深入了解政府的工作情况，广泛获得公民对反贪倡廉工作的支持。三是广泛接触市民。加强与公民的接触，向公民开设诚信培训课程，举办防贪研讨会和讲座，宣传反贪信息，培养正确价值观，倡导诚信教育，建立廉洁公平社会，在全社会形成廉洁光荣、贪污可耻的氛围。四是与社会各界联手。通过联络各界机构组织，与各大商会、专业团体及社区组织接触，向他们介绍政府的服务，寻求他们的支持，共同开展倡廉教育。社会各界也由支持到积极参与，进而与政府携手完善防贪机制，维护社会的廉洁公平。

三、廉洁社会教育的相关理论

（一）需要层次论

美国学者马斯洛把人类的基本需要由低到高分为五个层次：第一层次是生理的需要，这是维持生存以及延续种族的需要，包括衣、食、住、行、性等方面，如果这些需要得不到满足，就会危及生命。它是人类最原始、最基本、最低层次的需要。第二层次是安全的需要，指希望受保护与免受威胁而获得安全感的需要，包括人身安全、工作安全、生活稳定等方面的需要。第三层次是归属与爱的需要，这是一种社会需要，又可称为社交需要，包括寻求被人认可、关心与爱护等方面的需要。第四层次是尊重的需要，即希望获得荣誉和受人尊敬的需要，包括独立、自主、获取名誉和地位、受人尊重。最后一个层次是自我实现的需要：人们希望在与自己能力相称的工作岗位上，充分发挥自己的潜能，以实现自己的理想。

在马斯洛看来，五种需要可以分为高低两类，构成人类价值体系两类不同的需要，一类是沿生物谱系上升方向逐渐变弱的本能或冲动，称为缺乏型需要。生理上的需要、安全上的需要和社交上的需要都属于低一级的需要，这些需要通过外部条件就可以满足，是在自然界中生存选择形成的。另一类是随生物进化而逐渐显现的潜能或需要，称为成长型需要。尊重的需要和自我实现的需要是高级需要，它们是通过内部因素才能满足的，通常可以在教育的影响下发展。人的需要是从外部得来的满足逐渐向内在得到的满足转化。

每个人都潜藏着这五种不同层次的需要，但在不同的时期表现出来的各种需要的迫切程度是不同的。在高层次的需要充分出现之前，低层次的需要必须得到适当的满足。低层次的需要基本得到满足以后，它的激励作用就会降低，其优势地位将不再保持下去，高层次的需要会取代它成为推动行为的主要原因。有的需要一经满足，便不能成为激发人们行为的起因，于是被其他需要取而代之。人的最迫切的需要才是激励人行动的主要原因和动力，任何一种需要都不会因为更高层次需要的发展而消失。各层次的需要相互依赖和重叠，高层次的需要发展后，低层次的需要仍然存在，只是对行为影响的程度大大减小。满足需要时不一定先从最低层次充分满足才开始中层或高层需要，有时个体为满足高层次的需要而牺牲低层次的需要。信念可以超越各种包括生理、安全、社交、自尊等需要，这是自我实现、自我评价等需要带来的。爱的需要同样可以克服包括生理、安全、尊重的需要等。

这五种需要不可能完全满足，愈到上层，满足的百分比愈少，高层次的需要比低层次的需要具有更大的价值。热情是由高层次的需要激发，人的最高需要即自我实现就是以最有效和最完整的方式表现他自己的潜力，唯此才能使人得到高峰体验。有很多需要不会被满足，会纵深发展，比如爱无止境。一个人对尊重和自我实现的需要也是无止境的，在人自我实现的创造性过程中，产生出一种所谓的"高峰体验"的情感，这时是人处于最激荡人心的时刻，是人的存在的最高、最完美、最和谐的状态。依据马斯洛的需要层次理论，人们的学习需求是多样、多层次的。该理论为社会教育目标的制定、教育内容的确立和教育形式的选择提供理论指导。

（二）生态系统论

生态系统理论是美国学者布朗芬布伦纳提出的。布朗芬布伦纳从发展的角度谈环境参数，对影响个体发展的环境进行分析。环境的分类系统是由四组水平的子系统构成的一个层次序列。这四级水平是由近到远划分的，分别是小环境、中环境、外环境和大环境系统。

小环境系统是个体活动和交往的直接环境。对大多数儿童来说，小环境系统仅限于家庭。但随着儿童进入托儿所、小学，以及与同伴群体和社区玩伴的交往，此系统变得越来越复杂。小环境系统中，任何两个个体的交往可能受第三者的影响。中环境系统是包括发展中个体在内的两个或多个环境之间的作用过程与联系，即是小环境系统的系统。而外环境系统是发生在两个或多个环境之间的作用过程与联系。这些环境当中，至少有一个不包括发展中个体，但其中发生的事件都会对小环境之间的作用过程产生影响，而小环境则是包含发展中个体的。大环境系统是包括特定的文化、亚文化或其他更广阔的社会背景下的小环境、中环境和外环境系统的特征后，在其之上形成的一种模式，尤其要考虑推动发展的信念系统、资源、危险、生活方式、生活中的选择以及源于上述每一个系统中的社会交往模式等。大环境系统的行为特征及信仰模式是通过社会化过程代代相传的，而社会化则是靠文化中形形色色的机构来完成的。

由于每个人都生存在与中间环境系统相联系的、嵌套在外层系统和大环境系统之中的小环境系统中，因此，儿童青少年有许多合理发展的途经。小环境系统水平上，成功的干预可以让父亲多承担些照料儿童的家务，做一位对儿童反应敏感的伙伴，同时他应该鼓励妻子对孩子敏感、耐心一些；在中间系统水平上，如果儿童所在社区有父母养育的课程或群体，父母可以在那里说出自己的困惑，接受别人的情感支持，互相学习如何抚育婴儿，父母与婴儿的关系可能得到改善；在大环境水平上，一个很重要的干预方案是社会政策要确保父母有权选择是否去工作，从而有时间打理家庭事务，烦恼的父母有了解决与孩子交往中的困难的机会，同时可以宣传家庭问题解决对社会健康发展的重要意义。

人类发展的生态系统能否有效运行的关键，在于构成该系统的各水平的子系统在不同时间的稳定性、一致性及可预测性程度。因此,家庭、学校和社会构成个体发展的一个生态系统环境,三者是互相影响、互相联系的动态关系。家庭、学校和社会既是儿童能够直接接触的小环境系统,它们之间的关系又构成中环境系统。尽管三种环境对儿童发展的影响各不相同,但一旦它们具有一定的方向性就能够促使儿童理想地发展。过去人们只重视学校教育和家庭教育,学校和家庭的小环境对儿童发展有重要的影响,但在儿童直接接触的社会小环境中,人们给予儿童成长的刺激不够,社会子系统没有起到应有的重要作用。要大力加强社会教育,使儿童朝着合理的方向发展,避免儿童被多元化的社会引导向消极方向发展。而家庭、学校和社会三个子系统之间形成稳定、一致的联系,能促使儿童的发展最优化。社会子系统的完善,家庭、学校和社会之间的关系越来越丰富,中环境系统也能对儿童的发展产生更大的影响。

(三) 群体社会化论

哈里斯的群体社会化理论认为,父母的行为对他们子女未来成人后的心理特征没有影响。被同一家庭收养的孩子,长大后其个性并不相似,同胞子女在某些地方有相似之处,但并不很相似,甚至在同一家庭中长大的同卵双生子在个性上也未必完全相同,这些在同一家庭中长大的同卵双生子并不比在不同家庭中长大的同卵双生子更相像。在发展行为遗传学领域的研究表明,在所测的心理经验中约50%的差异是由遗传造成的,在剩下的50%中,很少有或几乎没有多少差异可以说是因为所抚养家庭的环境不同而造成的。

由此,哈里斯指出,社会化是儿童被其所在社会接纳的过程,是通过学习逐渐成为一个有明确行为、语言、技能、恰当的信念和态度的社会成员的过程。在这一过程中,儿童可以模仿父母来发展,同时也可以通过模仿同伴来学习。一般而言,儿童在家中,从父母和兄弟姐妹身上学到的东西,在家庭之外并没有很大作用。社会对儿童在家庭内外的行为要求并不相同,一个在家里随意宣泄感情的孩子,出家门再这样做就得不到认可。哈里斯据此提出群体社会发展理论的核心观点,即社会化是一种高度情境化的学习形式。儿童独立地在家庭内外习得两套行为系统,这两套行为系统的学习方式和强化途径都不同,儿童相同的行为在家庭内外可能有不同的结果。而父母对儿童的人格没有长期影响,家庭外的环境才是儿童社会化的主要因素。

儿童在家庭内的习得行为与在家庭外的习得行为是两个独立的系统,而家庭外的系统最终超越家庭内的系统,成为个体人格中永久的一部分。儿童人格会受同伴行为以及儿童在家庭外行为方式的影响,即影响儿童人格的主要因素是同伴群体。儿童认同同伴群体的一般准则和行为准则,父母传递给儿童的文化要经过同伴群体的过滤,只有同伴群体大多数接受认可才可以传递。该理论提出一种区别于个体——个体文化传递的模式,即群体——群体传递,文化由父母群体传递给儿童群体,儿童通过选择和拒绝成人文化的不同方面以及自己的创造,创造自己同伴群体的文化。因此,儿童的发展既受家庭的影响,也受同伴群体的影响。社会教育中的许多形式都给青少年提供同伴交往的机会,弥补家庭教育和学校教育的不足。根据群体社会化理论,同伴群体是影响儿童社会化的主要因素。因此,社会教育对于青少年的社会性发展至关重要。①

(四) 社会学习论

社会学习理论是美国学者班杜拉提出的一种理论,班杜拉认为,人的社会行为都是在一定的社会环境的影响下,通过对示范行为的观察学习而得以形成、提高或加以改变的。观察学习是通过观察他人的行为而进行的简单学习。该理论强调榜样的示范作用,强调人类的行为是个体与环境交互作用的产物,整个观察学习过程就是学习者通过观察榜样的不同示范而进行的。榜样具有替代性强化的作用,这使人们对榜样在教育实践中的重要性有更进一步的认识。社会教育的各种形式的活动,可以给青少年提供榜样,促使他们进行观察学习。榜样学习对青少年成长能产生深远影响,模仿和学习榜样的行为和品质对帮助人们获得适当社会技巧、习得新的道德认识和道德行为习惯、产生利他行为等具有重要作用。在社会教育的过程中,可以通过媒体传播、巡回演讲、文艺演出、座谈

---

① 参见张荣华:《关于社会教育的一般理论》,载《中国青年研究》2007年第12期。

讨论等各种丰富多彩的教育形式,让榜样及其行为不断地被广大的受教育者了解和熟知,对受教育者进行长期而反复的引导,有利于青少年习得榜样的行为。

社会学习理论认为,道德行为是通过学习获得的,也可以通过学习加以改变。决定人们道德行为的是环境,社会文化、榜样、强化等外部因素都会对道德行为产生影响。除父母是影响青少年道德判断和道德行为的重要因素外,其他成人、同伴及象征的榜样同时也发挥影响作用。在学校里对青少年的道德教育主要是通过口头说教的形式来进行的,青少年很少能通过看到具体的道德行为而产生观察学习。因此,对于青少年的德育,社会教育中的活动性教育形式可能更为有效。因为学生的道德行为是受榜样者行为而不是受其言语表白的影响,对学生进行道德教育不能仅靠言语指导,更重要的是通过教育者自身的行为对学生进行教育。①

（五）社会文化论

苏联学者维果斯基的社会文化理论认为,人的心理机能可以分为低级心理机能和高级心理机能两类。低级心理机能包括感觉、知觉、不随意注意、情绪、冲动性意志、直观的动作思维等。低级心理机能是消极适应自然的心理形式,它们是种系发展的产物,受生物学的规律支配。高级心理机能包括观察、随意注意、词的逻辑记忆、抽象思维、高级情感、预见性意志等。高级心理机能是以语言符号的使用为标志的,语言是思维的工具,是社会历史发展的产物,受社会规律制约,是在人际交往活动的过程中产生和发展的。有意识的认知发展,取决于言语符号的使用。这种言语符号使用的发展是在同他人的交往、合作和共同活动过程中进行的。心理发展实质是心理在环境与教育的影响下,从低级心理机能逐渐向高级机能转化的过程。②

当然,这种发展受社会文化发展规律的制约。社会文化背景对个体的认知发展是很重要的,文化对儿童的影响是通过他们与成人,以及比自

---

① 参见张典兵等:《社会学习理论的德育价值探析》,载《石油教育》2007年第1期。
② 参见宋宝萍:《维果斯基的儿童人格发展思想》,载《西南民族大学学报》2005年第8期。

己年长的同伴的相互作用或交往实现的。维果斯基认为,个体认知发展不是内部自发产生的,而是产生于人们的协调和人与人的交往中。认知最初是在人的外部活动过程中形成的,然后才能转移到内部,成为人的内部心理结构。因此,相对于家庭教育和学校教育,社会教育能够给青少年提供更多的交往和集体活动的机会,使青少年更加近距离地接触社会文化,有利于青少年认知发展。青少年既不是简单模仿社会交往的特征,也不是被动地受制于外部环境。相反,在这个过程中,青少年是积极主动的,通过有意义的文化活动,在活动中与他人合作,使内部心理过程得以形成。

(六)终身教育论

法国学者保罗·朗格朗的终身教育理论认为,终生教育是一种全新的教育,在应对世界不断变化和各种新挑战中,终身教育不是传统教育的简单延伸,它包含着每个人对生活的基本问题采取的新态度、新观点和新方法。终身教育是一个人从出生到死亡,一生的教育和个人以及社会整个教育的统一综合。也就是说,终身教育不能只限于个人的状况,而要作为国民、社会、整体的教育来加以考虑。朗格朗认为,终身教育是人们对社会变化意义的新认知,也是应对社会变化的新希望。教育处于实现其真正意义的过程中,这种意义不在于获得一堆知识,而在于个人的发展,在于作为连续经验的结果得到越来越充分的自我实现。因此,教育的社会责任是组织适当的结构和方法,帮助人在一生中保持其学习和训练的连续性,培养每个人通过多种形式的自我教育,在真正的意义上和充分的程度上成为自己发展的对象和手段。因此,终身教育就是组成社会整体的公民获得自我教育和自我学习的能力,将学习贯穿在生命的始终。

20世纪70年代,欧美各国在终身教育的基础上,提出回归教育。回归教育同样强调人需要终身学习,但不同的是,它强调受教育者的教育平等权利,个人离职学习和复职学习应得到国家和社会的保障,需要社会经济的综合改革和各方面的政策保障。1972年,埃德加·富尔为首的国际教育发展委员会在《学会生存——教育世界的今天和明天》的报告中指出,终身教育变成由一切形式、一切表达方式和一切阶段的教学行动构成一个循环往复的关系时所使用的工具和表现方法。教育要面向全体社会成员,促成个人终身的发展。1996年,国际21世纪教育委员会主席雅克·德洛尔向联合国科教文组织提交的报告《教育——财富蕴藏其中》也强调,应该重新思考和扩大终身教育这一观点的内涵。一方面要继续重视终身教育使人适应工作和职业变化的作用,另一方面还要重视终身教育在铸造人格、发展个性以及增强批评精神和行动能力方面的意义,使得人们将目光更多地转向人的终身发展,终身学习既成为人类的发展追求,又成为政府的施政方针,为社会教育的进一步发展提供理论支撑。

(七)全民教育论

全民教育理论由联合国教科文组织、联合国儿童基金会、联合国开发署和世界银行等国际机构在1990年召开的"世界全民教育大会"上提出的,旨在满足所有人的基本学习需求。人们的"基本学习需要"包括人们生存与发展所必需的各种学习手段和内容,是每个人继承文化遗产,宽容、理解不同的社会、政治和宗教制度的基础。该理论一是确立以人的发展为核心的发展观。人的发展是社会发展的核心和目的,是一种致力于人的普遍幸福和进步的概念,它强调通过教育赋予能力,使人们有能力改善自己的生活质量并对自己生活的社区和国家作出贡献。满足人民基本学习需要便成为比任何时候都重要和必要的事业,教育,特别是意义广泛的基础教育则成为促进发展、实现发展的手段和桥梁。二是强调受教育权是人们的一项基本权利,要克服种族偏见、性别偏见等种种歧视行为,重视处境不利人群的教育。通过保障每一个人的基本教育权利,使其成为一个真正有文化的人,而不仅仅是为了上过几年学或参加过扫盲教育。教育的平等影响着社会的平等,如果不致力于全体社会成员,特别是最贫困成员的教育状况、生活质量的改善,那么经济发展和社会进步的基础将是脆弱的和不稳固的。三是重视提升教育的质量。全民教育运动开展以来,各个国家通过各种渠道筹集资金,用于扩大招生,而没有将花费投到提高每个学生的学习水平上,教育质量未引起各国政府的重视。为此全面提高教育质量,确保人人都能学好,在读、写、算和基本生活技能方面都能达到一定的标准至关重要。高质量的教育是能够满足学习者的基本学习需要,丰富他们的生活及其全面生活经验的教育。由此可见,教育质量越来越成为全民教育关注的重点。

(八)社区发展论

美国学者斯坦纳等人的社区发展理论,从不同的角度论述社区发展的基本理论和方法。该理论通过社区发展,直接谋求增进某地区居民之福祉与全社会的发展和进步相协调,并有助于后者目标的实现;立足于基层制定政策,根据社区特点选择不同手段,采取特定方案;充分依托社区关系和动员社区群众实行发展行动,强调社区居民在发展上的主体地位;专业工作人员与一般民众相结合,民间活动与政府行为相配合等。在联合国的倡导下,社区发展开始在世界范围内开展起来。随着实践活动的开展,人们从不同的角度总结经验,得出不同的社区发展理论,如系统模式、均衡模式和问题解决模式等,这些理论的发展为制定社区发展目标和实施社区发展计划提供理论指导。社区教育作为社区发展的一个重要组成部分,在社区发展中发挥着重要的作用。1995 年在泰国召开的第七届国际社区教育大会通过的《社区教育宣言》强调,良好的社区教育能够加强社区建设;社区教育与社区文明、社区管理共同构成未来社会发展的三大基本动力。其中,社区教育是发展的关键。[1] 可见,社区教育是与社区发展融合在一起开展的,社区发展理论为社会教育的发展提供理论指导。

第二节　英国公民廉洁社会教育

一、政府主导廉洁社会教育的发展方向

英国政府致力于廉洁社会教育,为更好开展廉洁社会教育,积极采取各种措施促进廉洁社会教育的发展。早在 20 世纪 60 年代,英政府就先后开展广泛调研,出台教育先行地区计划和活克斯豪尔计划,旨在通过发展社区教育,来保障廉洁社会教育的发展。1998 年,英国又发表《学习时

---

[1] 参见张光辉:《美国和北美社区教育价值取向及对我国的启示》,载《职业教育研究》2006 年第 3 期。

代》绿皮书,认为英国正处于一个新的时代,要迎接这个时代的挑战,必须发展一种新的学习文化,提出要建立学习化社会,使不同阶层、不同背景的人都能有继续学习和终身学习的机会。这不仅要求打牢家庭和学校教育的基础,同时还需要在人的一生中通过各种形式推进学习。1999年英国政府发布《学习成功》白皮书、2000年颁布《学习与技能法》,规定整合政府与民间组织的资源,扩大政府财政资助的额度;建立地方性的学习与技能委员会,加强与社区教育组织的联系,共同推动公民廉洁社会教育的发展。为进一步规范廉洁社会教育的正常运作,英国政府在2002年和2006年,出台《为了每个人的成功——继续教育与培训改革》和《继续教育——提高技能并改善生活机会》白皮书,强调把继续教育作为公民廉洁社会教育的主要形式,提出继续教育是政府为每个人带来社会公平和经济繁荣的关键。这些措施为英国廉洁社会教育指明了方向,并在法律层面上有效保证公民廉洁社会教育的健康发展。

二、建立以人为本的廉洁社区学习体系

英国的社区民众廉洁教育活动覆盖全国,各地建立各种形式的廉洁社区教育机构,大量的社区民众运动和组织均建立独立的廉洁教育机构,如农业和渔业协会、家庭主妇社团、体育俱乐部等。许多大学还举办非正式的称为"民众大学"的群众廉洁教育活动。在英国,社区学院得到广泛发展。虽然在形式、结构和名称上不同地区有所不同,如有些叫做社区学校或社区校园,但它们的宗旨都是致力于把学校内外和学校后的廉洁教育及其他社会文化活动密切结合起来;使社区参与学校活动,让学校走入社区,增进居民对社区的归属感,使学校和社区的学习资源得到最充分的利用。另外,英国还专门为成人提供开放性廉洁教育的机构,多由民间团体(包括宗教团体)设置经营。其中也有曾作为促进提高地区居民福利的"贫民救济事业"而成立的机构,它们随着福利事业的充实,重点转向提供受廉洁教育的机会。这些机构提供包括时事问题、体育、文娱等在内的广泛的廉洁学习机会,形成地方成员间的和睦亲善、廉洁自律的氛围。各种民间社团也是英国廉洁社区教育活动的中坚力量,它们把开展社区教育、加强廉洁社区建设视为自己的工作目标,让公民随时随地都可以参与到学习当中。

英国的廉洁社区教育从人的全面发展实际需要出发,尽量满足社区成员的基本学习需要,全面提高公民的廉洁素质,充分发挥人的潜能,增强公民廉洁意识与廉洁社区的认同感,使个人的发展与社区的发展相结合,把有意义的学习和廉洁教育经验转化为服务社区、促进社区发展的动力,形成良好的廉洁教育互动。廉洁社区教育的服务宗旨是为社区居民提供各种廉洁教育服务,让居民因归属于社区而产生满足感。随着廉洁社区教育的发展及其内涵的丰富,社区已演变成为学习化社区。社区教育整合学校、家庭和社区的教育资源,把学校或图书馆办成社区廉洁教育文化中心,将对廉洁教育资源的利用最大化。这些活动中心为学习者提供廉洁教育信息、咨询和经纪服务,承担教育机构或资源与个体学习者之间的中介功能,通过向学习者提供信息和咨询服务,实现学习者和教育机会的匹配,帮助个体学习者确立进一步接受廉洁教育和培训的目标,获得适当的教育机会,为学习者提供学习交流服务等。①

英国的廉洁社区教育通过社区学习网络,可以使社区的廉洁教育资源得以真正共享。社区学习网络具有多种功能,包括通过宣传、问卷调查、电话采访、咨询、评估等活动确认社区成员的廉洁教育需求和问题;为满足这些需求,发展各类廉洁教育计划和项目;对社区的各类教育机构进行协调,并开展与社区外教育机构的合作。这样不仅使社区内各种廉洁教育资源得到最优化配置,还能最大限度地吸纳社区外部资源,丰富廉洁社区教育的内涵。

三、完善廉洁社会教育的监督机制

英国公民廉洁社会教育的监督机制主要是通过透明国际(英国支部)和大众传媒的监督活动实现的。作为英国公民廉洁社会监督的非政府组

---

① 参见张红丁:《英国社区社会教育及对我国的启示》,载《天津电大学报》1999年第1期。

织,透明国际(英国支部)的目标为提升对发生在海外和英国本土的腐败的关注,支持透明国际的国际活动。在此基础上,进一步提升对国际商业贸易中的重大腐败的关注,支持并举办各种与腐败有关的会议、讲座、展览、课程等。除此之外,透明国际(英国支部)也关注英国国内的腐败事件和控制腐败的方法,经常围绕腐败问题展开诸多调查,并公布调查报告,诸如《英国的腐败和洗钱问题报告》《国家廉政系统:国家年度廉政报告》等,对廉洁社会教育起到警示作用。

  面对社会上种种有失诚信的现象,英国政府一方面加强对媒体的法律保障,颁布和实施《新闻自由法》。该法规定,按照政府事务公开的原则,公民有权获得由政府部门掌握的信息。这使得媒体可以广泛获取政府的各项信息,对政府和公务员的各项活动进行监督,有利于遏制腐败。同时,该法还确定公民获取信息的权利和政府部门相应的职责,其一是证实或否认掌握某种信息;其二是传达所掌握的信息。信息可以用任何形式,不只是数据库,任何人都可以查询信息,查询者没有必要证实自己与查询的详细内容有利益关系或其他关联。该法律覆盖的机构广泛,包括各级政府、学校、警察机构以及政府所有的公司和政府机构授权的私营企业等。该法要求收到信息查询的机构必须在20个工作日之内作出答复。并有相应程序处理查询遭拒和上诉,销毁属于《新闻自由法》范围内的信息可能会受到刑事处罚。另一方面,加强对欺诈事件的调查和曝光,试图以经济和刑事等惩罚方式来改善廉洁社会环境。例如,有一名在英国医院工作的印度医生被取消一年行医资格,原因是他谎称妹妹和叔叔在"9·11"事件中遇难,以此为由向其工作的医院请求休假。公众和有关机构认为,这件事反映出的不诚实问题,是必须进行严惩的。在英国,不合资格的人冒领养老金、救济金,是英国社会福利事业的一大诟病。为此,英国劳动和保障部发起"打击欺诈运动",一旦发现冒领者,政府、救济金发放机构、警察和法院都会采取相应的严厉措施,惩治违法者。这些措施在一定程度上有利于廉洁社会教育的顺利推进。

第三节 美国公民廉洁社会教育

一、政府加强公民廉洁社会教育的政策法律保障

美国政府一贯重视公民廉洁社会教育。为支持廉洁社会教育发展,联邦政府通过成立专业委员会颁布调查报告,为廉洁社会教育发展提供信息和决策建议。1947年,美国总统高等教育委员会发表《为民主服务的高等教育》的报告,用较大篇幅论述初级学院的改革,建议把初级学院的名称改为社区学院,强调把社区学院建设成当地社区的短期高等教育机构,更好为当地社区的文化教育事业服务。该报告虽不具备法律性质,但明显表达美国联邦政府急于实现廉洁社会教育的大众化、民主化愿望,对美国廉洁社会教育的发展和改革发挥重大作用。1983年美国高质量教育委员会发表《国家处在危急中:教育改革势在必行》,1984年美国高等教育和成人学习委员会又发表《成人学习:国家未来的关键》,都强调加强廉洁社会教育的重要性。在联邦政府的授意和资助下,美国社会学院委员会经过长期调查研究,于1988年发表《建设社区——对一个新世纪的展望》的报告书,指出在新技术革命浪潮推动下的美国政治、经济、文化大变革的时代,美国社区学院要把"建设社区"作为改革的方向,充分发挥社区学院在社区的廉洁社会教育中的作用,要把社区学院建成当地社区的廉洁教育中心。该报告的发表为20世纪90年代乃至21世纪美国各州社区学院廉洁社会教育的发展指明方向。

与此同时,联邦政府还通过立法来保障廉洁社会教育的发展。1963年,美国颁布《职业教育法案》、1966年颁布《成人教育法案》、1976年颁布《终身学习法》、1980年颁布《中学后继续教育法》等。特别是1993年国会通过的《政府业绩与成果法》,更是规定联邦政府不仅要为终身学习计划提供充足的援助,还必须保证并监督这些计划取得预期的效果。这些政策和法律的颁布,使美国廉洁社会教育的体系更加完善,发展更有保障。值得注意的是,美国政府通过立法的手段向各州社会教育机构拨款

时，接受联邦政府资助的社会教育机构有义务向联邦政府有关部门汇报，并接受联邦政府委派的专家委员会的检查评估，这样联邦政府就能通过把立法和拨款相结合的手段，为国家的廉洁社会发展服务。而各州政府也是通过颁布政策和法令对本州廉洁社会教育的发展进行宏观调控，不过随着各州政府对当地社会教育机构拨款数额的不断增加，各州政府对接受拨款的社会教育机构的许多事项开始直接干预，目的在于把地方的社会教育机构纳入州社会发展的轨道，不断提高廉洁社会教育的办学质量，使其更好为所在州的廉洁社会发展服务。

二、构建公民廉洁社会的多元教育体系

美国倡导诚信教育，通过公民教育、学养性教育等培训形式，构建廉洁公平社会。在公民教育上，一方面，美国注重学校的诚信教育。美国波士顿大学教育学院设计的基础教材中突出了学校诚信方面的内容，其中一篇课文讲述这样一则故事：一位国王要选择继承人，于是发给国中每个孩子一粒花种，约好谁能种出最美丽的花就将谁选为未来的国王。当评选时间到来时，绝大多数孩子都端着美丽的鲜花前来参选，只有一个孩子端着空无一物的花盆前来。最后，这个孩子却被选中了。因为孩子们得到的花种都已经被蒸过，根本不会发芽。这次测试，不是为了发现最好的花匠，而是选出最诚实的孩子。教材建议老师在班上组织讨论，向学生介绍"最大程度的诚实是最好的处世之道"这句谚语，并且要求学生制作诚信的标语在教室里张贴。另外，美国一所学校的多名学生在完成生物课作业时抄录了某网站提供的一些材料，任课教师就毫不客气地判这些学生的生物课得分为零。这位教师说，第一天上课她就和学生订下协议。协议说，教师布置的所有作业都必须完全是学生独立完成，欺骗或剽窃将导致学习失败。支持她的教师们说，教育学生成为一名诚实的公民远比通过一门生物课重要得多。

另一方面，美国的廉洁社会教育还强调对社会的服务意识。不言而喻，美国学校公民廉洁教育的任务是培养合格的公民，使他们充分了解和关注民主的原则和实践；通过加入非官方的公民社团参与到社区中；在政

治方面能采取行动促进公共目的的达成;拥有道德上和公民意义上的美德。为此,把服务视为公民教育的基本策略和核心手段,在学校推行的服务学习将公民教育与所在社区的真实现状相联系,为学生创造履行公民责任与义务的环境。参加社区服务或服务学习项目的学生,不仅能增长公民知识,培养相应的公民技能,还提高其对公民廉洁社会的敏感度,深化自身的廉洁责任感与义务感。①

此外,美国积极资助社会教育机构举办各种公民培训班和夜校,对各国和各民族来美移民进行廉洁社会教育,让外来移民学习美国宪法,了解美国历史和美国政治,把他们教育成热爱美国、建设美国的廉洁公民。并创建"公民教育中心",旨在培养具有公民廉洁意识和责任心的公民。②

在学养性教育上,随着在教育机会均等上种族、性别、年龄等歧视的取消和人口老龄化问题的日益突显,许多妇女纷纷走出家庭接受补偿教育,特别是近年很多人已开始进入退休年龄,他们为了退休后能过上充裕的生活,广泛交友、寻求温暖,也选择到成人学校或社区学院等社会教育机构接受廉洁教育,以满足自己物质和精神上的需要。当然,作为美国教育机会均等的重要保障,这些培训机构和社区学院都具有极高的开放性,达到几乎毫无限制的地步。1980年《中学后继续教育法》更是规定,在美国"不分年龄、种族、性别、宗教、伤残、来自国家、出身、地理位置或经济状况,在接受中学后继续教育方面一律平等,愿意参加中学后教育的人,有选择院校和选择他们需要和能力的计划的自由"。因此,在美国出现许多"自由学习者",联邦政府利用这种机会,灵活多样开展廉洁社会教育。例如,针对廉洁社会问题,学校和社区有关单位可以共同制定培训项目,共同研究培训策略,而培训服务,也不一定由学校承担,可以委托有关社会团体来承担。通过这些培训教育活动,让公民逐渐养成廉洁自律的风尚。

---

① 参见许瑞芳:《公民服务:美国公民教育的基本策略》,载《思想教育研究》2010年第7期。

② 参见张昆玲:《社会教育:美国经验与我国选择》,载《教育与职业》2009年第12期。

三、广泛开展廉洁社会的宣传教育

美国重视廉洁社会的宣传工作,经常通过报刊、电台、互联网等大众媒体,开展廉洁宣传教育活动,提高全社会的廉洁意识,获得公民对政府反贪倡廉工作的支持。美国实行新闻自由。美国媒体发布的各种消息、新闻,不需经过任何审查。舆论的力量几乎无所不及,对腐败的发生具有显著影响,许多著名的腐败案件都是由媒体揭露出来的。联邦政府的公职人员整天处于媒体的监视之中,稍有出格就可能被曝光,甚至身败名裂。1993年克林顿提出兴建"信息高速公路"计划后,美国政府用数字化大容量光纤通信网络把政府、企业、大学、科研机构和家庭的计算机联网,使美国的廉洁社会教育手段越来越先进,设施也越来越完善,从而把美国的廉洁社会教育推向信息化时代。目前,美国家庭互联网接入率为82%,美国互联网公共图书馆已免费向公众开放,全国各图书馆均实现电脑检索,全美无纸化电子杂志超过一万种,每个社会成员都可以在网上学习,足不出户就可以接受数据、图像、声音等传输信息,还可以进行双向交流,从而极大提高学习效率,保证廉洁教育的效果。

美国的社区媒体在廉洁社会教育中发挥重要作用。社区媒体是源自公民社会领域,于公民社会传播,引起公民社会回响,这是存在于国家和市场之外的媒介传播领域(通常是非政府和非营利的),但同时可能与国家和市场发生互动。在美国,社区取向的广播、电视等媒体发展迅猛,社区电台近七百个,社区电视已占整个有线电视频道的17%,电台听众达2000万人,成为美国重要的"第三种声音"。① 美国的社区通过电台和电视频道,为社区居民提供综合服务节目,例如,报道有关社区廉洁的事件,廉洁的公共事务和人情趣味等,宣传廉洁社会的价值观,并同社会团体和志愿者合作,围绕廉洁社会展开辩论,通过参与公用电视的节目制作,参与者可以了解传递廉洁信息,学习到宽容他人的廉洁观点,通过共享新闻

---

① 参见李艳红:《传媒产制的第三部门:北美和澳大利亚社区媒体的实践、制度及民主价值》,载《开放时代》2009年第8期。

来创造廉洁社区,能够感受到自己可能对他人产生影响,这些都是重要的改变廉洁社会的行为。

第四节 德国公民廉洁社会教育

一、政府重视公民廉洁社会教育的法规建设

德国政府向来重视公民的社会教育,先后制定《培训岗位促进法》《职业教育促进法》等,明确将职业教育研究报告作为每年对职业教育现状和发展的综述性报告,包含关于职业教育的统计数据和职业教育计划的制定,还明确职业教育研究在国家职业教育政策制定中的作用及任务,并对承担报告的研究组织与机构、相应承担的责任及义务作明确的法律规定。出台《职业教育报告》纲领性文件,为德国社会教育政策制定、规划和实施人员制订工作计划等打下基础。

在此基础上,德国颁布《儿童与青少年福利法》,围绕促进青少年儿童的健康全面成长,在制度上提供保障。该法规定,要对家庭进行支持性的帮助,旨在加强或重建家庭的教育能力。父母和其他对教育负有责任的成员和年轻人应该得到家庭中的一般性教育帮助,以提升他们对其教育责任的感知,并且帮助他们了解家庭中的冲突如何通过非暴力的方式得以解决。这些家庭中的教育帮助主要包括:其一是根据处于不同生活处境及教育情境的家庭的需要、兴趣以及经历来提供家庭教育服务,提高家庭与教育机构合作、自我帮助以及获取邻里支持的能力,并帮助年轻人为婚姻、伴侣关系以及与孩子共同生活作好准备;其二是为年轻人的教育和发展问题提供咨询等,家庭支持性的帮助还包括针对家庭共同生活、分居和离婚问题提供咨询,以帮助解决家庭中的冲突和危机,并在遇到分居或离婚情况时,为父母履行义务,以确保儿童或青少年的幸福创造条件;其三是针对家庭的教育咨询,帮助儿童、青少年、家长及其他负有教育责任者,澄清和克服个人以及与家庭有关的问题和潜在的因素,帮助他们解决教育上的问题;其四是社会教育性的家庭帮助,主要通过紧密的照顾与陪

伴，帮助家庭完成教育任务、解决日常问题、化解冲突和危机，以及建立与机构的联系，通过帮助实现家庭的自助。另外，该法还规定了家庭补充性的帮助，主要包括促进青少年教育的帮助，致力于帮助年长些的儿童、青少年及年轻的成人克服问题，实现自立。这些支持涉及社会性的小组工作和教育辅导，主要帮助大龄儿童及青少年克服发展困难和行为问题，以及深入的社会教育性的个案照管，旨在帮助青少年提升社会融入、实现自我负责的生活方式。

二、充分发挥社区成人教育中心的作用

德国的社区成人教育中心是德国体系最大、覆盖面最广、能量最强的成人教育机构，它已容纳全国 920 万人在该中心参与学习，开设课程已达千种，科目也从过去为大众提供基础教育科目，扩展到涉及各种工作领域和职业技能的科目。该中心开放程度高，办学机制灵活，学制多样，费用低廉，方便当地民众参与。为充分利用该中心的资源平台，推进公民廉洁社会教育，该中心一是传播廉洁知识和教育培训技能的场所，促进廉洁信息交流、加强族裔融合、拓展廉洁社会发展的空间；二是使用好政府资助廉洁教育培训项目的投资，加强开放程度，对外来移民要搞好语言、廉洁文化和技能培训，对其他弱势群体要做好廉洁道德的培训，提高他们廉洁自律能力；三是成人教育中心的管理人员富有创新意识和创造精神，在总结过去经验的基础上，开发更多的成人廉洁教育项目，构建更加完善的廉洁社会教育体系；四是建设自己的特色网站以服务社区居民，成为社区居民参与廉洁社区活动的重要平台，在这里经常公布政府对市民的回复，并询问居民是否满意，同时还会记录要求政府提供资金支持社区举办廉洁文化活动的建议，并公布安排政府倾听该社区居民意见的会议时间及内容。中心经常向居民发放各类廉洁信息册，定期（1 至 2 周一次）请有关专家回答居民的咨询。

德国的"邻里之家"也是德国廉洁社会教育的重要场所。"邻里之家"的最高机构是德国社会福利、文化工作协会联合会。该机构从属于德国独立社会福利协会联合会，并与省、市、区各级政府的卫生、社会福利事

业部门发生业务关系,其活动得到政府的一定资助与监督。该机构的社区工作就服务对象来看包括为儿童、青少年和老年人提供的多种服务。其中为儿童服务的有托儿所、小学生学习辅导站等;为青少年服务的有青年俱乐部、学习拍录像片、旅游、文娱活动、体育活动等;为老年人服务的有托老所、老年人俱乐部、学习拍录像、旅游、送护理上门、送饭上门等。就服务的种类来看,"邻里之家"的工作除了日常生活类和文化娱乐类之外,还经常举办各种廉洁社会讲座,包括老中青、妇女、儿童廉洁教育报告会、廉政专家报告、家庭廉洁伦理道德报告、廉洁法律咨询等。① 另外,德国社区的青年服务部、慈善机构把经过培训的社会工作者组织起来,分派到一些特殊家庭里去工作,每周义务为家庭服务 5 到 10 个小时,帮助父母掌握教养孩子的基本知识和技能。社区也会把各个家庭联合起来,结成对子,互相帮助,共同提高教育孩子的艺术。这不仅激发社区儿童的积极性,而且还提高社区居民的廉洁自律能力,有利于社会稳定与和谐发展。

三、加强公民的诚实守信教育

德国对公民的诚信教育主要是培养青少年的价值观和辨别是非能力,在德国的学校公民教育体系里,家庭是道德教育的重要场所,父母则是孩子道德教育的启蒙者。德国在教育法中明确规定,家长有义务担当起教育孩子的职责。德国家长也都非常注重为孩子营造一个真诚的氛围。家长们普遍遵守这样一个原则:教育孩子诚实守信,家长必须做出榜样。在德国一个小城的路口有一块牌子,上面写着"为了孩子请不要闯红灯"。据当地居民讲,自从立了这块牌子后,闯红灯的行人和车辆明显减少。因为家长带头为孩子做出遵守交通规则的好样子,孩子自然也会这样做,不去闯红灯。在德国,如果随地乱扔垃圾或者在没有停车标志的地方停车,马上就会有人过来阻止你,并给你讲遵守社会公德、为下一代做

---

① 参见王雷:《深受德国社区居民欢迎的邻里之家运动》,载《中国社会报》2006 年 10 月 16 日第 6 版。

好榜样的道理。这种诚信氛围不仅能培养孩子良好的道德品质，而且也规范成人自觉遵守社会秩序、诚信待人的风范。

在德国，用以监督社会成员是否遵守社会秩序的最好途径就是社会信用记录。德国中央银行设有专门掌管社会成员包括企业和个人信用信息的服务机构，从事信用评级、信用管理等业务。这一任务由德国的信贷信用保护协会承担，德国的各金融机构均是该协会的成员，一旦客户出现信用问题，如恶意透支信用卡或不及时还款，都会被记入资料库。而有过不良信贷信用记录的客户在今后的生活中会碰到很多困难，诸如申请贷款时会被拒绝或者支付高利率，要想用分期付款方式购买一些大件商品时也会被商家拒绝。即使在日常生活中，这种监督也无处不在。就拿乘车买票来说，如果逃票被查到，就会写入个人的信用记录，成为终生的污点。所以，德国人非常看重社会诚信，一般不会冒险去做违背诚信的事情。这无疑促进了廉洁社会教育对整个社会环境的积极意义。

第五节 新加坡公民廉洁社会教育

一、构建以社区文明为核心的廉洁社会教育理念

作为移民国家，多元文化共存是新加坡社会的显著特征。这就要求新加坡政府把建设一个团结和谐的多元社会作为社区建设的首要任务，培养社区居民的共同价值观，不仅要提高基层社区的物质文明现代化水平，也要提高精神文明的现代化水平，提供携手共进；安居乐业，关爱互助；发扬亚洲价值观，重视家庭亲情，邻里和睦，社会兼容；提倡执政为民的治国观等。同时要吸收西方国家社会治理的先进经验，弘扬以儒家思想精华为核心的东方优秀文化传统。在实现社区建设的总体目标，即发现并满足社区居民的共同需要、提升社区生活环境、开发和利用社区资源、开展社区服务和社会援助等的同时，政府积极鼓励社会团体、宗教团体、中介组织参与社区建设，建立社区基层组织网络，引导各族公民积极参与社区管理。为此，政府进行城市重建并实施大规模的国民住宅计划，

建立切实有效的社区管理体制,从而加强政府与人民以及居民内部间的联系。在各级政府部门的重视下,新加坡的社区和社区中心逐渐发展成为开展思想文化建设、传播儒家文化的主要基地。经过政府长期不懈的努力,新加坡已经成为政局稳定、社会文明、生活富裕、环境优美、人民安居乐业、各民族之间和谐相处的国家。兼顾公平与效率的社会福利体系构建完备,社会统筹与个人努力相结合,社会保障和普通民众的住房问题得到妥善解决,为新型社区的建设提供坚实的基础和动力支持。

二、强化政府主导下的廉洁社区教育与管理模式

在新加坡政府主导下,通过强化组织、统一指导、民主自治、以人为本、积极参与的多种方式,各类社区教育活动与社区建设活动紧密融合、相互促进、共同发展,形成以"提供服务、满足需求、建立秩序"为宗旨的廉洁社区教育与管理模式。虽然新加坡政府负责90%的社区基础设施建设费用和50%的日常运作费,但仍强调政府主导下的大众参与,这既能弥补社区建设所需公共资源的相对不足,又在一定程度上强化政府的基层建设。新加坡社区建设实行统一指导与民主自治并行的原则,国家统一规划,政府有关部门负责制定社区发展计划和评估标准,社区发展理事会、民众联络所、居民委员会、公民咨询委员会等机构在政府指导下自主活动,协助改进社区公共设施、居住环境和社会治安,帮助家庭生活困难的居民;传达政策反映民意,宣传政策反映民意。政府各部门根据社区居民需要,调整规划和管理方式,按照社会服务标准评估各自治组织的业绩,下拨活动经费。① 政府行政部门、社区管理机构、基层自治组织及社会团体之间职责分明、上下贯通,形成科学、合理、灵活的社区建设模式。社区建设贴近民众,凡可自主管理的,政府放手,但提供指导和经费,培养社区成员的参与意识,促进廉洁社会的发展。

---

① 参见郝美英:《北欧、美国、日本和新加坡社区教育理念探析》,载《成人教育》2010年第12期。

三、打造多层次的廉洁社会教育平台

新加坡注重公民廉洁意识教育,努力培养公民具有效忠国家之意识,获取有效参与公民生活所需具备的知识、态度和技能,进而发挥其责任心和荣誉感,让廉洁奉公的价值观植根于民众当中,使公民树立堂堂正正的做人原则。倘若有人破坏这个原则,就会让这个人和他所属的单位蒙羞。人们都自觉地依照法律规则办事,不会去想利用关系。通过对廉洁意识的培养,促进新加坡形成一种浓厚的"以贪为耻"的廉洁氛围,大多数公民都能够自觉保持廉洁。与此同时,新加坡为满足不同年龄阶段、不同层次社区居民的廉洁学习需求,在社区中心开展丰富多彩的廉洁社会文化教育活动。通过乐龄俱乐部面向老年人开展社区廉洁教育活动,促进家庭和谐与廉洁社区的文明建设。通过举办工人文化宫的做法,为工人开展丰富多彩的廉洁文化活动,满足广大工人廉洁教育的需求。通过青年运动组织,举办各类廉洁文化、体育与健康、社区服务等活动,培养青年人的廉洁意识,提升青年人之间的社会交往。

四、健全廉洁教育的社会监督

新加坡一直以来采取各种措施广泛吸收和有效组织公众直接参与反腐败斗争。一方面,政府积极通过廉洁社会教育,培养公众的社会正义感。新加坡对公民正义感的教育主要体现在其对公民的国家意识培养上,国家意识的增强,能使公民视国家为自己的家,让公民自然认识到惩治腐败不仅是专门机构的事情,也与公民的切身利益息息相关,人人皆有督察责任。为培养公民的国家意识,政府专门成立负责进行国家意识教育的机构。另外,政府还着力培养公民守法观念和意识,这种教育渗透于每个公民的义务教育中,其内容不限于守法,还包括护法,即维护法律尊严。它教育和培养公民仗义执言的观念与明辨是非的意识,使其认识同腐败进行斗争是整个社会共同的事情。

另一方面,加强新闻舆论监督和公众监督的力度。在社会参与反腐败过程中,新闻媒体通过宣传反腐败政策和法律的威力,可以震慑和教育

公务员不蹈贪污贿赂犯罪的覆辙,增强公众对国家反腐败决心的认识,提高对政府的信任程度,以便在社会上弘扬正气,打击邪恶。为维护国家利益,保证社会生活的稳定和健康,政府对新闻媒体有许多严格的管理制度,包括在政治上不得从事危及政府和政局稳定的宣传,在伦理道德上不得有悖于东方价值观,尤其是不得鼓动放纵、渲染色情和极度暴力。在此前提下,政府支持和鼓励各种媒体积极参与国家和社会生活,把它视为对政府及公务员监督的重要形式,使媒体成为一种相对独立的力量群体。

在社会公众参与反腐败的具体制度上,行为跟踪制度是以依法调查局为主,由社会公众配合执行的一种制度。对所有公务员都可以暗中派人跟踪,明察暗访他们的日常行动,或收到举报后派人跟踪。调查内容是公务员在公务活动或日常活动中是否有违法违纪行为,如果发现公务员有可疑的劣迹,跟踪人员则通知上级另外派秘密摄影人员前往现场进行秘密拍摄。在确凿证据面前,当事人均无法辩驳,只能等待处罚。行为跟踪制度使部分社会公众直接参与到查处腐败活动的行动中来,有效打击了腐败活动。

第六节 澳大利亚公民廉洁社会教育

一、政府倡导公民廉洁社会教育的政策法规建设

为加强公民廉洁社会教育,1998年在澳大利亚教育、就业、培训及青年事务部长联席委员会上,各州的部长们联名签署《21世纪国家学校教育目标》,该宣言将终身学习作为学校教育改革与发展的总指导思想,要求强化学校教育并使之成为"学习型社区",学校教育要开发学生的终身学习能力,为建设学习型社会奠定基础。为拓展成人学习机会,澳政府相继推出"工作场所英语语言与识字""读写热线""面向老年职工的基本信息技术能力项目"以及"新学徒制入门项目"等成人学习项目。"成人学习周"是澳在国家层面上推动成人学习的重要形式。成人学习周一般在每年9月份举行,时间延续1周。在这1周内,各种形式的成人教育和学

习活动在全国展开,为成人学习搭建良好平台。在州和地区政府层面,政府通过为继续教育系统提供资金支持、建立地方学习中心、开发面向成人的服务项目等,全面推动成人社区教育的发展。2002年各州联合签署的《成人社区教育宣言》,再次强调社区在成人教育中的重要作用,通过成人社区教育,向成人提供多样化的学习机会。①

该宣言指出,澳大利亚应通过成人社区教育,一方面了解成人学习者的实际需要。澳大利亚成人教育的对象非常广泛,成人学员有不同的社会背景、社会和生活经历,从事不同的工作,对学习持有不同的态度。根据这一情况,澳大利亚加强关于成人学习者学习需求的调查。对成人学习者实际需求的调查为教育机构设计教育内容和方法提供依据,从而增强成人学习的针对性。另一方面建立教育机构、企业和政府间的合作关系。为拓展成人学习机会、提高其学习效果,澳大利亚通过多种方式在教育机构、企业和政府间建立起稳定的合作关系。各机构间的合作可以提高成人教育服务的清晰度和有效性,满足不同背景下成年人,尤其是未就业成年人在继续教育方面的需求。合作关系的确定可以使针对成年人的各种项目有效实施,避免学习资源的浪费。此外支持在工作场所的学习。在澳大利亚,雇主对于成人学习的贡献是巨大的。雇主通过对员工的受教育状况进行分析,为员工发展相应的职业能力提供方案。在这个过程中,雇主给予员工相应的学习费用和学习资源的支持。澳大利亚政府通过减税、支持企业举办工作能力提升培训、向企业和个人提供资助等措施支持成人在工作场所的学习。企业员工通过这些学习机会提高个人的职业能力,实现职业转换和过渡。所有这些政策措施,不仅极大提高公民的整体素质,而且也为廉洁社会教育打下坚实基础。

二、拓展公民廉洁社会的多层次教育形式

澳大利亚的廉洁社会教育主要通过学校教育、家庭教育、邻里社、工作人员教育协会、公共图书馆等形式实现。在学校教育中,各州中小学生

---

① 参见吴雪萍:《澳大利亚终身学习政策探析》,载《比较教育研究》2008年第11期。

的整个课程设置都渗透了廉洁社会教育,教师通过专题讨论的形式,引导学生用所学的知识分析问题,培养学生独立分析问题、解决问题的能力,增强参与社会的兴趣。家庭和社区在澳大利亚公民廉洁社会教育中起到重要作用,学校成立各种家长教师联谊会、学校社区合作组织等,学生通过参与社区活动,了解随时间变化,本社区环境的变化发展过程和特征以及公共场所的规定,垃圾控制、废物的再利用以减少对环境的影响。通过参与社区服务,学生可以深入了解社区发展问题,比如社区安全、流浪儿童等,并参与讨论问题的解决。通过学生需要和社区互动的技能和行为,使学生懂得民主社会的运作方式,发现自己在社会中应当承担的角色和担负的责任。[①]

澳大利亚的邻里社在社区廉洁社会教育中占有重要地位。在澳大利亚的新南威尔士省,每年有近170万人次通过邻里社的网络参加包括廉洁社会教育的各种学习活动,还有28万人次在社区学院和区成人教育中心注册进行廉洁社会的学习。维多利亚省(占全澳人口的25%)参加成人、社区和继续教育的人数占全国总录取人数的35%,他们通过这些平台进行廉洁社会教育。[②] 据不完全统计,大多数在社区参加学习者,最初只是参加一些娱乐活动及与孩子有关的活动。到第二年,学员们开始参加一些与健康、保健、廉洁教育方面有关的讲座。第三年,他们开始参加有关个人发展和廉洁价值观的成人文化课程,进而参加一些与廉洁社会有关的教育课。在维多利亚省的成人社区教育委员会的年度报告中,详细列举了社区教育的学生人数、授课时数,以及学生在廉洁社会教育方面的情况。通过社区教育,既促进个人的发展和成长,也增强其廉洁社会意识,对社会稳定具有积极意义。

澳大利亚的工作人员教育协会是澳最大的非政府性的成人教育机构,共有两个,一个在新南威尔士省,一个在南澳。新南威尔士省的工作人员教育协会负责本省的四个地区中心,每个中心每年都可得到成人社

---

① 参见张海南:《澳大利亚多元文化的公民教育对我国的启示》,载《郑州航空工业管理学院学报》2012年第2期。

② 参见宫正:《简谈澳大利亚社区教育》,载《首都师范大学学报》1999年增刊。

区教育委员会的拨款,其主要收入来自于教育收费课程。其教育对象面向成人的职业培训,也开设廉洁社会教育的相关课程。在澳大利亚,图书馆、博物馆、展览馆、艺术馆也已成为社区教育的重要场所。为满足社区居民廉洁社会教育的多层次需求,澳大利亚强化社区在满足居民文化娱乐方面的功能,兴建大批公共文化娱乐设施,增加更多公共活动空间,为当地居民提供全方位的廉洁教育服务。据悉尼一个中等社区统计,每月有1.6万人次到图书馆参阅,有2.5万人次借阅书籍,图书馆藏书中有20%左右是非英文书籍,图书利用率较高。① 图书馆还设有更多的服务项目,为社区教育提供教室和设备,为特殊兴趣小组提供服务,充当印刷、声像、音像、视觉等类型的廉洁教育资料库。

澳大利亚通过图书馆等公共设施,让公众在获取知识的同时,也间接受到廉洁社会的熏陶。在澳大利亚,公共图书馆免费向公众开放,并提供儿童图书室、科幻图书室、模型组装室等专门图书室、实践课堂,为13岁以下的儿童服务,每一间专门图书室和实践课堂都配有免费饮水机和复印设施。感受图书馆如此之多的"恩惠",许多公众会自觉以自己的力量,回报图书馆。有这样一则故事,一名叫小璐的中国移民,在学校老师的"珍惜名誉并愿为之作出努力奋斗的孩子,终将不会令我们失望"格言的启发下,利用假期,主动到图书馆做一名"小小义工",负责为儿童图书室编撰一本"中文索引"。在义工期间,她发现,随家长移民到澳大利亚的中国孩子越来越多,刚开始,他们的英文水准普遍不高,就算查阅简单的图画书,都可能有困难。如果有一本中英文对照的索引目录,将对这些中国儿童提高阅读兴致有着莫大的好处。在爷爷的帮助下,小璐花费整整一年的时间,为儿童图书室的3800多册图书做了中英文对照的索引目录。工作完成后,图书馆为小璐和她爷爷举行一个小小的颁授仪式,授予他们"图书馆名誉员工"称号和一把象征开启"图书之门"的"金钥匙"。虽说全是"精神鼓励",但家境富裕、对任何奖赏都提不起劲的小璐,硬是为此

---

① 参见张国忠:《澳大利亚社区管理的考察及其借鉴》,载《上海城市规划》1999年第1期。

事兴奋了两天两夜。这一年的"小小义工"生涯,让小璐懂得,名誉除了自律,还要有为他人服务的精神和持之以恒的劳动才能得到的道理。

三、积极开展廉洁社会的宣传教育工作

澳大利亚重视公众的廉洁宣传教育,增强公众揭发、监督腐败的维权意识和责任意识,公众可以通过免费热线电话、电邮、写信或亲自到有关部门进行投诉;有关部门印制投诉指南指导投诉,同时对投诉者回复调查结果并严格保密。另外,支持媒体的宣传自由,媒体基于专业和商业的考虑,对政府和社会的监督发挥着重要作用。联邦议会上院和下院会场都有专供记者采访的坐席区,报刊、电台、电视台的记者可随意旁听议会辩论;上院和下院会场还各设有6个摄像机位置,供电视台全程直播议会辩论实况。新南威尔士州议会大楼一层全部由各新闻媒体常年驻守,便于及时采访并报道有关新闻。此外,积极发挥反对党监督作用。澳大利亚实行议会内阁制,内阁总理由议会选举中获得多数席位的政党出任,内阁部长也由获胜政党的议员担任,其他政党则组成反对党,成立影子政府,对执政党实施监督。反对党主要是通过议会对政府的施政纲领、方针政策等进行质询、辩论和批评。如果议会对政府不信任,可以通过表决方式迫使政府改组或下台。政府官员的从政行为和道德操守通常是议员特别是反对党议员质询、批评政府的重要内容。政府官员稍有差错,违法违纪,便会受到反对党议员的严厉追究。

澳大利亚还加强社区媒体的廉洁社会教育功能。在澳大利亚,社区广播部门由各种利益集团和社团构成。例如,澳大利亚的原住民电台分布广泛,不仅在边远地区,也分布在大都市,针对大城市的原住民播出。少数族群的社区电台在澳大利亚超过75种语言播出。其中,移民电台值得一提,澳大利亚境内存在不少专为移民社区提供资讯、服务和满足其廉洁社会文化需要的移民电台。另外,澳大利亚还存在许多提供不同廉洁社会文化和兴趣取向的社区媒体。而澳大利亚社区电视则主要依靠社区、赞助和与高等教育机构形成伙伴关系来维持,电视内容反映较大范围的社区观点,包括不同的语言团体、社会正义团体的廉洁道德观等。通过社区电视,宣传廉洁社会的价值观,围绕廉洁社会展开辩论,教育和引导公众养成正确的廉洁社会行为。

第七节 西方国家公民廉洁社会教育的异同

一、西方国家公民廉洁教育的共同点

(一)西方国家重视公民廉洁社会教育的政策法规建设

西方各国在政府的主导下,制定公民廉洁社会教育的法规和政策,推动公民廉洁社会教育的健康发展。美国政府通过成立专业委员会颁布调查报告,为廉洁社会教育发展提供信息和决策建议,发表了《为民主服务的高等教育》《国家处在危急中:教育改革势在必行》《成人学习:国家未来的关键》《建设社区——对一个新世纪的展望》等报告,为廉洁社会教育的发展指明方向。还颁布《职业教育法案》《成人教育法案》《终身学习法》《中学后继续教育法》《政府业绩与成果法》等,使美国廉洁社会教育的体系更加完善,发展更有保障。英国政府也出台教育先行地区计划和活克斯豪尔计划,《学习成功》《学习与技能法》《为了每个人的成功——继续教育与培训改革》《继续教育——提高技能并改善生活机会》等白皮书,提出继续教育是政府为每个人带来社会公平和经济繁荣的关键,在法律层面上有效保证公民廉洁社会教育的健康发展。德国政府也先后制定《培训岗位促进法》《职业教育促进法》《职业教育报告》等,明确把职业教育研究报告作为每年对职业教育现状和发展的综述性报告,为德国廉洁社会教育打下基础。《21世纪国家学校教育目标》《成人社区教育宣言》等则强化学校教育并使之成为"学习型社区",建立地方学习中心,全面推动成人社区教育的发展。

(二)西方国家积极构建公民廉洁社会教育的多元化体系

西方各国在公民廉洁社会教育上,利用各种形式打造廉洁社会教育体系。美国主要通过社区公民教育、学养性教育等培训形式,强化学校的诚信教育,强调对社会的服务意识;资助社会教育机构举办各种公民培训

班和夜校,对各国和各民族来美移民进行廉洁社会教育;依托成人学校或社区学院等社会教育机构,进行廉洁教育,让公民逐渐养成廉洁自律的风尚。英国也通过建立各种形式的廉洁社区教育机构,举办非正式的"民众大学"的群众廉洁教育活动,把学校内外和学校后的廉洁教育及其他社会文化活动密切结合起来,使学校和社区的学习资源得到最充分的利用。德国利用社区成人教育中心、"邻里之家"等机构开展廉洁社会教育,提高社区居民的廉洁自律能力,有利于社会稳定与和谐发展。新加坡则通过强化组织、统一指导、民主自治、以人为本、积极参与等多种方式,使得各类社区教育活动与社区建设活动紧密融合、相互促进、共同发展,形成以"提供服务、满足需求、建立秩序"为宗旨的廉洁社区教育模式,培养社区成员的参与意识,促进廉洁社会的发展。澳大利亚通过邻里社、工作人员教育协会、公共图书馆等形式,开展廉洁社会教育,促进个人的发展和成长,增强其廉洁社会意识,对社会稳定具有积极意义。

二、西方国家公民廉洁社会教育的不同点

(一)西方国家公民廉洁社会的宣传教育手段各异

在西方国家的公民廉洁社会教育中,美国和澳大利亚强调要大力发挥社区媒体在廉洁社会教育中的作用,并在这方面取得显著成效。在美国,社区取向的广播、电视等媒体发展迅猛,已成为美国重要的"第三种声音"。美国的社区通过电台和电视频道,宣传廉洁社会的价值观,共享新闻,从而创造廉洁社区。在澳大利亚,社区电台和电视分布广泛,不仅在边远地区,也分布在大都市,通过社区电台和电视,宣传廉洁社会的价值观,围绕廉洁社会展开辩论,教育和引导公众养成正确的廉洁社会行为。而德国的公民廉洁社会教育侧重于诚信教育,培养青少年的价值观和辨别是非能力,培养孩子良好的道德品质,以及自觉遵守社会秩序、诚信待人的风范。在德国,用以监督社会成员是否遵守社会秩序的最好途径就是社会信用记录。德国人非常看重社会诚信,一般不会冒险去做违背诚信的事情。这无疑促进廉洁社会教育对整个社会环境的积极意义。

（二）西方国家公民廉洁社会教育的监督机制不同

在西方国家公民廉洁社会教育中，英国公民廉洁社会教育的监督机制特别强调发挥透明国际（英国支部）的监督作用，关注英国本土的腐败现象，支持并举办各种与腐败有关的会议、讲座、展览、课程等，围绕腐败问题展开诸多调查，公布调查报告，对廉洁社会教育起到警示作用。而新加坡则是以政府为主导，通过廉洁社会教育，培养公众的社会正义感，培养公民守法观念和意识，使其认识同腐败进行斗争是整个社会共同的事情。同时加强新闻舆论监督和公众监督的力度，支持和鼓励各种媒体积极参与国家和社会生活，把它视为对政府及公务员监督的重要形式，使媒体成为一种相对独立的力量群体。

第五章　西方国家公务员廉洁教育比较

第一节　西方公务员廉洁教育的含义

一、公务员廉洁教育

公务员廉洁教育是由政府发起的,以反腐倡廉为目的,通过有目的、有计划、有组织的活动对公职人员施加影响,以帮助他们树立廉洁从政观念和提高廉洁从政能力的社会实践活动。它主要是通过公务员的道德、意识、信仰、信念的强化,把公务员的基本价值观与为公民服务的精神、公正精神、勤政廉洁的精神和责任精神相结合,把刚性的法律责任转化为柔性的自律责任,从而赋予法律责任履行的内在动力,提高公务员的道德素质,防止腐败的发生。具体而言:

一是通过强化责任认知教育,唤醒公务员的责任自觉。责任认知是责任意识和责任感形成的基础,也是责任主体自觉承担责任的前提,公务员履行行政责任的道德自觉也取决于他们对行政责任的认同和接受程度。因此,对公务员进行责任教育要强化责任认知教育,使公务员认识到作为公职人员承担的行政责任,进而培养他们的公正意识、民主意识、服务意识以及权利义务相一致的意识。在明确责任认知引导下,公务员只有责任自觉性得到提高,才有可能自觉履行行政责任。

二是加强职业道德教育,塑造公务员的责任精神。公务员能否始终保持强烈的责任感,自觉履行行政责任,取决于公务员的责任意志和责任信仰。加强公务员的道德教育,坚定他们的责任意志和责任信仰,就成为公务员廉洁教育的关键,必须树立公务员廉洁的道德信念,把外在的责任规范内化为内心的责任信仰,养成责任道德的良好习惯。

三是要直面利益冲突,提升公务员的责任行为能力。道德教育的目的在于提升道德主体的道德判断和行为选择的能力,只有具备道德判断和行为选择的能力,才可能按照自己的道德认知行事。面对公共利益与私人利益的激烈冲突,可以采取案例分析和角色扮演的教育方法,引导公务员在真实的利益冲突情景中,学会如何分析复杂的形势,并作出符合行政责任伦理的道德判断和行为抉择。只有直面利益冲突,不断提升公务员的责任廉洁教育行为能力,公务员廉洁教育才能发挥应有作用。

二、西方公务员廉洁教育的相关理论

(一) 政治与行政二分法论

政治与行政二分的思想是美国学者威尔逊对公共行政理论进行研究的基础,也是传统公共行政理论的理论前提。威尔逊认为,政治领域与行政领域完全可以泾渭分明地划分开来进行研究,因为政治是政治家的特殊活动范围,而行政管理是技术性职员的事情,行政人员由于其工作的技术专业性可以独立于政治之外。① 一方面,随着近代资本主义生产方式的转变,资本主义经济结构的巨大变化使得社会管理经济的任务越来越重,社会关系也日益复杂,政府开始积极干预社会活动,行政管理任务的增加使得政府的职能日益扩大,管理手段也日益复杂,行政逐渐从政治中分离出来,并且越来越具有独立性;另一方面,在工业社会初期,人们对政党分赃制的弊病恨之入骨,威尔逊认为这是由于将政治问题与行政问题联系在一起造成的,政治与行政的分离一时间成为解决政党分赃制弊端的灵丹妙药,并受到理论界和实践界的一致肯定。在政治与行政二分思想的基础上,威尔逊认为,各个国家的政治理论可以不同,即价值追求可以不同,但是所有类似的政府都只有一个良好的行政规则。从行政的层面来讲,即所有政府具有极相似的结构,当然各国在其政治理论指导下的行政

---

① 转引自彭和平等:《国外公共行政理论精选》,中共中央党校出版社 1997 年版,第15页。

的具体内容肯定是不同的。威尔逊认为,良好的行政体制是等级秩序化的,人员分等级,接受各级政府部门首脑的领导,并且各级政府行政人员都是训练有素的公务员,这样才能实现效率的最大化。

(二)科学管理理论

科学管理理论是泰罗等人把工具理性运用到管理学的理论和实践中而形成的一种理论,对公共行政领域的研究影响巨大。对效率的追求,同时也为了解决生产过程中工人劳动时间长、强度大、工资低、劳资关系紧张等问题,泰罗将科学实验引入到生产管理当中,使得管理学从此由经验走向科学。采用科学的方法,设计合理的制度,创造劳资双方的协调与合作,最大限度地增加劳资双方的收益是泰罗科学管理的宗旨。在以泰罗为首所建立的以效率为中心的科学管理理论中,工时研究和定额管理、标准化和培训、差别计件工资制、计划与执行相分离等一系列管理方法,都为从操作层面上升到组织理论层面提供科学的依据。追求标准化、规范化和制度化的科学管理理论不仅适用于企业,也适用于政府行政管理。美国全国办公室管理协会的会长威廉·莱芬韦尔运用泰罗的科学管理原则对办公室的布局及工作程序进行详细的研究,提出办公室的科学管理原则并产生巨大影响。因此,科学管理理论就成为公共行政理论范式的重要组成部分。当然,属于公共领域的政府公共行政显然与私营企业的管理有很大区别,公共管理在注重效率的同时,更要注重公平问题及与此密切联系的公共权力、公共责任、公共文化等。正如泰罗所指出的那样,科学管理的每一步都是一种发展而不是一种理论。在各种情况下,实践都在理论之先。他所知道的同科学管理有联系的所有人,都随时准备放弃任何计划、任何理论,转而拥护所能找到的更好的东西。

(三)官僚制论

韦伯的官僚制论,从权威入手,把组织与权威相结合,认为任何一种形式的组织都以某种形式的权威为基础,没有权威就没有组织。在此基础上,韦伯把权威分为三种形态,即传统型权威、魅力型权威和法理性权威。传统型权威是最古老的权威,这种权威来自于习俗、惯例、经验等。在该权威支配下的组织(传统型组织),是建立在盲目的个人忠诚的基础上,在习俗、惯例的限制下统治者拥有绝对的权利。其组织关系是一种主仆关系,权威维护的是统治者的利益而非公共利益。魅力型权威来自于对领导者的个人崇拜,即对领导者超凡脱俗的气质、品格、智慧、学识和能力等方面的信仰和崇拜。该权威支配下的组织(魅力型组织)建立在崇拜者对领导者的信仰和服从的基础上,没有任何强制性和程序性的规范。其组织通常不稳定,个人魅力一旦消失或者英雄人物一旦死亡,组织也会随之瓦解,进而向传统型组织或者法理型组织转化。法理型权威源自人们对统治者所制定的合法的法律制度的理性信仰。该权威支配下的组织(法理型组织或官僚组织)建立在完全符合理性的法律制度的基础上,整个组织依照法定的规章制度进行运转。其组织关系是法定的,法理权威维护的是公共利益,法律面前人人平等。

当然,韦伯的上述三种权威是在理想的状态下进行,在现实生活中,组织中的权威是多种权威的混合体,而取最理想的状态进行研究,能更好了解事物发展的现状及本质,从而有利于指导实践。通过对三种权威的分析,韦伯认为,法理权威支配下的法理型组织即官僚组织是最理想的组织形式。从形式和结构来看,官僚组织是一种法制组织。为使大型组织能够进行有效的系统化运转,官僚组织是以理想的法律制度为基础,由法律规定组织层级、部门划分、职位设置、成员条件,从而形成稳固的非人格化的层级节制体系和部门结构。这种理想的官僚组织由这些要素构成:一是合理的组织分工。明确规定每一个组织成员的权力和责任,并以法律的形式固定这种分工。二是层级节制的权利体系。把职位按照权力等级进行划分,形成法定的等级序列,权力的大小与职位等级成对等关系,但是与职位相对应的组织成员无尊卑之分,只有职务的不同。三是合理合法的人事行政制度。在成员的选拔上,根据职位的要求,通过考试和训练挑选组织成员,以保证其拥有相应的技术能力资格,从而实现专业化。而在成员的管理上,组织成员应当是专职的,对其管理应依照法律法规进行,对组织成员采用固定的货币工资制度。四是非人格化的组织管理。组织的运转依赖于不受个人感情因素支配的法定规则和程序,组织成员之间及组织部门之间的关系完全理性化。该官僚制在技术上具有最高的效率,在经营上也有广泛的适用性,能够用于教堂、国家、军队、政党、企业等组织的行政管理任务当中。

(四) 公共选择论

在公共选择理论中,经济学假定参与经济交易的人都是经济人,他们的经济决策都根据自己的利益最大化的要求作出。然而政治学中,却假定政治家的动机都是利他主义的、超个人利益的,政治家的目标是谋求社会利益。那么在经济市场中,自利的个体一旦成了政治家,摇身一变就成为政治市场中的利他主义者,从逻辑上来讲是无论如何也难以让人信服的。如果把经济学的这一方法运用于政治学研究,它所展现的政治是个人、集团之间出于自利动机而进行的一系列交易过程。因此,公共选择理论认为,市场经济下私人选择活动中适用的理性原则,也同样适用于政治领域的公共选择活动。按照另一个公共选择学者缪勒的说法,公共选择(指对非市场决策)的基本行为假定为,人是关心个人利益的,是理性的,并且是效用最大化的追逐者。公共选择是以集体的非市场的方式来解决公共产品的供给等问题,实际上,他所论述的非市场的集体决策是建立在人性假设之上的,"经济理性人是公共选择理论的关于个人行为假设,也是整个公共选择理论的一块基石与逻辑前提"[①]。

公共选择理论运用经济人假设和个人主义的分析方法,既与传统理论相一致,有悖于传统经济理论。一方面,古典经济学基本上都运用这一行为假设和方法,而且许多经济学家认为对这一假定和方法的发明是古典经济学最重大的贡献。公共选择理论同样应用了它们。另一方面,公共选择理论将这一假设和方法运用于政治过程而不是运用于经济过程。由于政治过程是非市场过程,所以在这一点上,又存在重大的区别。古典经济理论在经济过程中运用这一假设和方法,而在政治过程中则认为经济人假设是不合适的,认为官员们与市场上的交易者不同,不是为了追求个人的利益,而是从国家和选民的利益出发来制定政策。公共选择理论既继承这一假设和方法,同时又把它们运用到古典经济理论认为不能应

---

① 宋世明:《公共选择理论与美国行政改革》,载《世界经济与政治》1997 年第 5 期。

用的领域。

在公共选择理论体系中,所谓的"公益""社会正义"等概念是不存在的,如同布坎南所言,人是自利的、效用的最大化,在市场中如此,在公共领域中也是如此。当个人由市场中的买者或卖者转变为政治过程中的投票者、政治家、纳税人或官员时,他们的品性不会发生变化。可以说,公共选择把个人的目的性放在首位,用个人的行为目的来解释政治过程,它展现的是政治过程的个人主义理论。

(五)新公共管理论

新公共管理作为一种旨在解决公共问题,实现公共利益,运用公共权力对公共事务施加管理的社会活动,其管理理念主要为:一是以效益为主要的价值取向。新公共管理论根据交易成本理论,认为政府重视的不是管理中严格的程序、过程、规章制度等,而是管理活动的产出与绩效,应关心公共部门直接提供服务的效率与质量,能够主动、灵活、低成本地对外界情况的变化以及不同的利益需求作出有成效的反应。二是建立企业式政府和以顾客为导向的政府。新公共管理以公共选择理论等作为基础,认为政府与社会的关系中,政府不应该是一个高高在上的机构,主张建立一个企业式的政府。一个政府官员相应地应成为一个负责任的企业家或企业管理人员,社会公众则是因向政府纳税而享受政府服务作为回报的顾客。一个好政府应该是一个企业家式的政府、一个能够提供较高服务效率的政府。为实现这一目标,政府就理所当然要以服务对象为顾客,把顾客当作上帝,政府服务应该以顾客之需要或市场的需要为导向。三是引入市场机制。作为公共服务的提供者,政府的作用不能低估,但这并不意味着所有的公共服务都应该由政府来提供。对于公共服务的垄断性应该给予逐渐取消,让更多的私营部门参与公共服务的供给,通过这种把竞争机制引入到政府公共管理中,从而提高服务的质量与效率。

新公共管理论的特征:一是公共性。新公共管理的对象是社会公共事务和公共服务,与社会中的每一个成员都有着直接或间接的联系。因此,尊重公民的基本权利,实现社会政策的公正、公平、公开就成为公共管理的应有之义。二是公平性。从公平与效率的关系来看,在传统行政价值体系中效率占据重要地位,是衡量政府管理决策科学性、政府服务有效性、政府管理行为合理性的关键指标。但是,现代社会信息技术的进步和通讯的发展,为各种非政府组织和普通公民参与政治决策和公共管理活动提供有利的条件和机遇。三是合法性。法治性在新公共管理理论中主要体现为严格遵守规则的精神。就是说必须是在宪法和法律法规许可的框架内进行。因为公共决策涉及面广,与公民的个人权利和利益联系非常紧密,随机的公共决策往往会侵犯比较敏感的公民合法权益。四是效能性。效能是指效率与功能。包括公共决策对于公共问题解决的有效性,解决问题的速度、所花费的成本(包括人力、财力、物力、信息、时间等)。因此,效能目标包含效能应来源于公共管理和公共决策的科学性,公共决策流程的合理性,公共决策体系的分工和整合的成功程度等。

第二节　西方国家公务员廉洁教育的生成环境

一、西方公务员廉洁教育环境

(一)公务员制度的概念

公务员制度,是指现代国家对公务员实行科学管理而建立的一套法规和制度体系。作为国家为实现其政治和行政目的而建立的制度,公务员制度是社会发展到一定历史阶段的产物。随着社会的不断进步和发展,现代国家机构的社会管理任务越来越繁重,职能不断扩大,行政管理机构不断增多,行政管理人员不断增加。为此,政府要对工作人员实行科学管理,就必须采用公务员制度。与此同时,公务员制度规定业务类公务员应在政治上中立,表明公务员制度是国家政治的工具,具有鲜明的政治性,因为政务类官员是一定社会阶层和阶级的利益代表,各国要求业务类公务员对行政长官决策的忠实执行,本身就具有鲜明的政治特色,就是对业务类公务员的政治性要求。为保证公务员制度的正常运行,公务员管理有完整的法规体系,包括公务员的权利与义务规定、公务员分类制度、公务员录用制度、公务员选任制度、公务员考核制度、公务员奖惩制度、公务员任用制度、公务员升降制度、公务员工资制度等。在该体系中,公务员权力行使的过程,就是国家行政权力发生作用的过程。从西方国家公务员制度的运行情况看,各国都把公务员活动的全部过程列入公务员制度范围当中。这种制度体系的建立和完善,有利于国家政治和行政秩序的长期稳定,不仅有利于防止和避免政府的吏治腐败,促进社会公平和政府机关选用优秀人才,而且也有利于政府提高行政管理水平和工作效率,为社会提高规范性的公共服务。

(二) 公务员制度的基本理念

一是法治理念。公务员管理按照法定的权限和规定的程序进行,公务员执行职务须以法律为依据,依法履行职务的行为受法律保护,超越法律的授权或违反法律规定的行为应受到处罚。西方国家重视公务员制度的相关立法,都制定完备的法律及相关的单项法规、实施细则,形成比较完善的公务员管理法规体系,为公务员制度提供相对稳固的法律依据。显然,完备的法律规定只是公务员制度法治化的前提,重要的是以法律为公务员制度实施的导向,做到有法必依。西方各国重视对公务员制度实施情况及对公务员依法行使职权的监督,设立专门的监督机构,通过对违反公务员制度实施行为及公务员违法行使职权行为之法律责任的规定使公务员制度的规定能落实,保证依法行政。

二是公平竞争择优理念。公务员制度是为了适应市场经济而建立的,市场经济的开放与竞争性要求与其相适应的公务员管理制度采取公平的态度,以竞争的手段从中选出优秀的人才服务于政府。西方国家在公务员的录用方面,采取竞争考试择优录用的方式,公开招考扩大人才的来源范围,保证机会均等,按成绩择优录用有才能的人。在考核方面,各国都坚持以统一客观的标准对公务员的工作实绩进行公开评价,与工作无直接关联的内容不得作为考核的标准,严格考核,赏罚分明,根据考核作为晋升或提高待遇的依据。在公务员的惩戒方面,任何公务员都需对其违法违纪行为负责,受到行政惩戒等。这种理念有利于实现优胜劣汰,使公务员队伍始终保持高素质。

三是效率理念。提高效率是公务员制度追求的价值目标,公务员制度强调管理的成本与收益,重视制度的效率及其产生的社会效益。效率是指在相同的条件下,取得最好的工作效果,以最少的人力、物力消耗,提供最好的服务。为提高行政效率,各国一方面精减政府部门和从业人员,以节省政府开支;另一方面,通过改进公务员制度的各项运行机制以提高行政效能,具体表现在通过严格的考任制度,保证担任政府工作的公务员有较好的个人素质与修养;通过以工作实绩为主的考核制度,决定公务员的奖惩、升降与发展,建立公务员的激励机制;通过惩戒处分对不合格的公务员降职至开除,保证畅通的更新机制。

四是尊重公务员基本权利理念。尊重公务员基本权利是公务员制度的基本理念,公务员不仅是国家公职人员,也是普通公民,其民主自由权利应当得到保障。同时,保障公务员的基本权利也可以防止行政长官滥用职权处置公务员,使公务员能够安心政务,为国家和社会作出贡献。各国一般通过对公务员权利的明确设定,及对其权利行使予以保障的方式实现公务员的权利。公务员除享有劳动权、休息权、退休和受教育权等一般公民的权利外,还享有保障公务员身份的特殊权利,诸如就职平等权、合理报酬权、职业培训权、带薪休假权、灾害补偿权、免受诽谤权、辞职权、申诉权、国家赔偿权等。为保障公务员的各项合法权利,各国设立专门的机构受理侵犯公务员权利的事宜,如英国的文官上诉委员会、日本的公平审查委员会、美国的功绩制保护委员会、法国的对等委员会等。另外,各国还规定惩戒公务员的严格程序,防止行政首长滥用惩戒权,公务员对人事处理不服的,还可有相关的救济程序,保障其合法权益不受侵犯。

(三)公务员制度的特征

一是公务员制度的特殊性。政府机构是实现国家和公共利益的工具,公务员是政府机构实现国家和公共利益的主要承担者。公务员的特殊在于,一方面他们来源于社会公民而不是来自某一个特殊的社会阶层,在不履行政府公务时,他们就是普通的社会公民,也是国家法律法规的管理对象。另一方面他们在履行国家公务时,又代表国家对社会公民进行管理。公务员作为特殊社会身份的特殊阶层,政府必须制定特殊的管理制度对其进行管理。

二是公务员制度的相对稳定性。稳定政府工作秩序,必须要有一支稳定的公务员队伍。在西方国家,由于社会不同利益集团之间的相互倾轧,党派执政竞选非常激烈,政务类公务员经常处于一种变化之中。为使国家行政机关运行保持连续性,让政务官员的不断变更既不影响国家政治、经济和社会的稳定,又能保持代表不同阶层的政务官员能通过经常性的选举而更换,西方国家经过较长时间的实践证明,只有建立公务员制度,才能稳定事务类公务员队伍。

三是公务员制度的系统性。公务员制度涉及公务员的个人利益,诸如工资制度、激励制度、医疗制度、养老制度、住房制度、福利制度等;也涉及公务员的行使权力,如公务员职业制度、工作制度、考核制度、晋升制度、交流制度、培训制度;更涉及公务员的监督管理,如回避制度、处罚制度、收入登记制度等。只有建立一个系统而又完整的制度体系,才能使公务员工作有序展开。

二、西方国家公务员廉洁教育环境的构建

(一) 英国公务员廉洁教育的环境

1. 英国公务员制度的形成

英国是世界上最早建立公务员制度的国家,英国公务员制度的形成和确立经历了长期、曲折和复杂的过程。它大致经历"恩赐官职制","政党分赃制"和"考试择优录用制"三个阶段。英国现行的公务员制度是1968年改革后的产物,在形成和确立的过程中,不仅对英国,而且对西方各国的公务员制度变革均产生深远影响。

(1) 英国的"恩赐官职制"和"政党分赃制"时期

英国在17世纪中叶资产阶级革命之前,仍是一个封建君主专制的国家,国王集立法和行政大权于一身,官吏由国王任命,官吏的选用和升迁,不是靠个人的真才实学和政绩,而是凭门第出身和对国王的忠诚。由于官职是国王恩赐的,所以官员都是国王的臣仆,一切听命于国王。英国资产阶级革命后,确立资产阶级君主立宪制,但以默认的方式保留国王许多特权,导致当时封官许愿、卖官鬻爵的现象司空见惯,政治丑闻屡见不鲜,

政府声名狼藉。为此，1701年，英国议会通过《王位继承法》，规定从汉诺威王朝以后，凡领取皇家薪俸和养老金的官员都不得为下院议员。为了使议会能控制各部，这个法律同时又规定，各部大臣例外，可以同时是下院议员。这样，在英国的官吏队伍中开始有"政务"和"事务"官的区分。19世纪，随着英国两党制的日益成熟，内阁开始由在竞选中获胜的政党组成。于是，政党在竞选中获胜上台执政后，就把各种官职作为"胜利果实"进行公开分赃。这样一来，每次执政党的更替和内阁的变迁，都要引起政府人员的大换班，使政府工作混乱。

（2）英国公务员制度的确立时期

为了使内阁在更迭时政府各部门的工作保持稳定，1805年在财政部首先设立一个专管日常事务的常务次官，一名是政务次官，在议会和政党活动中辅佐财政大臣；另一名是常务次官，主持财政部的日常工作。常务次官及其属下都称为"文职服务员"，按规定他们不得参加政党活动，也不与内阁共进退。此后，各部都以财政部为榜样，相继设立常务次官，并成为制度。1853年，英国阿伯丁政府出台"关于建立英国常任公务员制度的报告"，提出全面改革公务员体制。该报告规定：公务员录用须经公开考试，内容应注重知识与实用性；高级公务员考试的内容应以牛津和剑桥大学的课程为准；成立相应的管理考试机构，其成员必须摆脱党派和裙带关系的影响；应试者经考试合格录取后，须分配到有关部门接受培训半年至两年后再酌情录用；平时要对被录用公务员的工作情况进行严格的考核，并根据其工作成绩予以提升。

1855年，英国帕麦斯顿政府颁布关于"录用王国公务员的第一个正式法令"，并决定成立公务员制度委员会，负责考试事宜，这一命令奠定考试用人的组织基础，这种用人和晋升的方式又称为"功绩制"。1870年，格莱斯顿政府颁布第二个改革公务员体制的法令，该法令规定，大部分公务员均需通过公开竞争考试，择优录用。这样就剥夺贵族垄断官职的特权，提高了政府的行政效率，最终确立英国公务员制度。这次改革的主要内容为：一切公务员，除了少数最高级官外，均需通过公开竞争考试才能录用；公务员有高低两级之分，高级公务员负责执行政策，低级公务员负责办理日常事务;凡考试合格者,经培训后,按成绩高低分配到相应的机关工作。①

(3) 英国公务员制度改革时期

随着英国公务员制度的确立,又经过多次改革,英国的公务员制度逐步完善。1890年,由于行政事务日益繁杂,原来的两大等级结构已极不相适应,英国政府又重新调整第一和第二等级,在第一等级中再划分三个级别,均选择大学毕业考试类似的科目,通过公开的竞争考试,从20至24岁的青年中选拔优秀人才充任。同时,在第二等级中也划分为三个级别。此外,再增加一个执行机构抄写的级别。为了尽快提拔人才,第二等级升入第一等级由原来的10年改为至少服务8年。1918年,英国政府提出把原公务员的等级结构划分为五级,即行政级(其中包括若干职级),考试程度与大学毕业程度相当;一等书记级,报考年龄为18岁,考试程度与高中毕业程度相当;二等书记级,报考年龄为16岁,考试程度与初中毕业程度相当;女书记级,报考年龄为17至18岁,考试程度与二等书记相同;速记打字级。1968年,英国政府对公务员制度又作调整,主要是将公务员分成两大类,第一类是行政人员,第二类是专业人员。两类人员加到一起共为六种等级,即行政级,是公务员中的高级官员,行政级官员分为常务次官、副常务次官、次官、助理次官、特等主管、主管与助理主管等;执行人员级,是在行政人员领导下负责政策执行和政府机关的一般管理工作,执行人员分为高等执行官、执行官、事务员、事务助理等;办事级,在行政人员和执行人员的指导下,办理日常事务工作,办事员主要包括簿记员、处理申诉案件的人员以及协助高级官员准备文件的资料人员;专业人员级,其中科学人员分为科学官员级相当于行政级,实验人员级相当于执行级,助理科学人员级相当于办事级;助理办事员级,包括各种助理工作人员,如打字员、速记员、复印机管理员以及其他办公设备的管理人员等;勤杂人员级,包括通讯、文件保管员、清洁卫生员和司机等工作人员。至此,英国的公务员制度最终形成。

---

① 参见王铭:《试论英国制度的形成及其原因》,载《辽宁大学学报》1989年第4期。

2. 英国公务员制度的特点

一是贵族化色彩浓厚。英国是君主立宪制国家,封建时代的贵族身份等级制度在国家公务员制度中仍有遗迹。例如,英国对除了政务官之外的普通行政人员实行品位分类,划分四个等级,即行政级、执行级、文书级、助理文书级。这四个等级的职务、地位均有严格的规定,出身与考选的要求也不同,次一等级的人员很难晋升到高一等级中去。在这样的制度下,报考不同等级公务员的人受到严格的教育资格及年龄限制,如行政人员的应考资格必须为大学毕业,年龄须在24岁以下。未受过良好的正规学校教育,即使有真才实学也不能报考。实际上,往往只有上流社会出身的人才具备报考高级公务员的资格。另外,男女公务员的待遇也不平等。这表明,英国政府机构中弥漫着贵族化的阶级、身份和地位的观念。高级公务员往往来自名门望族,他们享有较高的声誉、地位和待遇,有明显的等级特权的痕迹。①

二是比较重视通才。英国选拔、任用公务员,特别是高级公务员,十分重视通才,提倡非专业化。考试录用制度注重一般教育程度及学识,而不重视特殊的和专门的技术经验和能力。受传统观念影响,他们认为,高级公务员应该具备高度的文化素质和广博的知识结构,仅有狭窄的专门知识是不行的。牛津、剑桥等著名大学素以培养通才著称,其毕业生在高级公务员中占有相当大的比重。

三是实行分权管理。英国一直是实行分权管理的体制,在人事任免上长期实行地方自治,地方官员多由当地绅士义务兼任,不由中央政府直接任免。在人事法规方面,英国依从普通法系,以不成文惯例法为主体,以各种单项法规为依托,中央与地方的人事制度不完全相同,各地方政府也不尽一致,各具特色。

---

① 参见詹筱茹:《从英国文官制度的特点看我国公务员制度的改革》,载《哈尔滨市委党校学报》2005年第1期。

(二)美国公务员廉洁教育的环境

1. 美国公务员制度的形成

美国公务员制度的建立大体经历了早期绅士政府和政党分肥制阶段、公务员制度确立、公务员制度改革三个阶段。

(1)早期绅士政府和政党分肥制

美国建国初期,新政府在官员任命上没有形成定制,也没有专门负责人事管理的机构,对于官员的任命主要是依据资力品质和能力来进行。这种制度是美国开国总统华盛顿发展起来的,该制度强调"适用"原则,重视被委任者的资历和个人能力。美国的前六任总统(从华盛顿到亚当斯)均采用这一制度,他们所任命的政府官员都受过良好教育,拥有丰富的政治经验,其中不乏名门望族。他们属于所谓的天然贵族,即由于出身、财富和能力而被认为是最适合治理国家的公民。1801年美国出现两大政党——联邦党和民主党,由于美国宪法规定:总统经参议院同意可以任命高级官员,还可以在国家授权下任命中下级官员,因此两党在竞选总统获胜后都将政府官职分给自己的亲信,官员的任命形成了政党分肥原则。该原则始于1829年杰克逊上台,1829年杰克逊宣称应轮流当官,大肆封官许愿培植亲信,排除异己。政党分肥制任人唯亲、拉帮结派,使文官质量严重下降,管理松散,工作效率低下,每一个新总统上台都要对政府官员大量换血,引起人事大地震,破坏政府工作的连续性,严重影响政治决策,形成周期性的政局动荡。

(2)美国公务员制度的确立

鉴于此,美国国会于1883年通过《调整与改革文官制度的法律》,即《彭德尔顿法》。《彭德尔顿法》以英国公务员制度为蓝本,结合美国的情况,具有鲜明的美国特色。该法规定:公务员必须通过公开竞争考试,择优录用;相对的公职保障,公务员不得因为政党关系等政治原因被免职;公务员必须保持政治"中立",禁止强迫公职人员参加政治活动或提供政治捐款。此外,该法还对联邦政府文职人员的招聘、考试、试用期、作弊处理以及行贿受贿的惩罚作相应的规定。为保证法律的有效贯彻,该法规定成立一个两党的公务员委员会负责实施该法。公务员委员会由三人组成,包括民主党和共和党两党成员,委员由总统直接任命,参议院批准。委员会的主要工作是拟定人事法规,举办公务员考试,防止政治腐化,受理人事诉讼。该法实施之后产生积极的效果,有效消除任人唯亲的现象,提高政府官员素质,形成了一支稳定的公务员队伍,有利于保持政府政策的连续性和稳定性。

(3)美国公务员制度的改革

随着美国联邦政府管理权限的不断扩大,以及公务员队伍的不断膨胀,公务员制度改革呼声高涨。1978年美国国会通过《文官制度改革法》对《彭德尔顿法》规定的公务员制度进行重大改革,强调用报酬鼓励政府雇员的工作积极性,保护揭发政府工作缺点和弊病的人,其核心是推进按工作表现进行付酬的功绩制,提高文职人员的积极性,提高政府工作的质量和效率。该法规定功绩制的九条原则:公开考试招聘文职人员,只根据能力、技能和知识决定录用和升迁;所有雇员和求职者,不论党派、种族、肤色、宗教信仰、国籍、性别、婚姻状况、年龄或残废程度,在人事管理上均应受到公正合理的待遇;价值相同的工作,报酬应相同,工资应考虑到私营部门的工资率;所有雇员应保持高标准的正直和行为及对公众利益的关心;应有效益和有效率地使用公职人员;雇员工作成绩良好者应继续任职,不能够或不愿意改进工作成绩者,应予免职;应为雇员提供有效的教育和培训,以改进单位和个人的工作;保护雇员不受个人专横或个人好恶之害,或被迫为政党政治目的进行活动,禁止雇员以其权力或影响去干预或影响选举结果或提名竞选的结果;雇员不得因为揭发违法行为、管理不善、资金浪费、权力滥用、对公共卫生和安全的巨大危险而受到打击报复。①

除规定功绩制的基本原则之外,该法还对新的公务员制度作详细规定:其一,设立高级行政职务,总数近八千个。高级行政职务绝大多数由职业公务员担任,由总统或部长直接任命,其考核办法不同于一般公职人员。表现不好的高级行政人员可随时被免职,但仍须为其在政府中安排

---

① 参见朱立言:《美国文官制度的变革与思考》,载《公共管理学报》2010年第1期。

其他工作,这样大大提高人事制度的灵活性。其二,改变公务员按年资增加工资的惯例,对部分中上级官员实行功绩工资制,即按工作成绩决定工资。具体做法是把这些官员的工资分为两部分,其中一部分定为"基本工资",另一部分定为"可比性工资","可比性工资"的数额由工作成绩来决定。其三,改革考核办法。该法明确要求考核单位必须以文字形式规定出各项职务的具体要求和考核标准,而不能按笼统的表格来评价,从而使得考核更加符合实际。其四,撤销公务员委员会,成立人事管理局和功绩制保护委员会两个独立机构。人事管理局直接向总统负责,监督联邦雇员的雇佣和职位分类;功绩制保护委员会向国会和总统报告人事工作,负责处理被解雇或面临其他惩戒行为的考绩制雇员的上诉。该法提高政府机关及其工作人员的积极性和工作效率,扩大政府在用人方面的积极性,增强政府对于民众要求的回应性,改善政府机关及公职人员的形象。

2. 美国公务员制度的特点

一是强调职位分类。美国打破了英国品位分类的等级观念,强调职位分类,责任与职位的统一。标准客观,管理科学,便于因事择人,量才使用。职位分类适应了行政工作专业化的趋势,有利于提高行政效率。它是公务员制度的重大发展,为西方各国所采用。

二是有较完善的功绩制和重视专才。美国公务员的录用、晋升、培训、奖惩、报酬和去留等都以考绩为基础。同时较注重专才,在考选公务员时,选择的标准是重视专门的知识与职务所需的特殊技术,重视专业技能在职务中的实际应用,重用专才型的人员,而较为忽视一般的教育程度和通才训练。所以,与重视普通学历和通才的英国公务员制度有本质的不同。

三是政治化倾向。美国由于受政党分肥制的影响,在公务员的任用上至今仍有十分政治化的倾向。除了选任的政府官员外,其他具有秘密性、专门性、技术性或临时性的官员,都不由考试任命,不受有关考试制度的法规限制。此类人员在公务员人数中所占比例较大,其任免进退主要为政治势力所左右,受政党政治的支配。①

四是文官管理由集权到逐步放权。美国公务员制度建立初期,对公务员的人事管理职能主要集中于联邦文官委员会,全国政令高度统一,人事行政权相对独立。随着公务员制度的不断改革,决策管理权开始分散和下放,压平层级,授权一线,将一些人事管理权下放各部门,简化和降低人事管理部门的职能和权威,提高工作效率和服务质量。

(三)德国公务员廉洁教育的环境

1. 德国公务员制度的形成

德国公务员制度是承袭普鲁士的固有传统,历史上,由于德意志长期处于封建割据局面,在官吏的任用上与英国一样,长期保持"恩赐制"的传统。18世纪初,普鲁士在德意志各邦中率先开始实现公务员考试录用制度。1713年,德皇威廉一世制定任用法官必须通过考试的法律,从而建立德意志国家最初的公务员考试任用制度。1737年,这种方法推广到其他公务员的任用上,并规定与司法和行政有关的各类公务员也都采用考试任用办法。1743年,腓特烈大帝发布命令,规定凡是到政府部门工作的大学生都必须经过国家考试才能被录用。1871年德意志统一后,经历1873和1879年等几次重大的改革,形成公务员制度的雏形。1919年魏玛宪法颁布,推翻君主政体,建立政党内阁的共和政体。魏玛宪法规定:政府公务员在政治上必须保持中立,政务官与事务官由此被区别开来,确立德国公务员制度的基本格局。二战后,西德对以普鲁士为核心的德意志帝国公务员制度进行系统的改革,并颁布一系列法律,从而形成一套比较完备的现代公务员制度。

在德国公务员中,大多是法律专业的毕业生或者是在专业方向上尊重法律的。德国的高级公共机构的见习主要是法律研究,而且绝大多数的行政领导人都是律师出身。德国之所以强调对高级行政官员的法律培训,不仅是因为他们需要法律知识,而且这种教育被确信可以提供行政人

---

① 参见杨秀云:《美国文官制度的发展特点》,载《淮北煤炭师范学院学报》2008年第4期。

才所必需的思想习惯与思维框架。由受过法律培训的官员组成近乎垄断化的高级公务员队伍,反映公共行政工作内容的一种特殊概念。德国公务员的培训分为两个阶段,即两次国家考试,以及两次考试之间的实际培训。为公务员提供资格的考试由国家组织,由教授和其他公务员组成的董事会实施考试。考试通常的规则是参试人员必须在大学至少学习过三年,而且曾经通过法律与社会科学学科的第一轮考试。一个候选人一旦被接纳,他就成为一名见习公务员,然后再用约两年左右的时间进行实践训练。见习公务员的1/3时间安排在政府办公室,其余的时间在法院或与检察官一道工作。只有完成这一过程后,才有资格参加法律与行政研究领域的第二轮考试,进入行政官行列。一个公务员一旦被委派,就能够通过正常的晋升达到最高职级。

在德国,公务员分为特别职和一般职两大类。一般职公务员属于公务员法的调整对象。根据《联邦公务员法》规定,联邦公务员,指在联邦内或与联邦有直接隶属关系的社团或机构内任职,两者之间具有公法上的服务与信任的关系。同时,公务员还包括联邦议会、联邦参议院和联邦宪法法院工作人员。此外,警察、法官、军官、教师、邮政人员、地铁司机等人员也属于公务员之列。①

2. 德国公务员制度的特点

一是注重公务员的忠诚与效率。德国公务员在就职时,必须宣誓效忠《基本法》。该法第4项第2款规定,公务员是一个具有公法勤务与忠诚关系的成员,第五项规定有关公务员的法律须斟酌传统公务员制度原则来规范,这样把公务员的勤务与忠诚义务提升到宪法层次。1957年公布的《联邦公务员基准法》第35条规定公务员如下义务:其一,公务员系为整个国家而非党派服务。公务员须不偏颇(中立的)及公正地履行任务,于执行职务之际,应注重公共利益。公务员须以其全部行为认同基准法所揭示的自由、民主的基本秩序,并且竭力维护之。其二,公务员从事政治活动时,应注意自己职位对大众及职务所产生之义务,而以节制及保

---

① 参见侯京民:《德国公务员制度的发展及其启示》,载《水利发展研究》2005年第2期。

守之方式为之。另外,德国的公务员应全力献身于所从事的事业,即使超出法定的工作时间也不领取特殊的报酬。在西方各国,德国公务员素以守纪、高效著称。

二是公务员考核制度科学规范。表现在:其一,德国公务员的考核目的立足于开发人。德国通过比较公正、透明的考评,可以对公务员自身胜任工作的能力以及工作业绩有较明确的认知,对人事管理部门可根据其能力特征预测未来发展方向,提出相关培训建议,并提供上下级及横向之间沟通交流的机会。其二,考核内容针对性强。德国公务员考核主要为业绩考核和综合能力评估两项。通常情况下,业绩考核主要包括工作态度、责任心、工作效果和质量、工作方法等,主要评估其是否胜任工作。综合能力评估主要包括理解能力、思维判断能力、决策实施能力、创造性工作能力、沟通交流能力、学习能力等,主要评估其发展潜力和方向。其三,考核程序注重保障公平。考核评估的方式主要是根据确定的岗位目标任务,对完成工作任务情况进行评估,并填写考核评估表。考核工作由人事部门负责组织。为统一考核评价标准,人事部门先对考核责任人进行培训,在考核工作进程中不断接受政策咨询,并对考核工作进行监督。

三是公务员的人事管理体系健全。德国公务员委员会中分正委员和副委员,由内政部长签呈总统任命。内政部受联邦政府委托,负责监督公务员委员会。内政部根据有关规定承担全部人事政策的制定与实施的责任等。

(四)法国公务员廉洁教育的环境

1. 法国公务员制度的形成

法国1789年大革命前长期保留中央集权的封建"恩赐官职制"。法国大革命彻底摧毁封建专制制度,建立资产阶级的统治,开启公务员制度的新时代。大革命时期颁布的《人权宣言》明确规定:所有公民在法律上的地位既然一律平等,政府官吏的任用也应平等,除以才能品德为根据外,不应受其他条件之限制。19世纪下半叶,由于城市人口急剧增加,法国政府工作范围也逐渐向社会各个领域扩展。为此,从1869年起,法国先后建立工务部、农业部,以及邮电、劳工、教育艺术、公共卫生和社会保险等部,官吏队伍迅速扩大。一战期间,战争的需要使官员人数大幅增加。随着官员人数的增多,效率下降现象日益突出。因此,自19世纪中叶起,法国政府曾多次制定公务员法,试图建立统一的现代公务员制度,但由于这一时期党派林立,内阁多变,政潮迭起,政局动荡,这些努力均告失败。二战前,法国官吏系统仍然处于队伍既庞大而又不统一的状态,人事行政组织结构属于分权式,即人事行政业务以政府部门为单位而各自为政,缺乏宏观管理,较为散乱。

二战后,法国进一步加快公务员政治制度改革的步伐,成立国立行政学院,颁布第四共和国《公务员总章程》法案,为公务员制度改革提供政治靠山和法律依据。法国公务员制度改革主要表现为:一是公务员管理系统化。法国中央政府设立行政和公职总局,专门管理全国的公务员事务,公务员管理初步达到系统化,形成统一的公务员管理体制。二是公务员的任用考试与教育制度紧密结合。低级公务员招考初等学校(相当于小学)毕业生,中级公务员招考中学毕业生,高级公务员招考大学毕业生。三是公务员培训制度化。法国所倡导的口号是专家治国,为此必须不断更新公务员的知识,提高素质。根据公务员所任职务和工作需要对其进行再教育,使之逐渐制度化和法律化。为更好地培训公务员,中央政府设置国立行政学院,专门培训通才型高级公务员,同时设立巴黎综合工艺学校,专门培训高级技术性公务员。通过培训可使公务员对业务行为达到精确化,促进公务员的知识、技能与社会发展同步化,有助于公务员对行政组织认识的深化,使发现人才、培养人才的工作走上正轨。

20世纪80年代,随着新公共管理浪潮的推进,法国公务员开始对公务员制度进行改革。一方面,法国通过行政民主化的尝试,以行政民主化增进社会服务公平性。1982年,法国通过立法,确立分权改革的框架,市镇与省级政府享有相当大的裁量权,对地方公务员的管理权力从中央下放给了地方议会,增强下层官员及地方官员的自主性,增强不同层级、部门之间的沟通与交流。法国公务员法承认公务员有参与公共事业的组织管理与人事管理的权利。20世纪90年代中期,法国又建立国家公务员高级政委会、地区公务员高级政委会以及医院公共办公室高级政委会,规定公共机构应向这些机构咨询。在每个行政机构以及每个分权服务机构，均建立类似的技术委员会，要求所有与该机构有关的管理及人事问题都应向技术委员会咨询。公务员委员会将以协助者的身份参与这些机构在程序和运作方面的活动。为提高公共部门人员的流动性，法国政府建立人才交流渠道以及人才交流的激励机制，对特定公务员实行强制性流动，并通过引入更灵活的资历级别结构，鼓励公共部门的流动性，每个部保留20%—30%的高级职位以供区域性交流，机构中外派人员在外派期限内可获得更高的奖金。法国政府注重培育公共部门与私营部门的伙伴关系，政府提供大量高级职业培训学校，为公务员系统储备大量高端人才，也为商业界的领袖和行政机关的高层创造共同的背景和相互关系。公务员可被私有化的公司聘用，可因被解雇而受到行政法的保护。

另一方面，法国公务员制度改革强调责任机制的建立，无论在制度层面还是执行层面，从内部及外部，对公务员行为的过程进行监控，可更好地实现公共服务效能。首先，法国政府通过成立国家改革部际委员会，让各部部长即时评估公共服务改革的实施，包括与服务对象（用户）的关系，中央与分权服务机构的关系，人才资源管理的实施，新管理控制工具及方法的落实，新信息技术的运用等。同时，行政法院转变对职务过失归责方式的判定，从最初只限于违法行为，后来逐渐扩展至"过分缓慢履行"或"延迟履行"，其适用的"过错"的概念"要宽于普通法里公共职务的非法侵害、疏忽大意或滥用职权"。建立无过错责任的普遍原则，无过错责任是指在公务员行为无过错时，却仍具有某种可能性——在特定情形下造成伤害或损失。此外，法国还进一步完善竞争型选任、晋升及激励机制。改革中，法国政府首先转变选任方式，由原来的重视知识转变为重视素质和能力，并鼓励在职公务员通过内部竞争考试争取更高层级的职位；在晋升评估上，对绩效进行审计与跟踪，共同评估晋升对象的实际工作能力及潜在能力；在薪酬原则设计中，强调能力与责任，并改进奖金制度，从而树立服务意识及成本意识,建立结果导向的行动模式。①

法国的公务员一般分为两大类:一类是不适用公务员法的公务员,主要指议会工作人员和司法部门的法官,军事人员,以及工商业领域的国家管理、公用事业和公立公益机构的人员;另一类是适用公务员法的公务员,指在中央政府及其所属的驻外机构或在公立公益机构的各级部门中担任专职的人员,诸如中央各机构从事国家管理的常任官员。法国政府1984年颁布的国家公务员地位法规定,国家公务员是指被任命以全部时间在国家中央行政机关,所属派驻机构或国家公共机构的某一个等级中担任某个常设性职务,并正式任职者。

2. 法国公务员制度的特点

一是重视技术专家和行政专家。法国的高级公务员大都是技术专家和行政专家,公务员队伍中专家和专业人才的比例较高。在公务员制度改革时,法国就对公务员的录用和培训制度进行了调整,把考试和培训相结合,公务员除了考试合格外,还必须经过培训、考察才加以正式录用。高级公务员一般要经过 2—3 年的培训后才可以任用。这对于适应信息社会,提高公务员队伍素质,发挥重要作用。

二是公务员的官僚色彩浓厚。法国公务员受到国家的严格控制,其所作所为直接向上级负责,缺乏积极进取精神,办事注重形式,程序复杂,各种文书法规,档案资料众多。同时,公务员的民主权利较为广泛,近代以来,法国崇尚自由、民主与平等,公务员享有信仰自由,有参加政党组织和政治活动的权利,有组织和参加工会的权利等。公务员对于人事政策的制定及日常事务的处理,也有较大的参与管理权等。

三是公务员有统一的管理系统。法国公务员管理机构属于部内制,即在行政机构系统内设立人事机构,处理公务员的招收、任用、考核、晋升、培训、工资、报酬、福利及退休、奖惩等一系列事宜。这种部内制管理体制使法国的人事机构与行政机构合为一体,使事权统一,减少职权上的

---

① 参见任慧:《法国公务员制度及其对我国的启示》,载《成都行政学院学报》2011年第5期。

矛盾和冲突。这种相对独立的公务员管理体系,使得公务员管理机构拥有独立的预算和编制,有权直接向议会和政府就公务员问题提出意见、建议和报告。

四是公务员实行分类管理法。法国战后仿效美国的职位分类制度实行分类管理,对公务员所在的职位的工作内容,按照难易程度、责任大小、所需文化程度和资格条件,进行较为科学的分类,明确各种职务的标准、责任和报酬,为公务员的招收、考核、晋升、工资报酬、福利、退休,以及编制预算等提供客观依据。

(五)新加坡公务员廉洁教育的环境

1. 新加坡公务员制度的形成

新加坡的公务员制度是在殖民地的公务员制度基础上建立起来的。1910年,英国殖民当局在新加坡实施任用马来官员方案,开始招聘当地上层人物中的子弟进入公务员队伍,从事低级技术和管理工作。招聘采取公开考试、择优录用的办法。1959年人民行动党执政后,接管整个公务员队伍,开始对原有公务员制度进行改造,表明对原有公务员不加歧视,而是按照业绩标准,奖勤罚懒;组织公务员参加市政劳动,改变其殖民官僚心态;吸收大量的受华语教育者进入公务员体制,以加强公务员与下层群众的联系,扩大国家的统治基础。1965年,新加坡颁布新宪法,为公务员制度奠定法律基础。

从20世纪70年代末期开始,新加坡掀起一场反对西化倾向、捍卫亚洲价值观的运动。1982年春节,李光耀在农历新年献词中号召新加坡人保持和弘扬中华民族的儒家传统道德,提倡培养人们的职业道德,并把道德规范纳入各级各类公务人员的行为体系和考核范围。新加坡力图以东方的伦理道德陶冶公职人员的品德,通过树立公职人员廉洁公正的道德形象,提高整个社会的道德水平,防止公务人员道德沦丧和贪污腐化,努力建立一支具有良好道德素质的公务员队伍。1995年,新加坡公务员界提出大规模开展21世纪公共服务计划,其目的是建立卓越的服务意识,以高质量、反应迅速的服务来满足公共需求;创造鼓励改革的环境,以现代管理技术提高效率,同时注重公务员的士气和福利。该计划取得显著成果，带动新加坡全社会共同价值观的教育。新加坡政府的一系列公务员制度改革，推动了新加坡公务员制度向科学化的方向发展。具体表现为：

一是扩大和完善公务员招聘渠道和招聘机制。为简化公务员招聘流程，提高公务员招聘的效率，新加坡政府引入企业公开招聘的模式，设立专门的公务员招聘网站，为关注公共服务署招聘动向的公众和在职公务员提供一站式的解决方案。通过该系统，应聘者可填写个人简历、查询政府招聘信息，同时可将简历寄交多个不同的政府机关，并在有关机构的相关资料数据库中提取自己的学习成绩单和国民服役记录。招聘部门除可以通过招聘网站张贴职位空缺广告外，还可以在履历资料库中挑选适合的候选人，并集中向候选人发送邮件，直接打印相关资料。

二是注重公务员培训管理的科学化和规范化。新加坡公务员培训分为五类，即工作引导培训、基本知识与技能培训、高级知识与技能培训、延续培训和持续培训。基本知识与技能培训的目的是提高公务员的工作效率，使公务员有足够知识与技能从事分内工作。高级知识与技能培训的目的是使公务员充分发挥其工作潜能，提高工作绩效。延续培训旨在培养公务员超越现有的职责范围，具备处理更高层次、从事更多工作的能力，并为日后能担任更高层的工作作准备。持续培训所学的知识与现实工作没有直接关系，但对保持公务员的核心竞争力具有重要作用。

三是严格公务员的绩效评估系统。新加坡公务员绩效评估系统分为绩效表现评估和潜能评估，按考核阶段的不同又可分为试用期评估、年度评估和晋升性评估。试用期评估即公务员在试用期内必须每六个月向直接主管汇报一次工作，主管从工作技能、工作进度、业绩、潜能、适应能力等方面对该公务员进行全面评价，作为公务员录用的主要依据；年度评估即每年年终对公务员进行的年度考核，主要评价公务员的年度绩效及其任职潜能，并将评估结果作为公务员培训、晋升和加薪的重要依据；晋升评估主要考核公务员的组织能力、领导能力、协商能力、理解和判断能力、决定与决策能力等，其目的是更好地了解公务员的优势和劣势，是否具有发展的潜力等，以便尽早发掘人才，更有效调派人才，从而使公务员获得更多的表现和发展的机会。

四是实施竞争性的公务员薪酬制度。该制度是参照企业高级人员的工资,来调整部长和高级公务员的薪金,制定高级公务员工资标准,并逐步将所有公务员的薪资与私营企业工资水平相挂钩,把私营企业的薪资标准作为制定公共部门薪资的标准,同时要求国家工资委员会每年都对公务员的工资和私营企业人员的工资进行调查比较,制定公务员的薪酬调整计划。如果私营企业职员与公务员工资相差太大,即采取措施予以平衡。一般每隔几年,政府对公务员的工资进行大幅度调整,从而保证公务员工资与私营部门的薪资相匹配。[①]

新加坡公务员按其工作划分为六类,即行政服务类、专业服务类、执行服务类、文书服务类、技术服务类和办公室服务类。行政服务类公务员是直接参与部长们制定政策法规的政府工作人员;专业服务类公务员是从事专业活动的医生、工程师、教师、律师等人员;执行服务类公务员是执行有关部门公务的军警官员、监狱官、安全消防人员等;文书服务类公务员是从事文书档案工作的人员;技术服务类公务员是从事一定办公技术操作人员,如计算机操作维修人员;办公室服务类公务员是从事办公室的打字、递送信件的工作人员。新加坡的公务员按其职务划分,自上而下分为常务秘书、副常务秘书、首席助理秘书、助理秘书、高级行政助理、行政助理等。每一个行政职务又分为若干对应的职级。新加坡的公务员等级分为特级、超级、第一级至第四级。

2. 新加坡公务员制度的特点

一是注重公务员的服务质量。为公民服务是新加坡公务员价值观的重要内容。新加坡公务员认为,政府是民选的,必须对公民负责;公务员受雇于民选政府,则必须为公民服务。为此,新加坡公务员注重服务质量,诸如平等公正、平易近人、高效敏捷、诚信求实等优质服务。为提高公务员的服务质量,新加坡公务员还发起了"21世纪公共服务计划",从过去一般意义上的"满足顾客"上升为"取悦顾客"的水平。并通过引导教

---

① 参见李世英:《新加坡公务员制度》,载《中国行政管理》1995年第3期。

育、总结改进、借助现代科技手段，进一步增强公务员的服务意识和服务品牌。

二是倡导公务员队伍的精英化。新加坡通过青苗法、总统奖学金制度等，把最优秀的人才吸引到政府部门里工作，对文化程度较高的人，新加坡在录用上不举行笔试，只进行面试，合格者直接进入公务员队伍。与此同时，新加坡还把人才当作人力资本，在使用精英人才做国家公务员的同时，还给予公务员优厚的待遇，在医疗、住房、社会保障等方面提供优厚福利。

三是打造公务员培训的系统化和制度化。新加坡政府非常重视高素质公务员队伍的建设，以录用为起点，以教育和培训为手段，以制度为约束，形成一个有机的整体，为建立一支高素质的公务员队伍奠定基础。同时，作为公务员管理的重要组成部分，新加坡注重公务员培训的制度安排。每个公务员都有符合自身实际和工作需要的培训计划，确保通过培训提高自己的业务水平和工作能力。为此，新加坡政府精心设计课程内容和培训方式，将培训需求放到国家经济和社会发展的大环境中分析，围绕公务员的职能和职称情况以及未来发展，开展分类、分层次的培训。

（六）澳大利亚公务员廉洁教育的环境

1. 澳大利亚公务员制度的形成

澳大利亚公务员制度最初建立于1902年，设有公务员公署，作为专门的公务员管理机构，独立负责公务员的任用、考核、晋升、薪酬和申诉等各项事务。1922年，澳大利亚制定《公务员法》，全面规定公共服务机构的各项规章制度，包括公务员的权利和义务及其他基本管理制度。二战后，澳大利亚的经济获得迅速增长，澳政府对公务员制度进行一系列的改革。50年代，澳政府对公务员制度作适度调整，坚持公开竞争的录用原则，取消对大学毕业生的录用限制，严格控制对临时雇员和编外人员的录用，取消职务晋升上的资历制度，强化重要部门官员的权限等。60年代，澳政府开始重视对大学毕业生的录用，并重视提拔能力出众的大学生迅速走上中级管理职位，以满足公共行政管理中高层次的人才需求。同时取消限制已婚妇女报考公务员的规定。在职位分类和薪酬制度方面，简化了职位分类,建立了以职位组为基础的工资制度。70年代,澳政府对公务员制度改革主要集中在削减公共行政开支、调整政府机构职能和精简公务员队伍等方面,取得一定成效。

20世纪80年代,澳政府对公务员制度进行新一轮变革。其主要措施:一是通过全面实行合同制雇用,培养高级行政领导。澳政府废除公务员常任制度,全面实行合同制雇用,借鉴企业的管理方式提高政府的运作效率。所有的公务员职位都向社会开放,公开竞争,择优录取。各政府机构与被录用公务员签订雇用合同,受《劳资关系法》制约和调节。公务员与机构在履行雇用合同所规定的权利和义务时一旦发生了争议,可以向联邦劳资关系法院起诉,法院根据《劳资关系法》的规定,予以裁决。创立高级行政领导职位,意在培养一批具备较高政策水平和综合管理能力的高级管理人才,承担公共服务较高层次的职能,满足政府各部门实际工作的需要。

二是人事管理下放权力,压缩管理。澳政府一方面废除人员编制规定,实行项目预算控制。澳政府只给每个工作项目下达一个预算额度,至于每个项目具体聘用多少人,则由各部门领导或项目负责人来决定。另一方面废除统一的级别工资制度。政府只下达一个基础工资标准作为参考,至于每个公务员的具体工资水平,则在签订雇用合同时通过协商决定,并将公务员的薪酬水平建立在绩效评估的基础上,通过激发个人绩效,促进组织绩效的提高。此外,废除集中考试录用的政策,改由各部门自行录用。各部门通过对申请人身份、学历、健康情况、工作经历、道德品质等条件的严格审核,自行决定本部门的人员聘用。

三是扩大公务员监督范围,强化公务员监督机制。为防止公务员管理出现失控,澳政府把完善对公务员的监督作为下放权力、压缩管理的重要辅助政策。由多个机构对公务员实行综合或专项监督,各机构之间相互关联,形成一个有机的监督系统。通过联邦公务员委员会的综合监督,监督检查各机构遵守公务员法的情况,捍卫公务员价值观念和行为准则;通过审计署的人力资源评估,对各部门的人力资源状况进行评估,并对各部门公务员的引进、使用、管理等具体情况进行专项审查,提出总体性的指导建议;通过公务员申诉制度,进一步拓展申诉范围,完善申诉体系,公务员对机构向自己作出的其他任何处理不满,都可以向部务秘书长、功绩制保护委员会等提出申诉。

20 世纪 90 年代后,在"新公共管理运动"的推动下,澳政府又加大公务员制度的改革步伐。1999 年,澳政府颁布《公务员法》,对公务员价值观念和行为准则作明确规定。

在公务员价值观念上,该法规定:公务员政治中立,公平而专业化地行使职能;公务员的录用决定建立在功绩制基础上;公务员的工作环境杜绝歧视,承认并利用其所服务的多样化的澳大利亚社会;公务员模范遵守最高层次的道德标准;公务员公开地对自身行为承担责任,在对政府、议会和澳大利亚民众负责的框架内工作;在贯彻执行政府的政策和计划时,公务员有责任提供坦率、诚实、全面、准确和及时的建议;公务员公正、高效、公正、周到地向澳大利亚民众提供服务,要对民众的多元化需求及时作出回应;公务员队伍拥有高素质的领导者;公务员队伍内部形成沟通交流、协商、合作和参与的良好的工作关系;公务员提供公正、有弹性、安全和激励的工作氛围;公务员关注实现成果和管理绩效;公务员发扬雇用的公正性;为所有符合资格条件的澳大利亚公民提供合适的进入公务员队伍的机会;公务员是一支旨在强化澳政府民主制度有效性和凝聚力的职业化队伍;为公务员提供公正的考核系统。

在公务员行为准则上,该法规定:必须诚实正直、秉公办事;必须谨慎行事、勤奋工作;必须尊重他人、礼貌待人,不得粗暴,不得骚扰他人;必须遵守所有的澳大利亚现行法律;必须遵守机构中有权给予指令的人下达的任何合法和合理的指示;必须保守自己与部长或部内成员间与工作相关的机密;必须揭露或者采取负责任的行动,以避免有关雇员受雇方面的利益冲突;必须以正当、合理的方式使用联邦资源;在答复上级关于雇用情况的问题时,不得提供虚假或误导的信息;不得滥用政府机关内部信息,以及雇员的职务、身份、权力或权威等,为自己或他人谋求私利;必须随时检点个人言行,时刻维护价值观念,维护公务员的诚信和良好声誉,尤其是在海外工作的公务员;必须遵守其他规章制度中所规定的任何行为规范。①

此外，该法规定所有政府雇员都必须遵守公务员价值观念和行为准则，尤其要重视机构领导对公务员价值观念和行为准则的维护和发扬作用，并明确了解相应的监督与处罚措施。发现有违背公务员价值观念和行为准则的言行，可以向联邦公务员委员会主席或主席授权负责该事务的人、功绩制保护委员会或机构领导报告，禁止对举报者进行攻击或歧视。各机构领导必须建立判定本机构雇员是否违背公务员价值观念和行为准则要求的审查程序，该程序必须公正合法，针对不同的雇员，判定标准允许有所不同。对于确实违背公务员价值观念和行为准则的公务员，机构领导有权对其执行终止雇用、降级、重新分配职责、降低薪酬、罚款、申诉等处罚措施。

2. 澳大利亚公务员制度的特点

一是拥有完善的人事法律体制。澳公务员制度涉及数量众多、内容广泛而具体的法律、法规和制度，并随着形势的变化，各项法律制度还在不断完善与发展中，使澳大利亚的公务员制度有较为完备的依据。1999年《公务员法》是澳公务员制度法制体系的根本，在此基础上，澳立法机构制定一系列相关的法规和制度，如1999年《公务员规范》、1999年《公务员委员会主席令》、2000年《公务员分类规则》等，澳政府在公务员制度中表现出强烈的法制观念，各个环节都强调相关法律制度的切实遵守，机构领导人事管理权的自由行使也必须以法制体系的限制为前提，特别是1999年《公务员法》中所规定的公务员价值观念和行为准则，始终是机构人事决策的核心。

二是建立广泛而合理的授权制度。澳1999年《公务员法》明确规定澳政府的授权原则：总理或公务员部长可以将本法规定的任何权力或职能书面授予其他部长；公务员委员会主席、公务员部长或机构最高领导可以将本法规定的任何权力或职能书面授予高级行政官员；功绩制保护委员会可以将本法规定的任何权力或职能书面授予政府雇员；机构领导可

---

① 参见《澳大利亚公务员制度新改革》，载《中国人才》2004年第5期。

以将本法规定的任何权力或职能书面授予本机构中的其他人。同时,为了保障授权的科学性和有效性,该法也作了相应的授权限制:机构领导不经过公务员委员会主席的书面批准,不得将权力或职能授予政府雇员,或是由行政官员或部长任命的人;被授权人(第一被授权人)还可以将权力或职能再转授予他人(第二被授权人),但必须保证将所接到的关于履行所授权力或职能的命令及时传达给第二被授权人;被授权人履行权力或职能时,必须遵从授权人的命令。在公务员制度的各个环节,也处处渗透着授权的思想,尤其强调联邦政府将机构人事权充分而合理地下放给各机构,由机构领导在法律制度体系的框架中,根据本机构的实际情况,针对公务员管理的一些具体问题自行决策,自主执行,从而大大节省政府行政成本,提高人事管理效率。

三是关注成果与效率。澳大利亚公务员管理咨询委员会专门设计"绩效管理总框架",以联盟、诚信和整合为核心,将组织、个人与工作的目标、计划和绩效科学地综合,内容包括:说明绩效目标(包括任务、预期结果、以行为和价值观念为基础的工作系统等),并将其与组织计划联系起来;根据目标的完成情况,定期对个人或团体进行绩效评估;绩效评估的反馈;绩效的确认或奖励,确定绩效结果,并通过提高薪酬级别、按百分比加薪或一次性支付奖金等方法奖励高绩效;通过个人、团队的学习和发展培养能力;通过协商等途径处理不良绩效;建立能力发展和组织、工作计划之间的联系;评估个人、团队和组织绩效的意义等。各机构可根据自身情况,立足于实际产出的成果与效率,灵活运用该框架,以满足机构多元化的发展需求。

四是打造少而精的公务员队伍。澳政府一方面精简机构,大幅裁员。1999年《公务员委员会主席令》中规定:因机构精简而被裁员的政府雇员,在雇用终止之日起的12个月内不得再被雇用,除非在充分考虑职责的性质以及雇员的技能、经验或资格后,认为重新雇用此人是机构运作的必需,并且重新雇用的决定已获得公务员委员会主席的批准。这种周密而合理的政策安排,可对机构人数进行较为彻底的控制,保证机构规模的长期稳定。另一方面,澳政府还加强公务员能力建设,通过对公务员能力的定义、计划、培训、内部监督与评估、奖惩、内部沟通与交流等内因,以及政策和法律制度的规范、公务员价值观念和行为准则的约束、外部监督与评估、反馈等外因的共同作用,有效实现公务员能力的持续发展。

第三节　英国公务员廉洁教育

一、建立公务员廉洁教育的制度体系

英国是世界上最早实行公务员制度的国家,拥有一套较完善的公务员招聘、培训、任用、管理和监督的制度,如考试录用机制、择优录用原则、晋升和竞争机制、社会公开机制、内外平等机制等。在英国,招收公务员一律采取公开平等竞争、择优录取的原则,用人条件和考试程序都有明文规定。初级和中级公务员由各部按规定自行招考,公务员委员会监督,也可以委托招聘评价局或私人机构招录,较高职位的公务员及其升迁由公务员监督委员会负责。只有品质优秀、精明能干者才能入选。公务员每年考核一次,严格监督考核,考核内容很广泛,包括工作知识和能力、品格、性情、工作责任心与热情、判断力、创造性、可靠性等。这种完善的公务员制度,最大限度地保证公务员的廉洁。

不仅如此,英国还有一套完整、具体、实用的行为法规和道德准则,如《公务员行为准则》《议员行为准则》《部长行为准则》《特别顾问行为准则》,用以规范各个层面公务员的行为,从而形成自我约束机制。英国《公务员行为准则》总则规定,公务员必须效忠国家,不得将个人利益置于职责之上,不得利用职权为个人或亲友谋取私利,必须诚实正直。公务员行为准则还对公务员明确了七项原则:政治中立,以超然于政党政治和个人的政治观念之外,在国家的政治生活中保持中立的地位和立场,以客观、公正、公平的态度和中立的能力尽忠职守,采取统一和一致的标准,为社会提供公共服务;廉洁,不得受外界个人和组织的可能影响其从政行为的经济因素或其他因素的驱使;客观,公职人员在执行公务时,包括人事任命、授予合同或推荐授奖人员,应择优选择;负责,公职人员要对他们的决定和行为向公众负责,必须接受任何对其职位适当的监督;公开,公职人员对自己的所有决定和行为都要尽量公开,要说明作出决定的理由,只有公共利益明显要求保密的才能加以限制;诚信,公职人员有义务申报任何与其公职有关联的私人利益,并以保护公共利益的方式解决任何利益冲突;表率,公职人员应以身作则,在完成和贯彻公职人员履行公务基本原则中发挥表率作用等,客观上有利于公务员廉洁教育的有序发展。

二、加强公务员廉洁教育的培训

为加强公务员的规范管理,提高公务员办事效率和服务质量,提前预防可能事后违反公务员准则事件的发生,英国非常重视公务员廉洁教育的培训,先后成立国家文官学院等机构,专为公务员提供培训。公务员培训在内容上不只注重对政治理论素养的培训,更侧重于对公务员个人能力以及工作技能的培训,充分挖掘公务员的潜能。英国公务员培训课程主要是人事行政学、经济学、管理学等相关基础知识,同时还针对不同层次公务员开设领导科学、公共人力资源开发与管理、管理心理学、公共政策分析与研究等一些比较有针对性的科目。其中 1970 年成立的英国文官学院,在课程设计上注重满足公务员实际工作的需要,所开设的主要课程一般倾向于讲授经济、管理、政治、历史、专业技能、沟通技巧、公共关系、政府政策等相关基础知识和专业知识。[①] 此外,还针对高级公务员开设能力本位取向的相关课程,以此来提高高级公务员的分析能力、沟通能力、协调能力以及领导能力等,进而使政府的工作更有效率。英国特别侧重对公务员职业道德的培训,培养公务员的职业素养和职业品德,让他们树立为纳税人服务的工作理念,并坚守岗位,做好本职工作,保持廉洁,恪守公平和公正的职业准则,严格遵守政府的各项法律,提高自身的服务意识和服务能力。英国公务员培训机构注重对公务员宪法和法律方面知识的培训,每年会分批次地对不同层次公务员进行普法教育,让每个公务员都知法、懂法、守法和护法,严格按照宪法和法律的规定办事。这在很大

[①] 参见祁品伟:《英国公务员培训教育情况》,载《世界教育信息》2009 年第 2 期。

程度上提高公务员的法律意识和廉洁意识，维护法律权威和廉洁道德规范，增强了公务员行政工作的公正性和合法性。

三、注重廉洁教育与惩处腐败的结合

英国政府善于用灵活有效的方式，适时开展多种多样的廉洁道德教育活动，如"公共生活七原则"，即无私、正直、客观、负责任、公开、诚实和发挥典范作用，增强廉洁教育的超前性和预防性。一则通过提醒和劝告的教育方式，对公务员不良行为由部门经理检查、分析，断定其下属是何种不良行为，如果是轻微的不良行为，就通过个别、私下、不扩散、不公开的谈话方式解决；如果是严重的不良行为，或者通过非正式谈话没有解决问题，就进行正式谈话，给予纪律处罚。二则通过正式谈话的方式，先记录全部事实真相，并附证人证言、相关评论等；再发出正式书面通知，告诉当事人要进行一次纪律处罚性质谈话；开始谈话，指出当事人不良行为的性质，并且向其提供相关的文件，要求当事人说清楚事情经过，允许当事人或找工会及同事帮助申诉；做好谈话记录，并由当事人签字。三则通过书面警告的方式，陈述当事人的不良做法，对当事人提出警告，要求当事人怎么改，在多长时间内改好，如果今后再犯类似错误，就要受到什么样的处罚，提醒当事人有权申诉等。四则通过纪律处罚的方式，对当事人的不良行为，部门经理和人力资源部门可以决定是否进行调查，并根据反腐败法的相关纪律处分条例，依照其情节严重情况，采取书面警告、停止晋级、罚款（从个人工资中扣除）、暂停职务、取消晋职资格、降级、辞退等相对应的纪律处分措施。

四、突出公务员廉洁教育的大众化、公开化和规范化

英国重视公务员廉洁教育的大众化、公开化和规范化，强调公务员教育的普及性、通俗性和针对性，一事一议，非常具体，就事论事。即便是微不足道的小事，也不忽视、不松懈、不放过，通过耐心细致的教育，让公务员对廉洁教育内容入耳、入脑、入心，从而使公务员做到自觉、自省、自责。特别重视高级公务员的廉洁从政教育，认为一个人的职位越高，年龄越

大,不等于越诚实;位高权重者,由于其权力增大、经验丰富,如果放任自流,往往容易滋生腐败,贻害更大。在一些习以为常、似乎无关紧要的小事上,英国公务员做得非常成功。例如,某政府部门的一公职人员,晚上下班未经允许就拿了部门的钱请朋友去酒吧喝酒,第二天上班马上就把钱如数放了回去,这在我们看来是"小错误"或"不算错误",而在英国却作为"相当严重"的错误来处理。某公职人员在接受礼物时,一定要问清礼物的价格,如果礼物的价格超出了规定,他们是不敢接受的。这种从我做起、从点滴做起的廉洁教育形式,对公务员保持廉洁自律发挥积极作用。

英国关注公众社会热点和难点问题,强化公务员廉洁道德教育。英国重视对公职人员尤其是高级职员进行廉洁从政教育,讲求廉洁教育和反腐败宣传的实际效果。特别注重从公众关注的社会热点问题出发,对公职人员进行道德操守和行为规范的教育,营造一种良好文化氛围,在全社会推崇廉洁奉公的道德风尚,培养公职人员廉洁奉献的精神品德,使公职人员养成自警、自律的良好习惯。面对社会上的不良现象,英国劳动和保障部发起"打击欺诈运动",成立专门反欺诈调查小组,政府、救济金发放机构、警察和法院采取严厉措施,加强对欺诈事件的调查和曝光,以名誉、经济和刑事等惩罚方式来改善社会环境,净化社会环境。

第四节 美国公务员廉洁教育

一、政府拥有完备的预防职务犯罪体系

美国长期以来注重用立法规范公务员行为,预防公务员的犯罪,先后制定《公务员制度法》《行政部门雇员道德行为准则》等,以教育和规范公务员廉洁勤政的职业道德。《公务员制度法》的基本宗旨是确立任人唯贤的政府官员选任制度。该法规定要公开选拔政府官员,而且保证公民不受政治、宗教、种族或出生国的限制和影响,都享有平等竞争政府文官职位的权利。该法还规定政府雇员的义务,包括奉公守法、廉洁自持、不得

贪赃枉法、不得以权谋私、不得胁从舞弊、不得参加政治捐款等政治性金钱授受活动等。该法最初仅适用于10%的联邦政府文官职位,后来历任总统不断扩大其适用范围。在1978年的《文官制度改革法》颁布之后,90%以上的联邦政府雇员都受到该法的保护。

《行政部门雇员道德行为准则》是一部跨部门的法规,囊括以前的从政道德法规,并在此基础上进行了完善,对公职人员的行为作了详细规定,包括对政府官员的14项基本要求,涉及外界赠送礼物、彼此间赠送礼物、利益冲突、公正执法、亲属就业以及滥用职权和外出活动等。对公职人员在行使公共权力、进行社会管理、提供公共服务等活动过程中可以做什么,不可以做什么,以及应该怎么做等均有严格规定,对违反规定的,给予警告、停职、离职、开除处理,触犯法律的按联邦法律的要求,交司法部门向法院提起诉讼,由法院审理后依法作出刑事处罚判决,具有较强的针对性和可操作性。其中,该法规定:公职人员一次不得接受价值超过20美元的礼品,且一年内从一个人接受的礼品不得超过50美元。对公职人员,特别是政府官员从政道德行为的诸多方面,都从国家法律层面予以严格规范,这对公务员廉洁教育具有示范效应。

美国公务员的财产申报制度是《行政部门雇员道德行为准则》的重要内容,规定公职人员须填写财产申报表格,申报内容包括个人收入、收受礼物、个人资产、负债额度以及房产、资产等转移情况。总统、副总统以及提名需参议院批准的行政分支主要官员均须向政府道德准则办公室主任申报,而且申报人范围并不局限于此。一经申报后,相关内容则必须在较短时间内向公众公布。在立法和司法分支内,所有国会议员、最高法院大法官也须申报财产情况。据报道,2012年5月15日美国白宫公布了奥巴马家庭的资产。粗略估算,奥巴马夫妇2011年个人资产在260万美元至830万美元之间。其中,奥巴马三本著作版税收入在25万美元至210万美元之间。此外,两人以30年按揭贷款在芝加哥所购房产,价值50万至100万美元。

由于美国规范公务员权力行为的法律规范较多,许多公务员可能无意间违法。因此,美国设立负责行政监察工作的政府道德委员会、利益冲突委员会等机构,对公务员行为规范进行指导、培训和咨询,教育公务员在行使公共权力、进行社会活动中,明白什么可以做、什么不可以做,违反规定将受到什么惩处等,以防无意识违法。与此同时,美国对公务员的所有违法处分,都纳入国家司法体系,不存在垂直的行政人员处分机构。被处分的公务员如不服或有异议,可直接向法院起诉,不需要、也没有上级行政监察机构进行申诉或复查复议。

从美国上述公务员廉洁立法体系,不难发现,它们大多是预防性设定,是以事前预防为主的廉洁立法体系和运行机制。该体系一方面十分缜密,表现在对公务事项的规定非常具体,细致的条文与约束性规则,几乎可以约束每个公职人员,具有很强的可操作性和使用性,实践中容易落实。另一方面也很周全,美国联邦和州的两套立法系统都非常重视用法律来规范权力运行,规范公职人员的职务行为,使履行职务都有法可依,因法而行。

二、普及公务员廉洁教育的职业培训

美国对公务员的职业廉洁培训非常普及,以政府为导向,依托市场机制运行,不仅设置联邦人事管理总署、联邦高级公务员学院等专门培训机构,还积极利用社会上的高等院校资源来开展公务员培训,建立包括联邦权威培训机构和高等院校在内的多层次培训网络。根据美国法律,培训内容的设计必须围绕改进公共服务、节约公共管理成本、建立稳定和高效的公务员管理架构、培训廉洁的公务员队伍等目标开展。为确保美国数百万公务员能够接受高质量的廉洁道德教育,这些机构千方百计运用行政道德工作室、伦理讲座、专题讨论、楷模示范、发放行政伦理手册、开设各种培训课程等多种方式,通过各种培训课程,把爱国主义和价值教育、服务公民意识教育相结合,将一系列的诸如背诵忠于国家、服务国民的誓词誓言等贯穿课程始终,提升公务员的职业道德水准,培养公务员产生抵制权力腐败,维护公共利益的良知。

美国政府非常重视规范职业道德,每名公务员进入政府部门时,由部门廉政官员进行至少1个小时的廉洁规定培训,使其明确哪些可以做、哪些不可以做,以及为其提供反腐败的有关信息、咨询、联系方式。针对不同行业、单位和不同岗位、职位提供相应的反腐败措施以及廉洁忠告。政府廉政办公室负责对各部门廉政官员的培训,并对各部门开展廉洁教育进行指导。还出台《防止利益冲突法》,规定严禁公务员及其配偶子女在与公务活动有关系的利益集团工作。[①] 这些廉洁教育形式在规范公务员职业道德、防止因利益冲突而滋生腐败方面发挥积极作用。

三、加强公务员的反腐败普法教育

美国重视对公务员的反腐败普法教育,专门设立相关机构负责监督和查处公务员的行政道德表现,负责公务员道德行为准则的咨询工作,教育公务员必须遵守《利益冲突法》《财务状况披露法》等法令。联邦政府和各州的伦理委员会的主要工作就是做好公务员的普法工作,让每一个公务员都清楚知道能做什么、不能做什么等。这些机构通过派发宣传品,把摘自《利益冲突法》的十条公务员行为准则具体化,包括不可以做对家人、合伙人、朋友以及与自己有私人关系的组织或机构产生利益关联的事情,不可接受他人为感谢你已经提供或将要提供的服务而给你的礼物、宴请、音乐或体育赠票等,对公务员进行广泛普法宣传,深入人心。通过这种教育方式,公务员的廉洁法制意识大为增强。

在此基础上,美国伦理委员会的相关机构还通过报纸、电视等媒体报道,网络资讯,公众来电或来信检举等,对公务员腐败行为展开调查,寻找调查线索,这当中来自电话举报的线索约占85%左右。在这些线索中,约一半没有实质性内容,一半属于无意违纪违法,他们会写信提醒这些公务员要注意。而对于有违纪行为的公务员展开调查,就连超期度假、推销产品之类的事情也不放过。调查工作的一般原则是:首先要看当事人是否是故意的,然后看事件的影响,包括对下属、对百姓、对政府声誉等有何影响,民愤如何等,最后要评估当事人犯法后能给他自己带来多少利益,对政府造成多大损失等。通常被检举的官越大,就越有可能以权谋私,就越

---

① 参见井敏:《美国公务员培训制度的特点》,载《中国公务员》2003年第2期。

要调查他,绝不姑息迁就。

美国司法部2011年秋季的一份122页的内部审计报告披露,2008年和2009年,该部门共计主办或参与了1832次会议,花费1.21亿美元。这些会议主题林林总总,但其中相当比例均在高档酒店举行,这意味着还须额外支付占会议用餐费高达20%的服务费。报告还显示,会议筹划、执行方面的支出也值得商榷。例如,司法部聘请了一个在北部阿拉斯加州的咨询人员,负责与西岸加利福尼亚州的酒店联络举办一项会议,为此产生共计三万多美元的前期筹划会议的费用及差旅费。这份审计报告一经公开,就被各大美国媒体集中报道,并招致国会民主及共和党议员的一致攻击。共和党参议员格拉斯利批评道:"16美元一块松饼或会议筹划服务开支60万美元,这些足以让美国民众对政府充满怀疑并要求改变的理由。"为此,2011年9月,美国白宫行政管理和预算局要求联邦政府各机构全面审查各自在旅行和会议方面的支出情况,随后开始启动一连串减支计划,并初步起到一定效果。

第五节 德国公务员廉洁教育

一、注重公务员廉洁的法制体系建设

德国在公务员廉洁教育方面有一套比较健全的法律和制度。公务员在政府服务期间,每年都要与所在单位签订一份廉政合约,并在国旗下宣誓,要以"传统的普鲁士官员的道德标准"要求自己,承诺廉洁奉公,公私分明。德国规范公务员行为的法规比较细。《联邦政府官员法》对政府官员的升迁、义务、住房、福利等事项有着具体而明确的规定,要求公务员奉公守法、廉洁自律,不得贪赃枉法、以权谋私和营私舞弊,强调所有公职人员包括家属都不得接受来自任何方面、任何形式的馈赠和捐献,不得收受与职务相关的报酬、礼品,从总统、总理到普通公职人员,毫不例外。《公务员行为守则》规定,从事公务的人员不能从事第二职业,如果因工作需要而从事第二职业的,需经上级主管部门批准,否则必须辞去公职。

德国对联邦议员的兼职行为和兼职收入也有规定,原则上允许议员从事授权之外的职业或其他形式的活动。在议员授权之外的行为和收入,如果可能造成利益关联,必须上报并公开。这一透明规则有助于选民了解议员本职工作以外的活动是否可能涉及利益关联和利益冲突,是否影响议员行使职权的公正和独立性。按规定,联邦议员兼职收入如果一个月超过 1000 欧元或者一年超过 10000 欧元,就必须上报每一个单一行为。议员公开兼职收入分为三档:每月 1000 到 3500 欧元、3500 到 7000 欧元、7000 欧元之上。以上有公开义务的收入信息与议员履历表一起,由联邦议员管理局在互联网上公布,并随时更新。违反兼职收入信息公开义务的议员将遭到不同程度的罚款处罚。自 2012 年以来,德国一直酝酿调整对联邦议员工资外收入的规定,主要目的是对议员兼职收入更加透明和具体化。按计划,今后联邦议员的工资外收入将由目前的三个等级扩大到十个等级。最低等级是 1000 欧元以上,最高等级 25 万欧元以上。在德国科隆,科隆市长一个月的工资收入大约为 12000 欧元,另外他还有相当可观的兼职收入。

德国对公职人员的职务消费也有明确规定,例如,规定各级政府不准购买欧盟以外生产的车辆,不准购买豪华型轿车,专车专用,严格管理,联邦政府只为联邦级领导人和部长、国务秘书配备公务专车,司局长级官员只保证公务用车,不配备专车。领导人专车管理相当严格,一般配有专职司机并由专人保管、维修,使用完毕及时交回车库,而且设有用车登记卡,登记出车时间、事由、公里数等,定期上报主管部门。一般官员办理公务可用公车,也可乘出租车,上下班原则上乘坐公共交通工具或自己开车,单位给以适当补贴。一旦发现公务员违法问题,就要启动调查程序,涉及刑法的由检察院和警察部门依法调查,经查情况属实,由法院依法审判;违反公职人员守则和行为规范的,无论涉及什么人,一律迅速立案调查,查清事实后依法处理,并公之于众;法官、检察官等代表社会正义的公职人员发生违法行为,依法从重处理。对行贿的企业,无论其所谋取的利益是否合法都依法严惩,并列入"黑名单",排除在政府项目招标竞标企业范围之外。德国对公务员违法的处罚金额起点定为 5 欧元,连续三次处罚 5

欧元就要开除公职;如公务员犯错误,对其主管领导要追究责任。

为预防公务员的违法行为,德国议会设立反腐败工作小组,由国家检察院和司法、内政、财政、城建等部门的代表组成,主要负责分析国家机关内部的薄弱环节,并制定相应的措施。检察院设立反腐败中心,具体负责对政府部门内审或对检查小组进行工作指导。公民个人和社会组织、企业可以向反腐败机构举报公职人员的腐败问题,政府机关内部工作人员也可以向本机关的内部监督机构举报。德国规定,欠债的或社会关系比较复杂的公务员,不允许安排到容易发生腐败问题的部门工作,尽量选择素质高、遵纪守法的人到易发腐败问题的岗位工作;要求部门领导亲自对新录用人员进行廉政教育,指出易发生腐败的环节,提醒他们注意预防;新录用的公务员必须熟记有关规定,并签字确认遵守。此外,形成公务员轮换制度,对那些在容易发生腐败岗位工作的公务员定期轮换。因为公务员在敏感岗位工作三年就有被腐蚀的危险,工作五年以上发生腐败的几率更高。

二、强化公务员的廉洁教育培训

德国十分重视公务员的廉洁教育培训,《基本法》和《德国公务员法》中都对公务员接受培训的权利与义务作了明确的规定,联邦和地方政府有权力在联邦法律的基础上,根据实际需要制定适应公务员发展要求的管理办法和细则性的法律,并依法建立各级公务员培训机构,依法对公务员进行廉洁教育培训。这些培训机构无论是理论学习,还是实习阶段的设计,都紧密联系公务员自身发展的需求,紧密联系政府工作的现实需求,具有很强的针对性和实用性。培训除了开设公共管理、经济管理、项目管理、国际化管理、人才开发、人力资源管理和信息技术等方面的课程,从理论、观念入手,来转变公务员行为方式的过程,对公务员参加工作后的敬业精神、责任心进行培养教育之外,还把遵守行为规范,公正、诚实,履行公民的权利和义务,以及对国家和社会负起责任等作为公务员廉洁教育的重点,使之常态化。

由于德国长期以来倡导公平、正直、诚实、秩序的社会文化,有利于引导人们自觉远离腐败、抵制腐败,为其公务员廉洁教育创造良好的基础。德国教育理论认为,德育的目标不是教给学生现成的东西,而是塑造品格。品格是支配人的行为和态度的内在精神统一体,它是在后天的环境和教育中形成的。德国各州的学校法中关于德育的规定,都将遵守行为规范,做到公正、诚实,对国家和社会承担责任,具备群体精神,承认并且运用自由和民主的基本条例,履行国家公民的权利和义务等列为重点。在德国的家庭教育中则强调培养子女的生活能力、履行义务的能力、行动的能力以及批判能力。要求孩子们具有诚实、勤奋、公正、正直、团结、容忍、认真等品格。这样,德国人从小就养成严肃认真、遵守纪律、善于服从和廉洁奉公的传统美德,对公务员的廉洁教育培训,特别是严格的选拔录用、廉政考核和管理有直接关系。这就要求每个公务员进入公务员队伍后都要接受廉洁教育培训,每个公务员在上岗前都需要签订"廉政合约",并在国旗下宣誓,要以"传统的普鲁士官员的道德标准"要求自己,做到廉洁奉公,公私分明。审计局、警察局定期给公务员上课,进行案例教育,以防微杜渐、防患于未然。[①] 另外,德国公务员有稳定的社会中等水平的收入和社会保险,只要不犯错误,可以终身奉职,而且政界精英分子会受到社会的尊重,但一旦出现违法违纪行为,不但经济损失严重,而且名誉终生受损,自己及家人都会在社会上永远抬不起头。因此,公务员一般不会追求不正当利益,大部分公务员也不会因追求一时不当得利而使自己的法定利益受到损害,这也警示他们不敢违法行事。

三、扩大对公务员廉洁教育的舆论和公众监督覆盖面

德国本着以人为本的廉洁教育理念,引导政府机构采取接近生活的服务方式,如上门服务,政府机构领导人的姓名、职责、电话向社会公开,公民有事可以约见,行政服务中心台面低矮、装饰简约,以体现公务员的亲民廉洁意识和平等观念。同时,利用各种舆论监督公务员的违法行为是预防和发现腐败、教育公务员廉洁自律的有效形式。根据法律规定,检

[①] 参见孙艳春:《德国公务员培训的突出特点》,载《行政论坛》2008年第4期。

察院对有关公务员腐败方面的报道,有义务进行调查。据介绍,德国有100多家电台、25家电视台、27家通讯社、380多种报纸和9000多种期刊,大都是独资或合资的股份制企业。为了占有读者,它们一般都雇有耳目,专门收集政府要员和公务员的政治丑闻和绯闻,揭露腐败现象,只要内容属实,不泄露国家机密,即属合法,消息来源受法律保护,任何人不能对消息来源进行调查。政府官员和公务人员的腐败丑闻和绯闻一旦曝光,往往被迫引咎辞职并受到相应惩处。近几年,一些政客被新闻媒体曝光而被迫下台的例子屡见不鲜。

另外,德国还广泛动员社会力量,对公务员工作时间以外行为进行监督,比如监督公务员宴请和赴宴,看谁在请吃、谁在吃请,发现问题,及时介入,对于请吃问题,如果是专门为某公务员主办的宴请,则被视为涉嫌受贿。另外,负责项目的公职人员与施工公司私人交往过密,公司频繁请公职人员吃喝、度假,公职人员的生活方式发生明显变化,如更换新车、住豪华房子等,就要注意有可能存在行贿受贿、经济犯罪等腐败问题。德国莱比锡市法律规定,公民如发现某政府官员支出大于收入就可以举报,反贪官员要对此进行调查,反贪机构重视匿名举报,认为匿名举报人往往是被举报人的同行、同事,了解内幕,所反映的问题比较真实,可以有效防止行贿受贿案件恶性发展,公民还可以直接到参议院质询政府官员的腐败行为。在德国曾发生过这样一件事情,有一名妇女到柏林国家检察院反腐中心咨询,首席检察官察言观色,预感到她是为其亲友自首的,便对她作了细致的工作。没过几天,这位女士就带着她丈夫来了。原来,她的丈夫是负责管理学校幼儿园建设合同的,两年前有一个工程,他没有按规定把合同交给最低投标单位而是给了另一家公司。当时有五家公司投标,没有得到合同的某公司便来要挟,说是要举报,让其把今后的工程交给他们做。当事人正处于公务员升迁阶段,非常害怕,便把下一个项目给了要挟者,以后便被人家牵着鼻子走。两个项目共计损失了3万欧元。反腐中心针对这个案例进行讨论,鉴于其自首行为,决定从轻处理,最后给的处分是警告,没有任何外加的行政处罚,但每月要扣除其1000欧元工资。这些举措不仅在很大程度上遏制公务员的违法行为,而且也作为反腐败的典型案例教育广大公务员,让他们能够远离腐败,自觉保持廉洁奉公的道德风尚。

第六节　法国公务员廉洁教育

一、政府拥有完善的公务员廉洁立法措施

法国对公务员的廉洁管理十分严格,并有非常具体的公务员纪律要求。《公务员总法》规定,禁止任何公务员以职业身份从事一切有利可图的私人活动。所有公务员,不论职务高低,都不得亲自或者通过中间人以任何名义,在他的行政部门或公共事业所管辖的或有关的企业中,谋求会损害其职务独立性的利益。另外,公务员的配偶,如果以职业身份从事一项有利可图的私人活动,该公务员必须向他所属的行政部门或公共事业部门声明。为预防公务员利用职务之便贪污腐败,该法规定了公务员诈取罪、盗用公款罪、从事与职务不相容之商事罪、一般受贿罪、滥用职权受贿罪等。制裁一般分为两类:精神性的和实质性的。前者包括申诫、警告、记过等,后者包括取消一次晋升资格、减薪、降职、调职、降级、临时解除职务(不超过6个月)、强制退休直至撤职等。情节严重的,触犯《刑法典》中有关规定的,则将受到法律追究。

法国的《政治生活资金透明法》规定,公职人员的财产需要进行申报,申报人员主要涉及总统、总理、部长和国务秘书等所有政府成员、欧洲议会法国成员、国民议会议员、参议院议员、大区、省和海外省等一级地方机构的议长、人口3万以上城市市长、具有行政机构负责人身份的大区和省议会议员,以及10万人口以上城市副市长等。法国总统奥朗德2012年在参选时即向宪法委员会提交了财产申报,个人财产超过117万欧元。除总统外,其他人员财产申报情况由政治生活资金透明委员会按法律要求保密,这些申报信息除涉及司法机构应法律程序而要求查询外,不接受任何组织和个人的查询。任何将相关信息违法公布者将面临刑法惩罚1年监禁和4.5万欧元罚款。政府公报在公布涉及财产申报总体情况时不得含有任何指向性名称。财产申报的内容共包含13类:房屋,动产(非上市资产股份和上市有价证券),人寿保险,银行账户和现金,家具,收藏品、

艺术品、珠宝和首饰与黄金，带动力的地面车辆、船只、飞机等，商业或客户、开支和办公基金，包含企业账户等的其他财产，国外的动产和不动产以及账户，负债情况，收入情况（薪水、退休金、职务补贴、职业收入、动产和地产收入、特别收入等），影响拟申报财产构成的事件（变动时间与事件、财产流入和流出数额）。政治生活资金透明委员会建议，受监督者在任期内出现比如将部分财产赠予直系亲属等财产变动情况后需告知委员会。法国总统奥朗德上台后曾出台清廉措施，要求各部长填写利益声明并将涉及第三人之外的信息公开。他还要求部长收受的价值150欧元以上礼物必须交给国家礼品处理机构。

  法国《刑法典》对公务员的兼职及盈利活动进行严格限制，违反者将以触犯刑律论处。该法明确规定，公务员尤其是一些行政机关的工作人员，凭所担任的职务有权对私人企业进行监督、管制，或代表国家与私人企业签订契约，或对签订契约表示意见等，在他停止职务5年内，不得参与该企业事务，违反者将剥夺其公职，并处以罚金。这样规定的目的，是为了防止公务员在职时为企业非法牟利，以求离职后到该企业兼职或任职。同时，法国在具体廉洁从政要求中也有硬性措施，如法国政府限制现金流通，通常每人只允许携带不超过3000法郎的现金支付小额开支，而且严格执行。规定企业经营者不许给工人支付现金等，这样既防止逃税现象，也减少行贿受贿行为的发生。此外，法国政府还要求有关部门和公务员工会组织共同订立《道义总法规》，并指示各部门根据自身情况制定《专门的道义法规》。这些法律和行政法规不仅着眼于防止公务员以职业身份从事一切有利可图的犯罪活动，也防止公务员通过配偶或其他中间人利用其职权获取非法利益。

  上述这些措施，从形式上看是对公务员违法惩戒的一种事后制裁手段，其作用似乎只是为挽回因违法行为而给国家和人民造成的损失，维护政府的形象。但从本质上看，严厉的惩戒机制在很大程度上达到了防腐功效。运用这些惩戒制度的硬约束对违法者进行严惩，可以对违法者本人和其他公务员产生威慑效应，形成"不敢贪"的巨大压力，使其在心理上产生巨大压力，畏惧惩罚而抛弃贪念，不为贪行，从而增强公务员的拒腐能力。

二、注重公务员廉洁的教育培训

法国的公务员队伍相对整齐,有从政的热情,素质较高。他们大多来自国家行政学院、司法学院和高等商学院等名校,受过严格教育,对国家行政管理人员应遵循的行为规范、国家法令、法律法规及司法制度都有深入了解。在此基础上,政府仍持之以恒开展公务员队伍职业道德和操守道德的教育培训。《法国公务员总章程》规定,公务员有权利享受经常性的职业培训,费用全部由国家承担,保证公务员培训的法制化和规范化。为此,法国公务员每三年至少要接受一次更新知识、提高能力的强制性培训,并根据自身的实际情况自愿要求参加培训和进修。公务员培训课程重视理论的学习与教育,以实践为基础、以问题为中心,培养学员分析问题与解决问题的能力。并强调理论和实际工作技能训练相结合,以实际技能为主,重在能力训练,强调课程的实用性。除此之外,在公务员的培训课程中,还增加了公务员廉洁教育的内容,把公务员队伍中发生的重大腐败案件汇编成册,通过案例教学、访谈,以及相关职能部门官员的讲座,规范公务员的廉洁奉公行为,警示公务员远离腐败、廉洁自律。[①]

另外,法国还重视把公务员培训与公务员招录、履职等环节相结合,使公务员廉洁教育更加具体和贴近现实,更能起到预防腐败的作用。在法国的公务员培训、招录过程中,职业道德、操守和行为规范教育是一项重要内容。财会人员、审计人员要取得从业资格,必须通过道德审查。在公务员的履职上,强调依法办事。无论是监督主体还是监督对象,法律观念要深入到监督过程的各个环节。行政法院受理行政诉讼案件和审计法院进行例行财务审计,都必须严格按照国家的法律程序进行,不搞例外。在案件调查和审理过程中,无论原告、被告还是法官证人,都要以忠于法律的精神履行自己的义务,明确表示对执法机关的调查绝对配合等。所有这些都充分反映了公务员廉洁教育的灵活性和实效性。

[①] 参见王华:《法国公务员培训制度的特点及相关思考》,载《扬州大学税务学院学报》2010年第6期。

三、公务员的廉洁教育与惩处腐败紧密联系

法国廉洁教育遵循"教育为先、预防为主"的原则,十分重视对公务员高危人群,诸如国家行政人员、国有企事业领导人员、司法人员以及其他握有一定行政或交易职权的人员的廉洁教育。为此,法国在1993年成立跨部门的"预防贪污腐败中心",通过加强部门间的协作配合,强化廉洁和诚信教育,查办了佩希尔股票案、埃尔夫石油公司集体贪污案、前总理朱佩政治献金案、巴黎大区公共工程腐败案等大案,前总统希拉克也因为担任巴黎市长期间存在"腐败问题"被起诉,在法国社会引起强烈反响。它为公务员廉洁自律营造了以廉洁为荣、贪污为耻的道德传统和社会氛围,使反腐败意识深入人心,在全社会树立遵纪守法、远离犯罪、廉洁从政、廉洁从业的理念,形成对腐败行为"人人喊打"的局面。

第七节　新加坡公务员廉洁教育

一、建立健全公务员廉洁教育的法律制度

新加坡是世界上廉洁度很高的国家,一个重要因素就是把建立健全预防腐败的法律制度作为廉政建设的重要内容,使预防腐败法制化、经常化和长期化。《新加坡公务员守则和纪律条例》明确规定,公务员每年必须申报自己和配偶的全部财产和收入情况,由廉政署具体管理和监督公务员个人财产申报活动,申报财产包括动产、不动产、银行存款及利息、股票、担保人或家庭成员所拥有的投资和利息情况、个人负债情况等;公务员购买股票必须经所在部门常务次长批准,不允许购买私企或与本部门有业务往来的企业和公司的股票;不允许公务员私人经营买卖或作兼职;不允许公务员接受任何人赠送的现金、物品、股票、债券等,对于确实推辞不掉的礼物,先将礼品收下,然后向部门报告,并上缴国库;公务员不得接受宴请,如果有必要宴请,必须将宴请的时间和地点报告自己所在的部门,经所在部门批准后,方可参加,但这种宴请活动必须是适度的,不能大

吃大喝，宴请支出不得超过举办宴请活动人的月工资的2%等。据了解，新加坡政府对于公务宴请的人均餐费、宴请对象和目的都有详细的规定，并且要经过批准，若非确有必要，一般会尽可能避免，否则批准聚餐的上司也要承担责任。另外，本单位内部之间，若非在举行一些仪式等特别场合，是不能互请的。平时高层谈小事往往也会在中饭吃饭时一起谈，但大多是个人请客，而且根据约定成俗的习惯，若非婚宴庆祝等特殊场合，多是官阶高的人出资，绝不会由下属请客。该条例还对公务员的工作态度、行为方式，甚至外表举止都有明确、详细、严格的规定。例如，要按时上下班，上班时间未经许可不许擅离办公室；举止仪态要显得简朴、稳重、大方和热情；上班时着装必须整洁、正派，不许穿时装或奇装异服；不许邀请和行为轻浮；工作时间不准打闹嬉笑等。《公务惩戒性程序规则》也明确，对违法的公务员，由公务委员会负责处罚，并规定了处罚种类，即停发薪水、停止或延缓加薪、罚款或训诫、强制退休、扣减退休金、降职、解雇、停职等。

为保证上述措施的稳步推进，新加坡通过诸多手段来强化公务员的自律。例如，在不少的公务员办公点，墙上张贴着宣传公务员价值取向的宣传品，桌上摆放着申明公务员是否遵守行为准则和纪律的表格，对公务员施加强烈的心理作用，形成一种无教员却有明显效果的教育场所。一旦违反守则和纪律将会受到无情的法纪处罚，甚至公务员上班睡觉都可能被立案调查，情况属实则予以处罚。另外，新加坡领导人以身作则，要求大家做到的，自己首先做到，这也无形中把廉洁教育渗透到公务员的日常工作当中。在新加坡，身居国家领袖高位40年的李光耀始终带头严于律己，廉洁奉公。李光耀深得新加坡人民和广大公务员的尊重和爱戴，是新加坡人的骄傲。总理吴作栋和副总理李显龙也一贯廉政勤政，他们把国家利益放在个人满足感之上，积极投身于国家公共行政部，报效国家。李光耀等国家领导人、政府部长和公务员一起参加劳动，打扫城市街道，清理海滩垃圾，割掉荒地上的野草等，让公务员带头为热心公益、保持清洁和保护公共财产建立较高的行为准则。政府领导人的表率作用和广大公务员严格遵守行为准则相互映辉，有利于形成良好的风气，公务员长期处在良好风气中,耳濡目染,必然潜移默化影响公务员的廉洁教育。

二、打造公务员廉洁教育培训的制度性模式

作为公务员廉洁教育的重要组成部分,新加坡公务员廉洁教育培训具有明显的制度性安排。新加坡政府认为,公务员培训不仅是提高工作效率、培养更高一级官员的必然要求,而且在国际竞争日趋激烈的环境下,是一种不可缺少的开发公共人力资源、提高公务员整体素质的"能力开发手段",因此,新加坡政府把公务员培训视为与国家经济和社会发展密切相关的战略任务。为此,对公务员廉洁教育需要建立一套科学、完善、协调的培训制度体系。

在新加坡,每个公务员都有符合自身实际和工作需要的培训计划,每年必须接受 100 小时的培训教育,以确保通过培训提高自己的业务水平和工作能力。在公务员廉洁培训中,政府精心设计课程内容和培训方式,把培训需求放到国家经济和社会发展的大环境中分析,围绕公务员的职能和职称情况以及未来发展,开展分类、分层次的培训。公务员培训分为工作引导培训、基本知识技术培训、先进知识技术培训、延长知识技术培训和持续知识培训五个层次,各层次由公务员的实际经验和工作需要而定,与职位高低无直接关系。课程设计对不同类别的公务员有不同要求:初级公务员课程设计突出工作运作手册、处理人际关系、档案管理、接电话技巧、电脑软件应用等课程;中级公务员课程设计则把重点放在组织管理、信息交流、员工考核、面谈技巧、冲突处理、演讲能力等课程;高级公务员则侧重于政策起草、发展计划制定、组织形象建立、创新思维、领导与激励等方面课程。

除此之外,政府还把公务员廉洁教育渗透到公务员的培训和日常实际工作中。在新加坡,政府把公务员教育的人生信仰、道德操守放在第一位,提倡诚实、正直的道德观念,贪污受贿是最可恶的行为,廉洁、诚实、秉公守法才是为人之道。政府官员和公务员,从开始任职,就要写出宣誓书宣誓,遵守公务人员守则和条例,遵守职业道德,遵守法律法规,进行道德自律。专门培训公务员的民事服务学院设有公务员廉洁教育课程,课程时间较短，一般仅一天或稍多一点时间，主要采取讲授、讨论等方式，讲解公务员廉洁的基本内容和缘由，对公务员进行爱护国民，忠于政府，奉公守法，遵守纪律的廉洁教育，大力提倡和发扬中国儒家学说"仁、义、礼、智、信"的积极因素，以"修身、齐家、治国、平天下"为理念，重视诚信是和谐之本，融合则是和谐之道。通过正面引导和反面警示相结合，见贤思齐、以案明纪，让学员了解和记住公务员廉洁的主要内容，引导公务员向廉洁奉公、勤政为民的典型人物学习，明辨是非，晓以利害，警钟长鸣。①另外，政府各行政部门也会根据公务员的实际情况，有针对性地举办各种类型的公务员廉洁知识讲座、报告、讨论、展览等，对公务员如何花钱进行培训，强化他们对于公款消费成本效益比的意识。政府有关部门每年都对公务员进行考察和评价，并于年底召开全国公务员评奖会，表彰先进人员，提升公务员的廉洁素质，形成廉洁光荣、贪污可耻的氛围。

三、公务员廉洁教育与惩治腐败相结合

新加坡的公务员廉洁教育注重教惩结合，惩治腐败非常严厉。在反腐败上，不仅提出"让腐败者在政治上身败名裂，让腐败者在经济上倾家荡产"的口号，而且一再加大对贪污的惩治力度，规定只要证明有意图，虽没受贿，也可定罪；规定新加坡公民若受嫌在海外贪污，亦可被提控；贪赃枉法，不仅必须被撤职，还要被控诉于法庭；贪污除受法律制裁外，犯人必须偿还贪污所得；对犯人的贪污所得查封可延伸至犯人死期前6年等。政府特别强调，在反贪污法律面前人人平等，严格执法。例如，新加坡原国家发展部部长郑章远，曾同李光耀一起创建共和国，与李的私交很深，因贪污受贿50万元，企图向李求情，但李不徇私情，郑不愿受法律制裁，被迫自杀。新加坡原环境发展部政务部长黄循文携家人到印尼旅行，费用由一名开发商支付。黄循文曾经代表这名开发商向公务员提意见，接受开发商一座价值50万元的洋房，并以其父亲的名义透支两笔总共30

---

① 参见李晓霞：《新加坡公务员培训制度的改革及其发展》，载《东南亚纵横》2008年第8期。

万元的款项,由开发商担保,进行股票买卖。事情败露后,黄循文被判贪污罪,坐牢4年。新加坡原商业事务局局长格林奈也因用误导性文件向财政部申请诱骗贷款和劝说公共汽车公司与外商合作投资购买新加坡梦幻度假村房产,最终被判坐牢3个月,开除公职,永不录用。新加坡海星中学前校长陈金福,在任内贪污将近15万新元,被贪污调查局查实,判贪污罪,开除公职。新加坡的一个狱警,仅为收受犯人15元钱,为犯人代买香烟而被判刑。在新加坡即使收受一盒咖啡,也可被视为收受非法所得而予以指控。严厉的惩罚制度,告诫公务员贪污绝没有好下场,从而从反面促使不贪污的观念在广大公务员中牢牢树立。

第八节 澳大利亚公务员廉洁教育

一、加强公务员廉洁教育的法规建设

澳大利亚政府重视公务员廉洁教育的法规制度建设,先后制定《公务员法》《公务员行为准则》等法律。规定限制公务员工资以外收入,任何公职人员不得利用职责谋取私人利益,对超出合理收入部分不能说明来源和理由的一律视为受贿,对行贿者除法律制裁外,还要处以3倍以上罚款,公职人员有义务向其部门首长报告任何可能与其公职发生冲突的直接或间接的钱财利益;限制政府官员的兼职,不得从事可能损害或影响职务的第二职业,履行职责取得薪金以外的任何其他报酬一律上交政府,除特许不得担任公司董事等职务,不得利用职权范围掌握的情报牟取利益;严禁公务员假公济私和铺张浪费,公务员为其个人或其他利益相关人要求、接受、获取或同意要求、接受、获取任何财产或好处,使履行职权受到影响或损害,即构成犯罪,将处以两年以上监禁;限制公务员接受礼品,公务员不得私自接受馈赠,禁止上级向下级借钱。

在澳大利亚,对于公务员用于宴请的政府经费都有明确的指导原则和规定。一般而言,联邦政府和各州政府对宴请都有各自的财政预算。对于高级公务员到州一级行政地区考察或访问时产生的费用,一般情况

下都是由该部门直接支出，每一部门都会有专门的招待费使用指导原则和相应的会计制度来规范经费的使用情况，而且这些经费使用的明细情况本身都需要公事，以接受公众和舆论的监督，很少会出现模糊不清的情况。如遇到受访问部门需要少量负担经费的情况，也只不过是提供简单的工作餐。例如，澳大利亚联邦警察的招待费使用说明规定，只有指定的负责人才能批准关于招待和娱乐项目的费用支出，并且所有费用支出申请必须通过专项申请表格来递交。对于公共经费用于招待的范围，联邦警察也有相关的明确规定：一般情况下，招待范围包括招待海外访客、采访本部门相关事务的媒体、其他部门的部长及其随员以及提供本部门及参与本部门事务的其他部门公务人员简单的公务餐，某些特殊情况和场合则需要得到负责人的特别费用批准。规定还明确指出，公务经费绝不能用于官员的退休告别仪式、圣诞聚餐、慈善捐赠等事项。澳大利亚联邦政府的公共服务委员会对于下辖公务员在此方面的行为也有明确规定：本部门的公务员，尤其是高级公务员，与公司的管理层、高级商务代表、非政府组织的管理层以及他国官员的常规交流是不可避免的。这意味着在许多方面提供礼品和住宿等并非特殊行为。为确保公务员能够公平公正地履行其职责，并且不损害公众对于政府部门的信心，公务员必须对其所接受的任何馈赠和服务作出详细的说明，接受社会监督。而如果接受服务或馈赠者本人无法确认接受行为是否得当以及是否会损害部门声誉，则必须向其上级主管报告。

为保证政府部长（均为议员）以上高官廉洁奉公，联邦议会通过决议规定两院议员必须进行财产申报，包括登记本人、配偶和子女的财产情况。登记项目包括股份、房地产、担任公司董事的报酬、债券和证券、储蓄和投资、每件价值5000澳元以上的其他财产、其他收入、礼品、接受旅行或款待、担任任何组织成员以及其他可能与议员公职发生冲突的任何好处。登记表必须由本人签字并注明日期。澳大利亚法律对公职人员的生活待遇作了优厚的规定，只要遵守职业道德，都能享受良好的生活待遇，退休之后还有一笔丰厚的退休金养老。但如果涉及腐败，则会丧失这一切。各州和地方政府根据自己的实际，也对公职人员的从政行为作出详细具体的规定。

二、规范公务员廉洁教育的培训制度

澳大利亚的公务员廉洁教育培训十分完善,已形成政府为主导的、各部门广泛参与的培训体系。该体系根据不同的培训对象,把公务员的业务知识与廉洁道德相结合,贯穿于整个培训过程,并针对同一类型的培训对象,各培训机构还准备丰富的培训课程,供不同的受训公务员选择。对于基层公务员,培训课程内容除从岗位责任要求出发设计一些与专业密切相关的课程外,还介绍公务员系统的组织结构、廉洁价值观念等。对中层公务员开设的课程,则侧重于管理领域中共通性的带有普遍性的问题,如开设"管理理论""领导科学""人际关系艺术""管理心理学""高效率人的七个特征""领导艺术"等课程,并结合中层公务员的实际工作需要,系统讲解公务员廉洁自律的法律规范和行为准则。对高层公务员开设的课程,主要是一些带有战略性的、来自行政管理实践的现实问题,如"在亚洲开创澳大利亚的未来""面向21世纪的澳大利亚公营机构""澳大利亚政府机构改革""高级行政服务系列预备官项目""高级行政服务系列事业管理课程""澳大利亚政府行政管理提高课程——高级行政领导项目"等课程,通过案例教学,介绍和分析公务员腐败现象,警示他们要廉洁奉公,自觉抵制违法行为。澳政府还经常对政府及各公共服务部门内部公务员进行教育,专门设有教育培训部,负责开展这项工作,各级政府、所属各区及政府公共服务部门制定各自的公共道德标准和行为规范,共同遵守,使公务员的伦理道德规范成为社会的道德规范的核心,把伦理道德教育和素质教育规范化、长效化、社会化。①

特别值得一提的是,澳大利亚的反腐败独立委员会在公务员廉洁教育中所发挥的作用。该委员会作为反腐败的专门机构,除了具体负责调查警察和政府官员的腐败案件、预防腐败现象外,还承担着对公务员的廉

---

① 参见赵海平:《澳大利亚公务员培训制度的特点及其启示》,载《中共宁波市委党校学报》2006年第4期。

洁教育任务。该机构的职权：不用搜查令就可进入政府的办公场所等；有权调查计算机记录；可以强迫证人作证；可以召开听证会；可以采取秘侦手段，监听监控照相等；有权写报告给议会并可在媒体传播等；与其他委员会有密切关系，交流信息与资源等。该委员会的预防官员通过从侦查过程中获得的信息全面理解贪污贿赂发生的原因和方式以及在现行制度中有何缺陷导致其蔓延，并配合有关公共部门的官员对相应的政策和程序加以完善，以杜绝类似犯罪的再次发生。

该委员会的另一个职能是动员和教育全体公务员参与反腐败，教育对象包括：最高行政负责人及高级管理人员，基层公务员，即将获得提拔的公务员。澳大利亚十分重视对各部门领导进行廉洁价值观教育，要求他们把公众利益放在第一位，个人利益放在第二位，要诚实，尊重法律，服从法律，平等对待每一个雇员，而且要使这些领导认识到如果自己的行为违背了廉洁，出现腐败行为，就要受到严格调查和有力打击。澳大利亚反腐败教育的方法包括：以正式的职业教育来培养公务员正确的职业道德观和行为方式，针对不同部门不同职业提供相应的反腐败措施及廉政忠告；调动各种传媒，介绍反腐败知识，宣传反腐败活动；为本社区的私营部门和社会团体提供有关反腐败的咨询、帮助和服务；组织和引导有关反腐败问题的综合性研究，并注重反腐败课题研究及成果运用。该委员会每年都提出年度调查报告，列出今后如何预防的建议。同时，该委员会十分关注公众和社会对公务员贪污腐败认知态度的掌握和研究，每隔1—2年就会制定专门表格进行问卷调查，了解公众是否会对公务员的腐败进行举报，如何提高公众的监督力度等，以便有针对性地开展工作。

三、坚持公务员廉洁教育与预防腐败并举

澳大利亚政府在公务员廉洁教育的过程中，始终把预防腐败作为强化公务员队伍纯洁性的头等大事来抓，各部门以责任、透明、公正的原则，齐抓共管，形成内部与外部、行政与司法、政府与民间既相互支持又相互制约的有效监督网络，有效防止公务员腐败。

一方面，澳大利亚的政府监督机构众多，上至联邦公务员管理委员

会、联邦警察署、国家审计署、国家罪案调查局、执法公正委员会、行政监察专员办公室,下至州一级的廉政公署、皇家调查委员会、警队操守委员会、公共服务管理委员会、监察局等,都对公务员具有监督作用。这些监督部门工作独立,分工细密,相互合作,相互制约。与此同时,公共部门的管理人员也有责任保证其内部的廉洁,监管下属,如果违反公务员准则,业绩差、表现不好,会被调离工作岗位、扣减工资,严重的会被开除。公共部门的雇员或同事也可以随时投诉、举报其内部或上司的不良行为,并受法律保护。①

另一方面,澳大利亚还建成腐败预防网络。其任务是通过信息交流和观念沟通,防止人们卷入诈骗和腐败,最大程度地降低腐败发生的几率。腐败预防网络是由从事反腐败工作的公共官员推选出的志愿者组成委员会来进行管理的。主要是举行公共会议,维护网络安全,开设讨论与交流信息的网上论坛,发表时事评论,创建与其他从事反腐败网络活动相关组织的战略联系,共同维护网络,并与其他各种政府部门进行对话、交流,携手前进。同时向公众提供大量有关反腐败的规章制度和与反腐败相关的其他材料。澳大利亚新闻和传媒在反腐败中具有举足轻重的作用。许多重大腐败案件都是首先由媒体揭露出来,并得到查处的。特别注重在市局接触多的食品、用品、家具、工具等粘贴廉洁广告,在小事、小节、细节方面进行廉洁教育。

第九节 西方国家公务员廉洁教育的异同

一、西方国家公务员廉洁教育的共同点

（一）西方国家注重公务员廉洁教育的法规建设

西方国家在公务员廉洁教育方面都拥有一整套比较健全的法律和制度,以教育和规范公务员廉洁勤政的职业道德。在英国,公务员廉洁教育

---

① 参见刘婷:《澳大利亚反腐败机构设置及职责》,载《中国纪检监察报》2011年6月20日。

的法制建设主要体现在公务员招聘、培训、任用、管理和监督的制度,并配有完整、具体、实用的行为法规和道德准则,如《公务员行为准则》《议员行为准则》等,来规范公务员的行为,形成自我约束机制。在美国,公务员廉洁教育是通过立法规范公务员行为,教育和规范公务员廉洁勤政的职业道德,这些法规大多是预防性设定,是以事前预防为主的廉洁立法体系和运行机制,具有缜密和周全的特点,可操作性较强。在德国,公务员廉洁教育的法律规范较细,《联邦政府官员法》和《公务员行为守则》都对公务员的升迁、义务、住房、福利等事项作了明确规定,要求公务员奉公守法、廉洁自律,并通过设立反腐败工作小组等,负责对政府部门内审或检查小组进行工作指导,强化公务员的廉洁教育。在新加坡,公务员廉洁教育的制度建设则是通过《新加坡公务员守则和纪律条例》和公务员的身体力行,把廉洁教育渗透到公务员的日常工作当中。法国和澳大利亚也对公务员廉洁教育有相应的法律规范。显然,西方国家的这些措施,可以对违法者本人和其他公务员产生威慑效应,形成"不敢贪"的巨大压力,使其在心理上产生巨大压力,畏惧惩罚而抛弃贪念,不为贪行,从而增强公务员的廉洁能力。

(二)西方国家都加强了公务员廉洁教育的培训

为加强公务员的规范管理,提高公务员办事效率和服务质量,提前预防可能事后违反公务员准则事件的发生,英、美、德、新加坡等国都实行较完善的培训制度。各国政府专门成立国家文官学院、联邦高级公务员学院、联邦人事管理总署等机构,建立包括联邦权威培训机构和高等院校在内的多层次培训网络,专为公务员提供廉洁教育培训。公务员廉洁培训在内容上不只注重对政治理论素养的培训,还运用行政道德工作室、伦理讲座、专题讨论、楷模示范、发放行政伦理手册、开设各种培训课程等多种方式,通过各种培训课程,把爱国主义和价值教育、服务公民意识教育相结合,把遵守行为规范,公正、诚实,履行公民的权利和义务,以及对国家和社会负起责任等作为公务员廉洁教育的重点,让他们了解和记住公务员廉洁的主要内容,引导公务员向廉洁奉公、勤政为民的典型人物学习,明辨是非,晓以利害,警钟长鸣,进一步提升公务员的职业道德水准,培养公务员产生抵制权力腐败、维护公共利益的良知。

二、西方国家公务员廉洁教育的不同点

（一）西方国家公务员廉洁教育的形式多元化

西方国家在公务员廉洁教育的过程中，强调教育形式的多元化。各国除了对公务员进行正规的教育培训外，还善于用灵活有效的方式，适时开展多种多样的廉洁教育活动，增强廉洁教育的超前性和预防性。英国一般采取提醒和劝告、正式谈话、书面警告、纪律处罚等教育方式，对公务员进行廉洁教育。美国侧重对公务员的反腐败普法教育，专门设立相关机构负责监督和查处公务员的行政道德表现，负责公务员道德行为准则的咨询工作，教育公务员必须遵守《利益冲突法》《财务状况披露法》等法令。在德国，政府通过引导各部门采取接近生活的服务方式，如上门服务，政府机构领导人的姓名、职责、电话向社会公开，公民有事可以约见的形式，体现公务员的亲民廉洁意识和平等观念。并利用各种舆论，来监督公务员的违法行为，教育公务员廉洁自律。在新加坡，公务员廉洁教育注重教惩结合，惩治腐败非常严厉。在反腐败上，不仅提出"让腐败者在政治上身败名裂，让腐败者在经济上倾家荡产"的掷地有声的口号，而且一再加大对贪污的惩治力度，在反贪污法律面前人人平等，严格执法。法国和澳大利亚则是通过成立专门的跨部门预防腐败机构，加强部门间的协作配合，强化廉洁和诚信教育。

（二）西方国家公务员廉洁教育面向社会和公众

西方国家公务员廉洁教育还善于利用社会资源，积极参与和宣传公务员廉洁教育。在英国，政府强调公务员教育的普及性、通俗性和针对性，一事一议，非常具体，就事论事。即便是微不足道的小事，也不忽视、不松懈、不放过，通过耐心细致的教育，让公务员对廉洁教育内容入耳、入脑、入心，从而使公务员做到自觉、自省、自责。在德国，政府主要通过动员社会力量，对公务员工作时间以外行为的监督，发现问题，及时介入，如果发现公职人员的生活方式发生明显变化，就要注意有可能存在行贿受贿、经济犯罪等腐败问题，并进行相关调查。在澳大利亚，政府则通过建立腐败预防网络，向公众提供大量有关反腐败的规章制度和与反腐败相

关的其他材料,举行公共会议,维护网络安全,开设讨论与交流信息的网上论坛,发表时事评论,创建与其他从事反腐败网络活动相关组织的战略联系,共同维护网络,并与其他各种政府部门进行对话、交流,防止公务员卷入诈骗和腐败,最大程度地减少公务员腐败行为的发生。